Hans-Joachim Schwerin

Die Religionen und die christliche Wahrheit

VERLAG
PH.C.W. SCHMIDT
2009

VERLAG PH.C.W. SCHMIDT
91413 Neustadt an der Aisch

ISBN: 978-3-87707-755-9

Gesamtherstellung
VDS-Verlagsdruckerei Schmidt
91413 Neustadt an der Aisch

Inhaltsverzeichnis

Zur Einleitung

Wir leben in einer seltsam widersprüchlichen Welt: Die Vernunft entwickelt sich im modernen Technik- und Industriezeitalter überwiegend zu einer technischen Vernunft, die sehr leistungsstark ist, aber nur pragmatisch orientiert ist. Sie hat keinen Raum für die grundlegenden Fragen des Menschseins, nach dem Sinn des Ganzen, nach dem Woher und Wohin der Entwicklung überhaupt. Daraus folgt eine Hypertrophie der Vernunft. Unter Zweckgesichtspunkten scheint fast alles erlaubt zu sein. Es gibt auch Quasi-Religionen der modernen säkularen Konzeptionen auf dem Wege über die naturwissenschaftlich-technische Bildung, um Religionen überhaupt auszuschalten.

Auf der anderen Seite haben wir eine große Schwäche des evangelischen Glaubens – vielleicht auch anderer Glaubensrichtungen. Aber zugleich entdecken wir am Ende des 20. Jahrhunderts eine Hochkonjunktur des Religiösen, die aber oft ins Partikulare verfällt, sich aus den großen Zusammenhängen geistiger Art löst.

Das Irrationale, das Magische, das Mystische, wird gesucht; der Akt des religiösen Transzendierens bleibt unerschöpflich. Aber es sind oft Erkrankungen des Religiösen.

Hinzu kommt, dass asiatische Religionen in Europa und Amerika mit großem Missionsbewusstsein tätig sind, viele Anhänger haben und sich stetig vergrößern. Dies fordert heraus und provoziert die Frage nach dem Sinn der Religionen, der Weltreligionen und nach ihrem Verhältnis zum Christentum.

Diese Situation wird noch dadurch verschärft, dass es gewisse Verselbständigungen des Islam gibt, des moslemisch-religiösen Gefühls, das grausame, barbarische Auswirkungen unter weltterroristischen Bedingungen hat. Auch sei es nicht unerwähnt, dass in den letzten Jahrzehnten Christen, christliche Gemeinden in islamischen Ländern zum Teil grausame Verfolgungen erlebt haben.

Eigenartig ist, dass die Beschäftigung mit Religionen in der Systematik im evangelischen Raum relativ bescheiden ist, dies im Vergleich zu den Religionswissenschaften und auch zu Versuchen der Religionsphilosophie.

Eine weitere Belastung, die nicht immer so sichtbar ist, gründet in der Dogmatik selbst. „Man kann ja theoretisch hundert Mal feststellen, dass das Christentum keine Religion sei oder dass wir religionslose Verkündigung brauchen, dass eine nachtheistische Religion notwendig sei" – auch dass Religion jenseits der Heilsoffenbarung in Christus nichts als Unglaube sei. (Barth, vgl. auch Ratschow, Religionen und das Christentum, NZSTh 1967, S. 89) Jedoch: Wenn man religionslos deuten, wirken will, dann muss erst geklärt werden, was Religion überhaupt sei. Aber das fehlt in der Theologie schon lange. (ebd.)

Weiterhin muss beachtet werden, dass die historisch-kritische Methode den religiösen Erscheinungsformen nicht gerecht wird oder werden kann, da sie das Spezifikum der mythischen Sprache nicht angemessen erfassen kann. Sie ist in die Grenzen ihrer Methodik und des vom natürlichen Realitätsbewusstsein genährten Wirklichkeitsverständnisses gebunden, das am Ende aussagt, was wirklich gewesen ist oder sein soll.

Am verengten Maßstab einer nur technisch-gegenständlichen Sprache und auch einer nur historisch-kritischen Sicht werden religiöse Aussagen unter Umständen zu einem irrationalen Phantasma.

So bleibt uns zum Verständnis der Religionen nur der Weg, den eigenen Lebens- und Glaubenshorizont als Zugang zu den Religionen zu nutzen.

Er kann uns den Blick auf die Religionen freilegen. Das Geheimnis des Gebetes erschließt sich erst, wenn die eigene Gebetspraxis im Dialog die gemeinsame Sprache ermöglicht. Die existenzielle Betroffenheit im eigenen Glauben eröffnet eine sachgemäße Zuwendung zu den anderen Religionen. Die eigene Glaubenspraxis fordert einen vorurteilsfreien Umgang mit den anderen Religionen, mit ihren Phänomenen; es darf im Folgenden ein theologischer Deutungshorizont vorausgesetzt werden. Er ist unentbehrlich.

Das ist nichts Außergewöhnliches. Wenn ein Soziologe Religionen zu verstehen versucht, so ist dem ein Verhaltensmuster vorausgegeben, das ihn leitet und eventuell in seiner Sicht begrenzt. Auch der Psychologe wird an die Deutungen der Religionen mit Voraussetzungen herangehen, auf analytische Kategorien und auch unter Umständen auf tiefenpsychologische Strukturen wird er Wert legen.

Analoges darf vom Theologen gesagt werden. Er kommt ja nicht als ein religiös Suchender, der im Durchgang der Religionen letzte Wahrheiten sucht. Ihm geht es auch nicht nur um interreligiöse Gemeinsamkeit. Er bindet sich auch nicht an eine religionsphilosophische Abstraktion, um das Religiöse zu erfassen.

Eine solche war der transzententalphilosophische Versuch Schleiermachers mit dem Begriff der „unbedingten Abhängigkeit“. Diese Kategorie trifft wohl ein Charakteristikum der Religionen im Allgemeinen, wird aber der unableitbaren qualitativen Vielfalt der Religionen nicht gerecht. Analoges gilt für die Charakteristika des Heiligen bei R. Otto mit dem „mysterieum tremendum et fascinosum“. Dass er damit hervorragende Arbeit geleistet hat, ist unbestritten. Aber er versteht diese religiösen Kategorien unter dem „sensus numinis". Für weite Gebiete der religiösen Welt ist das aufschlussreich. Aber wenn er diese Ahnung zur „Divination" des Sohnes Jesus Christus ausweitet, so zeigt das, dass man auf diesem Wege der biblischen Welt, der christlichen Wahrheit nicht gerecht werden kann, die vom Glauben spricht, der wohl Divination einschließen kann, aber nicht der Ahnungsvollen Divination zugerechnet werden kann. (H. Kraemer, Religion und christlicher Glaube, Berlin 1959, S. 44f)

Der eigene theologische Verstehenshorizont hilft, die Symbolsprache der Religionen besser zu verstehen. Und dies nicht im Sinne einer theologischen, christologischen Vergewaltigung, sondern in der Intention, ihre Inhalte selbst zu Wort kommen zu lassen. Dies versuche ich in gewiss aller Begrenztheit eigenen Erkennens, aber doch in der Hoffnung, den Religionen vielleicht gerecht zu werden.

I. Phänomenologie der Religionen

1. Das Wesen der Stammesreligionen

Man kann Stufen der Entwicklung religiösen Lebens entdecken und wird dann die Naturreligionen oder Stammesreligionen als eine Vorstufe der monotheistischen Religionen verstehen und auch gelegentlich mit dem Begriff des Primitiven bedenken. Dieser terminus technicus, der polytheistischen Religionen eine Vorstufe nur zuweist, übersieht, dass auch in den Hochreligionen Elemente der Naturreligionen vorzufinden sind.

Der Mensch erlebt sich in den Naturreligionen in einer kreatürlichen und schicksalsbestimmten Abhängigkeit. Von der Geburt bis zum Tode ist das Leben von Mächten und Kräften bestimmt, die nicht in der Spontaneität des Einzelnen gründen. Ob Gesundheit oder Krankheit, Ernte oder Missernte, Jagdglück oder auch Kindersegen, Sieg über die Feinde oder Niederlagen – was immer der Mensch erfährt, ist geboren aus einer Verweigerung oder Ermächtigung. Der Mensch sieht sich in einer Welt von Überraschungen, entdeckt sich im Gesamtzusammenhang der Natur, in Abhängigkeit von ihr, und meint so etwas zu empfinden wie eine alles tragende Weltseele, der er sich, wie auch immer, letztlich anvertraut. Er verehrt diese ihm göttlich erscheinende Natur und die in ihr wirkende Kraft.

Verständlich ist es, dass er nicht den Gedanken einer besonderen Stellung des Menschen in der Natur und ihr gegenüber erfasst, den Gedanken der schöpfungsbedingten Gottesebenbildlichkeit, die Vorstellung einer gewissen Autonomie des Menschseins. Er denkt ganz heteronom, sieht sich im Gesamtzusammenhang der Natur, in Abhängigkeit von ihren Mächtigkeiten, von Flüssen und Bergen, von Bäumen und von den Fruchtbarkeiten der Erde, von Stürmen der Natur. Die ganze ihm begegnende Welt ist machtvoll geladen, dem Menschen jederzeit überlegen.

Die Mächte, die ihm begegnen, können als stofflich magische oder auch als personale in Gestalt von Geistern und Ahnen vorgestellt werden. Die Beschwörung eines Geistes kann der Aufdeckung eines schädlichen Zusammenhanges dienen. Das tägliche Opfern an die Ahnen kann deren gunstvolle Zuwendung befördern und das zum Leben Erforderliche bewirken. Riten, welche einzuhalten sind, dienen dazu, das Leben der Menschen auf vielfältige Weise abzusichern.

Der höchste Begriff, welcher bestimmend ist für die naturreligiöse Deutung, ist der Begriff Kraft. Die Bantu sagen zum Beispiel, dass in einer Reihe uns fremder Praktiken Lebenskraft, Lebensmacht zu erwerben ist, dass sie das Leben stärken, und bei uns Menschen eine beständige Kraftentwicklung zu entdecken ist. (vgl. P. Tempels, Bantu-Philosophie, Heidelberg 1956, S. 29ff)

So fern uns diese Denkweise auch sein mag, sie weiß unbewusst und auch ein wenig bewusst etwas vom Geheimnis der Schöpfung Gottes. Der Mensch sieht sich als Teil dieser Schöpfung. Auf ursprüngliche Weise erfährt der Mensch in diesen Naturreligionen etwas von dem, was der Apostel Paulus die „unsichtbare Wirklichkeit" Gottes nennt, die sich dem Menschen in seiner Erfahrung und Wahrnehmung erschließt, wie Bürkle zu recht betont. (Der Mensch auf der Suche nach Gott, Paderborn 1996, S. 102)

Auch im Alten Testament ist die Schöpfungsoffenbarung und -bezeugung mannigfach zu entdecken: im Buch Jesaia: „Hebt eure Augen empor und sehet, wer jene Dinge geschaffen hat". (Jes. 40, 26f) Gott ist es, der auch auf diese Weise dem Volk Israel Kraft verleiht. (Ps. 86, 16, Ps. 84, 8, Ps. 46, 2f) Gott ist Zuflucht und Kraft. In Christus wird diese Kraft zum Kennzeichen des Heiles. (1Kor. 1, 24)

Aber die Kraft unter der Heilsoffenbarung Gottes in Israel und in Christus intendiert die Wiederherstellung des ganzen Menschen. In den Naturreligionen geht es um eine nur partielle Dynamik in Verbindung mit Riten, um Krankheit zu überwinden oder Feinde zu besiegen.

Dennoch will beachtet sein, dass Naturreligionen uns daran erinnern, dass die Glaubenswirklichkeit verkürzt wird, wenn sie nur im Lichte eines sogenannten neuen „Selbstverständnisses" gedeutet wird. Sie erinnern daran, dass im christlichem Glauben die Teilhabe an der Kraft Gottes, an der Kraft Christi, unverzichtbar ist. Sie erinnern uns an die Offenbarung Gottes in seiner Schöpfung. Er hat Spuren seines Seins in den Wesenheiten der Schöpfung hinterlassen und ist in ihnen noch heute gegenwärtig.

Nun will bedacht sein, dass Naturreligionen zugleich Stammesreligionen sind, eng bezogen auf die jeweilige Menschengemeinschaft. In den Stämmen oder Kollektiven gab es und gibt es geistige Traditionen, die meist mündlich überliefert sind und feste Regeln, Sitten und Gesetze vermitteln. Sie bestimmen das Verhalten in einer Stammesgemeinschaft in der Folge von Situationsgegebenheiten.

Die Totalherrschaft des großen WIR in den Traditionen gilt schlechthin. Wer sich dem entzieht, hat nicht nur ein Fehlverhalten in sozialer Hinsicht zu verantworten, sondern ist auch dem Verdacht schwarzer Magie ausgesetzt; darüber verliert er in der Gemeinschaft seine Identität. Denn diese wird ausschließlich von der Gemeinschaftsgebundenheit, von der Abstammung und Zugehörigkeit definiert. Er ist als ICH im WIR verwurzelt: in festen Lebensordnungen der Gemeinschaft, in den Verwandtschaftsbezügen. So ist sein Leben funktional geregelt.

Gegen diese Grundsituation und ihre Starrheit kann der Einzelne nichts machen, nicht mal der jeweilige Häuptling. (vgl. Westermark, Ursprung und Entwicklung der Moralbegriffe, 1930, S. 279) Für die Einhaltung der Regeln der Tradition ist aber der Häuptling oder eine kollektive Führungsmannschaft verantwortlich. An ihren Inhalten kann aber keiner etwas ändern.

Dafür einige Beispiele: Die Aristokratenschicht der Tahiti in Polynesien weiß sich verpflichtet: „Seid rücksichtsvoll gegen euer Haus, gegen eure Brüder und Schwestern. Ihr dürfte sie nicht schänden. Sünde hiergegen macht eine Wunde, die immer offen bleibt". (vgl. Kodex Ture in: Staatsbildung und Amphyktonien in Polynesien, Stuttgart 1932, S. 32f) Die Reinerhaltung des Stammesblutes wird genauso gefordert wie die Erfüllung sittlicher Werte. (ebd, S. 34) Die Rücksichtnahme auf den anderen wird betont. (vgl. ebd, S. 37ff)

Im Stamm der Bubi erleben wir Analoges in Westafrika: Auch sie wissen um Pflichtverletzungen gegen den Stammesgenossen wie gegen Gäste überhaupt; es darf nicht gestohlen oder getötet werden, es ist die Lüge untersagt und es ist selbstverständlich, die Scham einzuhalten. (vgl. Tessmann, Die Bubi auf Fernando Po, 1923, S. 177ff)

Der ostafrikanische Stamm der Safwa weiß sich einem Häuptling unterworfen, der auch Priester und Richter ist und die Pflichten der geheiligten Tradition bewahrt. Wird sie überschritten, so wird er gemäß der Verantwortung vor den heiligen Normen einschreiten. (vgl. Die Safwa, Berlin 1926, S. 179f, S. 185ff)

In Südnigeria herrscht ein König über jeweilige Geronten in den Dörfern. Seine Macht hat er teilweise an jene delegiert, sie wachen über die Einhaltung der Ehe- und Familienpflichten, über die Einhaltung ethischer Werte in ihnen. (vgl. P. v. Werder, Staatsgefüge in Westafrika, Stuttgart 1938, S. 101 f; vgl. auch E. Kootz, Im Banne der Furcht, S. 105ff)

Bei Indianern finden wir Ähnliches: Die Familienoberhäupter bestimmen gemäß der Familientradition. Das Vorbild der Alten, die Gewohnheiten sind der bestimmende Richter, sie entscheiden in Zweifelsfällen und bestimmen das gesellschaftliche Werturteil. (vgl. Gusinde, Urmenschen in Feuerland, Leipzig 1946, S. 25ff). Selbstlosigkeit und Ehrfurcht sind hoch geachtet. (ebd.) Dasselbe finden wir bei dem Indianerstamm der Panoobo in Peru. (vgl. Tessmann, Die Indianer Nordostperus, Hamburg 1928, S. 177ff)

Selbst bei Völkerschaften, welche die niedrigste Stufe geistiger Entfaltung haben, bei den Bachwa-Zwergen, finden wir ein festes Traditionsgut ethischer Wertung, das Rügen des Diebstahls, des Ehebruchs, des Elternhasses. (vgl. P. Schebesta, Vollblutneger und Halbzwerge, Leipzig 1934, S. 216) Fast Identisches sehen wir bei den Bambuti-Zwergen im Kongo. (vgl. Schebesta, Bambuti, die Zwerge im Kongo, Leipzig 1932, S. 51ff)

Die bezeichneten Beispiele sind nur eine Auswahl. Es gibt viel völkerkundliches Material, das die Grundstruktur bestätigt: Die Menschen in den Naturreligionen, in den Stammesreligionen, kennen jeweils eine festes Traditionsgut, das gemeinschaftsschädigendes Verhalten rügt, gemeinschaftsförderndes Verhalten regelt. In relativ selbstständigen Gestaltungen des gemeinschaftlichen Lebens werden ethische Werterfüllungen gefordert, auch realisiert. Man denke an Hilfsbereitschaft, Ritterlichkeit, Wahrhaftigkeit, Vertrauen, Ehrfurcht. Der Mensch der Naturreligionen kennt zwar nicht jene herausgehobene Position der Gottesebenbildlichkeit des Menschseins, wie sie in der Genesis zu finden ist – die Grundaussage für das, was späterhin im philosophischen Raum Autonomie genannt wird. Wohl aber weiß er um „Menschliches", um ethische Werte, hat Herzensbildung.

Jene ethischen Werte werden erkannt und erfüllt, wenn auch unter dem Absolutum einer starren Traditionsgabe, in gewohnheitsmäßiger Anpassung, oft auch gebrochen und variiert in verschiedenen Stammessituationen. Aber in jedem Falle wird die Enge triebgerichteten Verhaltens überwunden und bildet so einen Anfang der Kulturentwicklung. Wenn auch die unbedingte allgemeinmenschliche Gültigkeit ethischer Normen noch fehlt. Die Möglichkeit subjektiver, personaler Autonomie ist ausgeblendet.

Das Ethische in den Naturreligionen ist die durch Tradition umgewandelte Natur, die beginnende Kultur, die in der ethischen Wertteleologie, ohne die Gemeinschaftsleben nicht sein könnte – was im Denkraum der Naturreligionen nur begrenzt erkannt ist – als Sittenethik offenbar ist.

So ergibt sich eine gewiss nur begrenzte, aber doch wertinhaltliche Kontinuität zu analogen Inhalten in monotheistischen Kulturkreisen, in den Lehren vom Tien und Tao, vom Brahma und Logos. Auch zu ethischen Aspekten im Alten und Neuen Testament.

Naturreligionen leben von dem Erlebnis, der Erfahrung der Beseelung und so Belebung allen Seins. Wie ein Kind Blumen am Morgen im Garten begrüßt und vom „lieben Baum", von „lieben Blumen" spricht, so ist für den Naturreligiösen alles lebendig: der Baum, das Feuer, die Saat. Alles wird wie lebende und fühlende Wesen behandelt. Alles lebt und fühlt und hat darum eine Seele – wie der einzelne Mensch auch ebenso.

Die Seele kann den Körper verlassen und viel für sich haben, während der Körper ruht. Das weiß man vom Traum her. Beim Sterben verlässt ihn die Seele. (vgl.

Söderblohm a. a. 0, S. 22) Das bedeutet: Mit dem Tode ist nicht alles aus. Die Toten sind mit den heute Lebenden verbunden.

Und dies nicht nur durch Erinnerungen der Nachkommen, sondern durch rituelle Begegungen. Der Nachfahre ist für das zukünftige Schicksal des Verstorbenen bestimmend. Vernachlässigt er ihn im Kult, auch in der eigenen Gesinnung und Tat, so belässt er ihn im Tode: Das Verhältnis der Lebenden zu den Toten ist ein reziprokes. (S. Bürkle, S. 105) Der Tote ist erst wirklich tot, wenn es kein Gebet für ihn, keine Erinnerung an ihn mehr geben würde. Tote und Lebende sind in einer gemeinsamen Schicksalsverbundenheit.

Tote sind für noch Lebende „tabu". Es meint ein polynesisches Wort, das „besonders gemerkt, gekennzeichnet" bedeutet. Im Gegensatz zu dem Gewöhnlichen, das man berühren darf. (N. Söderblom, Einführung in die Religionsgeschichte, Leipzig 1928, S. 17)

Mit dem Wissen um das jeweilige Tabu ist den Naturvölkern eine fast unglaubliche Menge von verstehbaren, auch unverstehbaren Fesseln auferlegt. Die Tabufurcht beherrscht das Leben in den Naturreligionen.

Aber es darf nicht vergessen werden, dass die Tabufurcht die Ehen, Familien, das Eigentum, die Autorität der Herrschenden und das Gemeinschaftsleben überhaupt schützt, den Trieben Fesseln auferlegt, Kulturgestaltung ermöglicht.

Menschen und Dinge können tabu sein. Insbesondere Heilige Riten, auch Gestaltungsformen der Götterdienste, sind wie Heilige Stätten, Bilder, Tempel mit Vorschriften bedacht und darum tabu.

Daran wird deutlich, dass das Leben sich nicht einfach als eine biologische Gegebenheit aus sich selber versteht. Wichtiger als die biologischen Abläufe wie Geburt und Tod sind die mit diesen Ereignissen verbundenen kultischen Handlungen, Einleibungsriten, die dem Einzelnen deutlich machen, dass nicht er autonom über sein Leben verfügen kann. Zugleich empfängt der Einzelne einen Zuwachs an Lebenskraft und Lebensmächtigkeit – nicht zuletzt im Übergang in das Reich der Ahnen, der Verstorbenen.

Mythen wollen erklären – nicht nur, sie unterhalten auch und können Vergnügen hervorrufen. Ihre aitiologische Funktion ist wesentlicher. Sie wollen auffallende Tatsachen erklären, zum Beispiel die der Riten, der Menschen, des Todes, der überirdischen Wirklichkeit, auch grandioser Bäume oder Felsen und Berge. In ihnen spielen Heroen aus der Vorzeit eine große Rolle als Heilsbringer, als Entdecker, zum Beispiel des Feuers, des Eisens, des Bogens, der Netze. Die Fragen nach dem Woher und Wohin sind lebendig, und Mythen geben Antworten. Die kann der

Mensch nur finden in Richtung einer im Gesamtgeschehen wirkenden Kraft, in einer Weltseele, die zugleich Urheber sein mag. Dieser Urheber gibt die Ordnungen des Natürlichen wie des Stammesgemeinschaftlichen vor. Von ihm mag auf unerklärliche Weise die Entstehung der Dinge und Menschen erfolgt sein in eigener Selbsttätigkeit.

Dessen gedenkt man aber nicht, der – wie immer verstandene – Urvater ist zu fern, im „Unterschied von den hungrigen Seelen und Mächten, die den Menschen in der Nähe umgeben und beständig bei guter Laune halten müssen". (Söderblohm, S. 24) Ihnen gilt der kultische, rituelle Dienst, den Ahnen, den Göttern, den Übermenschen.

Naturreligionen, Stammesreligionen scheinen dem Bewusstsein des sogenannten modernen Menschen unendlich fern zu stehen. Sie haben aber auch Vorzüge: Zunächst, weil sie die Fragen nach dem Woher und Wohin des Menschseins zu beantworten suchen, ja sie bewusst stellen. Dies im Gegensatz in unseren Zeiten in moderner Welt, in der der Mensch „nachmetaphysisch" zu denken und zu handeln versucht – wie uns die Philosophie des 20. und des 21. Jahrhunderts teilweise belehrt. Dann bleibt am Ende keine Antwort oder der blanke Naturalismus, Nihilismus. Naturreligionen denken über Geburt und Tod hinaus, eröffnen einen rituellen Zusammenhang von jener Welt nach dem Tode in unsere Wirklichkeit hinein – sie ahnen etwas von der Ewigkeitsperspektive des Menschseins, wie sie monotheistische Religionen teilweise entwickeln.

Ein weiterer Vorzug jener Religionen ist, dass sie uns an unsere Natur erinnern, daran, dass wir Teil der Schöpfung sind und bleiben werden; wir sind im Sein. Dieser ontologische Bezug ist unter dem vorherrschenden Personalismus, Subjektivismus stark reduziert im Weltbewusstsein. Erst die sehr großen Schäden ökologischer Art fordern zum Umdenken und zu neuem Handeln auf, zur Bewahrung der guten Schöpfung.

Ein weiterer Vorzug der Naturreligionen ist ihre Partikularität. In jedem Stamm ist das göttliche Erleben jeweils eigengestaltet. Zugleich bietet die Stammesbezogenheit einen weiten Raum der Geborgenheit und auch teilweise der Gleichheit. Man weiß um letzte Maßstäbe, wenn auch in stammesmäßiger Gebrochenheit. Es fehlt gewiss ein Bezug auf die Autonomie des Menschseins, auf die individuale und schöpfungsbedingte Gottesebenbildlichkeit, wie sie im biblischen Denken, in der Genesis, angelegt ist.

Das Wissen um ethische Maßstäbe in den Stammesreligionen erinnert an das ethische Lumen naturale, das ethische Apriori – die Gemeinschaftsbildung ist auf Werterfüllungen schlicht angewiesen – auch in stammesrelativer Gebrochenheit.

Unübersehbar ist eine kultische, religiöse und auch allgemein-menschliche Werkgerechtigkeit. Das Do, ut Des ist offenbar. Die Schranken der Grenzsituationen des Daseins wie Schuld, Schicksal, Leiden oder Tod lassen das Gefühl der Passivität bestimmend sein. Helfen kann augenscheinlich nur die offene oder geheime Relation zum Hintergründigen, zu den Göttern, Geistern, Ahnen.

Die polytheistischen Stammesreligionen können von Stamm zu Stamm unter Umständen verbindend sein, sie können unter den Macht- und Kampfperspektiven der jeweiligen Stämme oder Völker auch schreckliche Nöte, grausame Verwundungen mit sich bringen. Göttervorstellungen haben jeweils ihre Zeit, sie können sich mit anderen Vorstellungen in anderen Stämmen vermischen oder absterben.

Es bleibt aber doch das Bewusstsein des Do, ut Des in den quasisakramentalen, ritualen Opfervorstellungen, die als Werke vor den Göttern und für sie gedacht sind. Opfervorstellungen, die Tiere unter Umständen fordern können, auch eventuell Menschen wie in Südamerika bei den Inkas in bestimmten Zeiten. Dieses Grausame, Barbarische darf nicht verschwiegen werden.

Aber es darf auch nicht übersehen werden, dass in der Zeit des Römischen Weltreiches in den Städten ganz verschiedene Kulte nebeneinander sein konnten in relativer Toleranz und Freiheitlichkeit, solange der römische Kaiserkult dies nicht zu stören schien und man selbst eigentlich religiöse Handlungen mehr im kultischen Sinne verstand. Dies war für den Staat von großem Nutzen und schien dem politischen Frieden zu dienen. Mit dem gegenseitigen Tolerieren der polytheistsichen Religionen war auch ein Austausch der Bilder, Riten und Götter unter Umständen verbunden, was den politischen Frieden nicht störte und das Bewusstsein der Toleranz förderte.

Demgegenüber musste das Christentum in der weiträumigen Arena der polytheistischen Religionen als religionsfeindlich erscheinen, ja als Atheismus qualifiziert werden. Es hielt sich nicht an die Austauschbarkeit der Riten und Bilder, und mit der Ablehnung des Kaiserkultes gefährdete es den politischen Frieden, die gesellschaftliche Ordnung überhaupt.

2. Die Eigenart des Hinduismus

Im indischen Denken des Hinduismus finden wir einen wohl unerschöpflichen Reichtum an Mythen, Religionen und auch an ernsten und tiefdringenden Versuchen philosophischer Gestaltung.

Auf der einen Seite finden wir eine Fülle unterschiedlichster Kulte, mythischer Traditionen, eines Pantheons von Göttern und Göttinnen. Auf der anderen Seite staunen wir über spekulative philosophische Systeme, die sich gewiss von der mythischen Volksfrömmigkeit abheben. Zwischen diesen beiden Aspekten dehnt sich der „indische Himmel" aus, der mit dem Wort Hinduismus bezeichnet wird.

Dem hinduistischen Denken unter der Weltordnung des Brahma-Atman liegt – wie auch dem Jainismus und dem Buddhismus – eine Auffassung zugrunde, welche Erlösung verspricht. Die Welterfahrung ist zeitlicher Natur, durch Diesseitsgebundenheit, Verknüpfung mit der Welt der Materie bestimmt. So ist das Begehren der Seele ans Endliche gebunden und ohne Erlösungskraft.

Das hat Folgen: Denn jenes Begehren der Seele ist an die Folge der Existenzen von Geburt zu Geburt gekettet. Diejenigen, welche einen schlechten Wandel gehabt haben, dem Begehren des Endlichen anheimfielen, für deren Seelen besteht die Aussicht, in einem tierischen Wesen wiederverkörpert zu werden. Wer aber einen guten und erfreulichen Wandel hatte, dessen Seele erlangt eine bessere Wiedergeburt, in der vielleicht schon die Voraussetzung der einzig richtigen Erkenntnis, der Erlösungsfähigkeit, erreicht ist; Kultisches, ethisches Tun und Denken ist die indirekte Voraussetzung der Erlösung von der vordergründigen Weltbezogenheit, die durch die Relation zur hintergründig fügenden Macht göttlicher Natur, welche geistiger Art ist, erreicht wird.

Diese ist das Brahma. Alle erfahrbare Welt ist in einer hintergründigen, unzerstörbaren, vordergründig nicht erfahrbaren geistigen Weltmacht, dem Brahma, bedingt. Für den Unwissenden ist Brahma nicht seiend, weil es dem sinnlichen und erfahrungsbezogenen Denken unerfassbar bleibt. Dennoch ist es gegeben und gegenwärtig, oft gedeutet als feinster Stoff, als Kraft, als geistige Wirklichkeit. Von den Wissenden wird es bezeichnet als das Wahre, der Weltschöpfer, der Weltenherr, das Licht und das Leben. (vgl. Oldenburg, Die Lehre der Upanishaden, 1915, S. 77, S. 177f)

Die Götter unterliegen dem Brahma und auch dem Gesetz der Ewigen Wiederkehr, sind Teile eines unendlichen Spiels, in dem das Brahma, das Unveränderliche, sich täuschend verhüllt. Im Brahma gründet alles Sein; alle erfahrbare Wirklichkeit ist aus einer Emanation erwachsen. Brahma ist und bleibt prima causa, die allem göttlichen Wirken vorausliegt. Auch wenn das in mythischen Bildern dargestellt ist, in Vorstellungen dargereicht wird, die nicht immer einheitlich sind, so ist doch der Gedanke einer alles Sein begründenden Potenz und Aktualitas, einer Urmächtigkeit eines zeitlosen Seins, Brahma stets immanent.

Brahma ist zugleich das wahre Selbst, der Atman im Menschen. Von dieser besonderen Relation des Menschseins zur hintergründigen Weltmacht wissen die vordergründig lebenden, Familie und Besitz, auch Arbeit oft leidenschaftlich erstrebenden Menschen nichts, deshalb fehlt ihnen innere Gelassenheit und Freiheit gegenüber der Welt; die Erkenntnis des Brahma fehlt ihnen.

Damit das Individuum sich seines Seins bewusst zu werden vermag, bedarf es der Selbstvergewisserung seiner Brahmanhaftigkeit. Es hat ja – wie alle Wesen – Anteil am Brahma als der alles Sein bestimmenden Macht. Das Ich entdeckt sich, indem es sich der verborgenen Einheit von Atman und Brahma bewusst wird.

Gewiss ist das Ich einsam, hat Furcht vor dem Anderen. Solche Daseinsangst weicht demjenigen, der seine eigene Atman-Brahma-Identität zu entdecken vermag. Das „ICH BIN ES“ überwindet die tragische Grenze des Eigenseins. Atman ist mit dem Brahma, mit der Weltseele eins, ist integraler Teil eines Allzusammenhanges. Angst und Furcht vor anderen ist nicht mehr aktuell.

So darf man sagen: Hat einer sich in sein Innerstes zurückgezogen, es als Ewiges, Unwandelbares geschaut und zugleich im Brahma identifiziert, dann wird er von der befleckten und wandelbaren Welt nichts mehr erwarten. Er wird sich im Eigentlichen von ihr abwenden, wird seine Weltbeziehungen relativieren, eventuell deminuieren, sich im Bewusstsein des reinen Brahma aufgeben. Wer Atman, Brahma geworden ist, hat entsagt, ist beruhigt und innerlich gesammelt, sieht in sich das wahre Selbst, sieht alles Existierende als Brahma-Atman.

Das macht ihn absolut frei von der Welt, vom Karma, von jeglicher Leid verursachenden Materie. Er ist aller Täuschung enthoben. Er ist frei von jeglichen Forderungen ritueller, auch ethischer Art. Frei von heteronomen Bindungen verhält er sich als geistig geläuterter in quietistischer Lebenshaltung autonom – fern aller Motivbefangenheit.

Wir können hier von einer ontologischen Selbstverwirklichung sprechen: Die erlösende Erkenntnis bringt mit sich eine Änderung der Perspektive: Der Blick geht vom subjektiven Selbst hin zu dem ihm innewohnenden Allsein, dessen Teil der Einzelne ja ursprünglich ist. Tiefere Einsicht entdeckt tiefere Zusammenhänge der eigentlichen Wahrheit, die frei macht vom Vordergründigen. Die fehlerhafte Sonderexistenz des Vordergründigen wird von einer neuen integralen, ontologischen Gesamtschau überwunden.

Mit solcher Befreiung ist auch der qualitative Unterschied von Gott und Mensch überwunden. Der Mensch hat Teil am Göttlichen, ist in Gott. Dies ist für den hinduistischen Mystiker die höchste Stufe der Erleuchtung, in der die Namen der Götter versinken, in einer alleManifestationen des Empirischen hinter sich lassenden Schau des Absoluten selbst.

So ist das Brahma für den Brahmanen wesentlich lumen supranaturale. Denn nicht die welt- und lebensgestaltende Funktion des Atman wird entfaltet, sondern der Brahmane strebt zur mystischen Einung im Brahma, mit der göttlichen Weltmacht geistiger Natur. Er streift die diesseitige Eigenwirklichkeit ab, durchbricht den Welthorizont. Der metakosmische Hintergrund seiner Seele gewährt ihm volle Sinnerfüllung. Der Hinduismus endet in dieser monotheistischen Form, in der Mystik.

Es darf aber nicht übersehen werden, dass dem lumen supranaturale das ethische Lumen naturale vorausgeht. Denn der Weg zur mystischen Einung schließt eine Lebensvorbereitung und Lebensgestaltung im ethischen Sinne ein. Die unbedingte Geltung ethischer Normen wird im Leben selbst erprobt in Werterfüllungen der Wahrhaftigkeit, Redlichkeit, der Durchsichtigkeit. Dies ist die indirekte Vorausgabe der mystischen Einung.

Diese wurzelt in einem Erlösungswissen, in einer Art von Erkenntnis – wie im Einzelnen auch verstanden. Sankara hatte einst im 9. Jahrhundert so gelehrt. Demgegenüber schien das Vordergründig-Vorhandene unter der Einsicht des Brahma-Atman zu verkümmern als Scheinwirklichkeit, als Maya.

Dies fand im 13. Jahrhundert den geforderten Widerspruch: Wohl ist Brahma das eigentliche Sein und Bewusstsein. Aber die erfahrene Welt kann man doch nicht dem Unwirklichen letztlich überlassen – wir sind doch in ihr. Dieselbe Wirklichkeit, die wir uns selbst zugestehen, für uns selbst sachlich zu recht fordern, kann doch der ansichseienden Welt sinnvoller Weise nicht abgesprochen werden – so lehrte Madva. Das Weltsein ist so wirklich wie das menschliche Personsein.

Aber die vordergründige Erfahrungswirklichkeit ist fehlerhaft, böse. Darum kann Gott sich nicht in sie selbst hinein verwandeln. Das Weltsein ist wie das Menschsein von Gott geschaffen. Aber da jenes fehlerhaft, fehlgeleitet ist, kann Gott, das Göttliche nicht sich in sie hineinverwandeln. Er bleibt im Jenseits, wir aber hier, und nur in mystischer Einung hier und da zum Brahma erhoben.

In der Bhagavadgita versucht man eine Synthese: zwischen der gnoseologischen Urgestalt des Brahmaismus und der dazu gehörigen Yogaschule, zwischen dem Wissen und dem Tun einen neuen Weg: bhakti, gläubige Hingabe an eine Gottheit, Vertrauen und Liebe zu ihr. Dieser Glaube richtet aus, was Wissen und Erkenntnis und auch Werke nicht vermögen.

„Der Herr", Bhagavat, ist in diesem Falle Krsna als eine der Inkarnationen Vedas. „In der Lehre von den atavara, den Herabkünften, d. h. Inkarnationen, Offenbarungen der höchsten Gottheit, kommt das göttliche Wesen dem Herzen, das sich nach Erlösung sehnt, nahe. Der Gott nimmt Gestalt an, weilt auf Erden und tut seine Weisheit, seine Macht und seine Liebe den Menschen kund". (N. Söderblom, Das

Zeugnis der Religionsgeschichte, München 1942, S. 115f) Der Gott Krsna wird der Welt von Zeit zu Zeit geboren, so wie die Menschen ihn nötig haben. Die veda-Götter sind ungefährlich geworden. (ebd.) Krsna ist größer als Brahma oder mit Brahma identisch und mit dem Atman, der in der Seele der Kreaturen wohnt. (vgl. Bhagavadgita, XI, 37 – X, 12 und 11)

Dieser Gott ist nicht nur mächtig, er ist auch Liebe und ruft Liebe und Vertrauen hervor. „Wenn irgendein Verehrer irgendeiner Göttlichen Erscheinungsform gläubig zu dienen wünscht, so mache ich ihm diesen seinen Glauben unerschütterlich". Der Glaube ist in Wahrheit von Krsna verliehen. (Bhagavadgita, VII, 21f)

Dieser Ansatz muss universalistisch verstanden werden. Die verschiedenen göttlichen Gestalten wie die menschlichen Propheten sind „Herabkünfte" der ewigen Gottheit Krsna; es ist gleichgültig, welche Gottheit der Mensch jeweils anbetet. Wenn seine Liebe und sein Glaube echt sind, so gelten sie, auch wenn er nicht explizite Krsna benennt – so betet er doch ihn an, keinen anderen als Krsna, den wahren Gott, der über alles ist. (Söderblohm ebd, S. 118)

Die Erlösung hängt nicht bloß von einer Gnosis ab, wie bisher im Brahmaismus, sondern von der Beschaffenheit der bhakti, der gläubigen Hingabe, der Liebe, die die Menschen dem Gott schenken. Unabhängig von der jeweiligen Gestalt der Verehrung. Das echte Gefühl erreicht Gott Krsna. (Bhagavadgita, IX, 22ff) Das liebende Vertrauen errettet. (ebd, X, 8ff)

Diese Art der Frömmigkeit ist gleich weit entfernt von einem Streben nur in asketischen Übungen zur Gottheit hin, wie von einer nur fast theoretischen Gotteserkenntnis, des puren Wissens. Dabei werden Opfer, Askese und Training keinesfalls verboten. Sie müssen im rechten Geiste erfolgen. Alles hängt vom Bhakti-Glauben ab. Er heiligt alles und adelt alles (vgl. Söderblohm, S. 122) Wer an Gott glaubt, der wird von Sünde frei werden und Güte gewinnen. (Bhagadavagita, XVIII, 47)

In der Bhagavadgita wird dem Gläubigen nicht verboten, seiner weltlichen Beschäftigung nachzugehen. Wohin einer gestellt ist, da hat er seine Pflicht zu tun. (ebd.) Selbst wenn er ein Krieger ist. Der Weise wird sich vom Tod nicht schrecken lassen, denn des Menschen Geist ist unzerstörbar. (Bhagavadgita, II, 11) Ohne Pflichterfüllung erntet man nur Unehre.

Aber das Werk, die Handlung, darf letztlich die Seele nicht berühren. Der Mensch muss die Welt gebrauchen, so als ob er sie nicht gebrauchen würde (Bhagavadgita XVIII, 9, vgl. Söderblohm a. a. 0, S. 124) Eine Pflichterfüllung, die von bhakti, der gläubigen Hingabe bestimmt ist, wird die Erlösung empfangen.

Dies gilt völlig unabhängig von der gesellschaftlichen Situation. Die Bhakti-Frömmigkeit ist mit allen Ständen und Klassen vereinbar. (Bhagavadgit IX, 29, 32) Alle sind willkommen, es gibt keine Vorrechte der Brahmanen mehr, der Bhaktiglaube ist wesentlich, nicht das jeweilige gesellschaftliche, persönliche Wissen. Glaube und Erlösung können auch ohne Wissen erlangt werden. Jedem steht die Ewigkeit offen in der Reinheit des Glaubens, die sich in Liebe, Verehrung, Freude und in gänzlicher Unterwerfung beweist. (Söderblohm, S. 130)

Die Bhakti-Frömmigkeit war für die Religionsgeschichte Indiens von großer und unberechenbarer Bedeutung. Neben dem aristokratischen Wissen und der Brahma-Mystik tritt ein gleichsam demokratisches Programm, die Erlösung im Glauben, durch Glauben und Verehrung.

Man ist dann versucht, Parallelen zum christlichen Verständnis zu ziehen. Insbesondere zum Fiduzialverständnis Luthers: Gott und Glaube sind immer zuhaufe im Großen Katechismus.

Aber das täuscht. Denn im indischen Verständnis ist eine Art von Universalität und Toleranz möglich, das dem jüdisch-christlichen Verständnis doch fehlen muss. Indisches Denken sagt niemals NEIN. Die prophetische Religion Israels und auch des Christentums kennt dieses Nein – auch das, was man den Zorn Gottes nennen mag. Es ist die Tragödie Indiens, eine Weitherzigkeit, in der alles toleriert wird – auch und gerade in der Bhakti-Religion. Dem entspricht eine umfassende Lehre von den avatara, von den Inkarnationen, den verschiedenen Offenbarungen Gottes in verschiedenartigen Göttergestalten. Dem steht entgegen der christliche Glaube an den eingeborenen Sohn Gottes, des Vaters. Die Vorstellung einer Dreieinigkeit Gottes als Wesenheit ist indischem Denken sehr fremd. (vgl. Heiler, Die Mission des Christentums in Indien, Gotha 1931, S. 11)

Dennoch darf nicht vergessen werden, dass wir in Indien ein tiefes religiöses Streben haben bis hin zum persönlichen Glaubensverständnis der Bhakti-Religion, auch ein Bewusstsein ethischer Werte, ein Urwissen, dass die Fragen nach dem Woher und Wohin, das metaphysische Denken, niemals aufgegeben werden darf. Und eine Sehnsucht der Vollendung im Ewigen aus Glauben – mag es im Einzelnen verwirrend erscheinen, etwa verschiedene Gottesbegriffe unter Umständen, so zeugt es doch in der Tiefe von der Gnade der Anwesenheit Gottes in seiner Schöpfung und kann nicht einfach nur unter der negativen Mitgift des Allzumenschlichen im Sinne des Do, ut Des der Werkgerechtigkeit sachgerecht gedeutet werden, nur so verstanden werden, wie im Raum der evangelischen Theologie zum Teil.

3. Gestaltungen des Buddhismus

Im Buddhismus begegnen wir einer Stiftergestalt, Buddha, ein Ehrenname, der „Erwachte". Von ihm sagt Romano Guardini: „Ein Einziger hat ernsthaft versucht, Hand ans Sein zu legen, Buddha". „Man könnte ihn in die Nähe Jesu stellen. (Der Herr, Würzburg 1961, 12. Aufl, S. 30f, S. 360f)

Er sah das radikale Ungenügen der veränderlichen Welt und er versuchte, einen Weg zu weisen des vollen Vertrauens, um zur letzten Erleuchtung zu kommen. Die Überlieferungen des Buddha berichten, wie es zu dieser wachsenden Einsicht gekommen ist. Die Begegnungen mit Krankheit, Armut und Tod waren die Anlässe, die dem Weltverhafteten die Augen für den wahren Zustand des Menschseins öffneten. (vgl. Bürkle, Der Mensch auf der Suche nach Gott – die Frage der Religionen, Paderborn 1996, S. 143)

Wie alle indischen Systeme weiß er um die Macht des Karma, um die Wiedergeburt des Menschen. Stirbt ein Mensch, so nicht mit ihm das Leben. Dieses muss vielmehr in der durch das Karma bedingten Form weiterbrennen, um den Brennstoff zu verzehren, der durch das Wollen der letzten Existenz aufgeschichtet ist. (vgl. Glaenapp, Der Buddhismus, Zürich 1936, S. 30f)

Der Mensch kommt aus jenem Kreislauf nicht heraus. Der Wille treibt ihn zu immer neuen Taten, aus Lust und Freude am Leben gefangen, im Lebensdurst. Dies mag dem Menschen für eine gewisse Zeit Glück, Sinnerfüllung seines Daseins gewähren. Aber nicht allezeit. Denn alles irdische Dasein ist der Vergänglichkeit unterworfen und hat seine Mängel, wie Hunger und Durst, Krankheit und Alter, die Nichterfüllung von Wünschen, moralische Verworfenheit. Deshalb ist es leidvoll. Hat dieses Leiden seinen Grund im ungestillten Lebenswillen, in der Lebensgier, so kann es nur dadurch, dass jener oder jene verneint wird, allein durch die Erkenntnistat behoben werden, zur Erfüllung kommen. Man muss die Ursache des Leidens aus eigenen Kräften überwinden, den Willen zur Tat, zum Begehren, zum Wünschen auslöschen, also Leben und Welt verneinen. Dies geschieht durch eine neue Gesinnung, die der buddhistische Heilige in stiller Sammlung erreicht – nicht durch das Tun. (Albert Schweizer, Die Weltanschauung der indischen Denker, 1935, S. 78f)

Man könnte Buddha so interpretieren, dass der Mensch an seine Ur-Sucht gebunden ist, die Ursache der Fehlleitung ist. Und das vom Anfang an: „Geburt ist Leiden, Alter ist Leiden, Tod ist Leiden, mit Unliebem vereint sein ist Leiden, nicht erlangen, was man begehrt, ist Leiden, kurz die fünferlei Objekte des Ergreifens sind Leiden". (H. Oldenberg: Buddha. Sein Leben, seine Lehre, seine Gemeinde, Stuttgart 1959, 13. Aufl. , S. 157)

Der Mensch kann sich von dieser Grenzsituation seines Lebens, welche mit dem Wort Leiden umschrieben ist, nicht so befreien, dass er die Selbsttäuschung seines Eigenseins übersieht oder überspielt. In der erleuchtenden Einsicht, die methodisch erreicht werden kann, liegt der Schlüssel der Überwindung um frei zu werden von dem Durst nach Leben, der unstillbar erscheint und in immer neue Verquickungen führt, zu immer neuen Wiedergeburten in der Folge der Existenzen: „der Lüstedurst, der Werdedurst, der Vergänglichkeitsdurst" (vgl. Oldenburg, ebd, S. 157f)

Der Mensch muss nun lernen, aus dieser ursprünglichen Befangenheit herauszukommen, den „Durst" fahren zu lassen, ihm keinen Raum zu lassen im Denken, Handeln und Wollen überhaupt. Er möchte die tiefere Einsicht nicht abblenden in der Vordergründigkeit; sich nicht mehr an das pure Dasein klammern, bedeutet schon den Beginn der Erlösung, eine neue existenzielle Freiheit.

Dies ist der Quellort einer heilsamen Perspektivenkorrektur. In ihm gipfelt der achtfache Pfad, dem des Buddha Verheißung gilt. Alles Denken und Wollen muss sich daran messen lassen. Alle Lebensäußerungen sind darauf zu beziehen.

Das Ziel heißt Nirvana – wie auch der Weg zur Erlösung. Dieses Wort ist schwer übersetzbar, so sagen die Fachleute. Was das Nirvana ist, darüber schweigen die Buddha-Jünger, denn der Meister hat sie gelehrt, dass es keinem menschlichen Wort gegeben ist, das Mysterium des Nirvana zu ergründen. Man kann es nur umschreiben als das, was es nicht ist: Nicht-Vergänglichkeit, Nicht-Lebensdurst, Nicht-Unwissenheit. Letztlich ist es das Ziel gegenüber aller wandelbaren, relativen Welt, ein Unwandelbares, Absolutes. Dort angelangt, hebt der Mensch den sonst für ihn unumkehrbaren Weg und Kreislauf der Wiedergeburten auf. Unverlierbar ist so des Geistes Erlösung, die letzte Geburt. Nicht gibt es fernerhin neue Geburten. (s. Oldenburg, a.a.O., S. 138)

Unter dieser „Ewigkeitsperspektive", wenn man so will, darf das Verhalten und die Besinnung des Buddhisten wachsen – nicht im Sinne von Resignation und innerem Absterben, sondern im Vermeiden mitleidloser Gesinnung. Es geht um innere Reinheit, um Einfalt des Herzens, um Güte gegen alle Menschen, auch gegenüber den Feinden. Um der inneren Reinheit willen muss man den Bösen verzeihen, Feindschaft still ertragen. Durch Nicht-Feindschaft kommt Feindschaft zur Ruhe" (vgl. Schweitzer a.a.O., S. 81) Mit Wohlwollen begegnet der buddhistische Heilige allen Menschen. Kein Unglück kann seinen Gleichmut zerstören, seine Heiterkeit überwinden. Die innere Freiheit von der Welt, vom Lebenswillen, vom Tatwillen, von Leidenschaften, vom Leiden, von der Vergänglichkeit, vom Wechsel des Heute und Morgen, ja vom Leben und vom Tod ist in sein Herz eingezogen.

Seliger Friede erfüllt ihn. Erst mit dem Tode ist die Seele erlöst, befreit vom Karma, von Wiedergeburt durch Eingang ins Nirvana.

Um dieses Zieles willen darf der Buddha-Jünger aus der Menschengüte leben, das Verzeihen lernen, Feindschaft in Güte verwandeln. Selbstbescheidung, Wahrhaftigkeit, Redlichkeit ist eine Selbstverständlichkeit. Ethische Werterfüllung begleitet den Lebensweg des buddhistischen Heiligen, bildet eine Grundhaltung auf dem Wege zum Nirvana nach dem Ende des Diesseitigen.

Dies kann in unserer vom Tatwillen bestimmten Wirklichkeit des Menschseins nur gelingen in einer nach innen gekehrten und auch quietistischen Lebenshaltung, in einer inneren und erlösenden Schau. Dies macht den buddhistischen Heiligen zum Fremdling in dieser Welt. Sein ganzes Trachten richtet sich ja im Nach-Innen-Gekehrt-Sein darauf, die Irrungen und Wirrungen des Karma, des tatorientierten Handelns als Scheinwirklichkeit zu durchschauen und zugleich hinter sich zu lassen. Der Blick des Buddhisten ist nach Innen gewandt, wie Buddha in Anweisungen es angeboten hat. Darunter fallen Gedanken des rechten Umgangs mit den anderen Menschen wie die Aufforderung zur Enthaltung von Leidenschaften, die den Weg nach Innen, den Erlösungsweg, behindern. Dem religiösen Heilsweg ist alles andere unterzuordnen. (vgl. Die Reden Gautama Buddhas, Mittlere Sammlung, übers. von K. E. Neumann, Bd. l, Zürich 1956, S. 560 und S. 583ff)

Das Leben erfährt seine „Bestimmung und Orientierung aus der Tiefe der im Verborgenen liegenden Heilserkenntnis. In dieser Zuordnung finden Gesinnung, Einsicht, Sprechen und ethische Weisheit – auch in der Einsicht der ethischen Geltung schlechthin – ihre Zusammengehörigkeit“. (s. Bürkle a.a.O., S. 150)

Was hat Buddha gedacht? Meinte er so die Menschen aus eigenen Kräften in die Erlösung zu führen? In der buddhistischen Tradition weiß man legendär zu berichten, dass Buddha wohl die Einsicht hatte, dass nur wenige das Ziel erlangen könnten. Er habe selbst gezögert und um Einsicht gerungen. (vgl. Söderblohm, a, a. O, S. 143ff)

Dies erschien freilich missverständlich. So kam es schon unmittelbar nach Buddhas Tod zum Streit in den Mönchsgemeinden über die rechte Auslegung der von Buddha verkündeten Wahrheiten des edlen achtfachen Pfades. Zwei Gruppen standen sich gegenüber: Die eine Gruppe, Theravada, „Lehre der Alten“ sieht sich bis heute als jene, welche ganz treu bei den Lehren des Meisters geblieben ist. Diese Bewegung wird auch Hinayana genannt, kleines Fahrzeug. Die Welt wird verstanden als ein brennendes Haus. Um zu entrinnen, ruft man einen Wagen. Aber auf ihm ist nur wenig Platz – ausschließlich für die wenigen wirklich Gläubigen.

Der Theravada-Buddhismus betont das Bemühen des Einzelnen um Erlösung aus eigener Kraft. Zu Buddha kann man nicht beten, er ist im Nirvana erloschen. Religiöser Kult, Bilderkult werden abgelehnt. Eigentllich kann im Theravada-Buddhismus nur der Mönch Erlösung erlangen. Klöster sind Orte der Erlösung, weshalb auch auf Zeit oft Laien in Klöster gehen, um Anteil zu gewinnen an dem dortigen Erlösungsstreben.

Dieser Weg der Selbsterlösung blieb nur wenigen vorbehalten. Das Wollen vieler war von der Erfahrung eigener Ohnmacht begleitet, der kreatürlichen Grenzen des Menschseins. Es ist nun eine Inkonsequenz des Buddhismus, auch des angefochtenen und zögernden Buddha, dass es eine andere Richtung im Buddhismus gab. Das Heil ist nach ihrer Deutung nicht nur wenigen Asketen vorbestimmt, sondern für alle offen. Der Mahayana-Buddhismus richtet den Geist auf das Göttliche, das Buddha selbst unter der Fokussierung auf den Erlösungsweg nicht bedachte. So kommt es, dass dieses „Mahayana mit seinen Göttern und Himmeln und seiner Gottesverehrung“ etwas ist, „das sich von dem Kreis der Schüler um den Meister und unmittelbar nach ihm stark unterscheidet“. (vgl. Söderblohm, Der lebendige Gott im Zeugnis der Religionsgeschichte, München 1942, S. 145)

Der Mahayana-Buddhismus öffnet sich dem ursprünglichen Buddhismus, fremden Kultübungen, auch abergläubischen Vorstellungen und geht über Aspekte der Selbsterlösung weit hinaus.

Das bedeutet aber nicht, dass der historische Buddha unwesentlich geworden wäre. Im Gegenteil: Anihm, dem Herrn der Weisen, dem Herrn der Lehre, Dharma, dem Allwissenden, wird festgehalten. Er ist und bleibt Ursprung aller richtigen Lehren. Der Buddhismus geht von einer historischen Tatsache aus -im Unterschied vom Brahmaismus, vom Hinduismus. Buddha war kein mythischer Held – eine wirkliche Persönlichkeit des Lebens.

Aber: Im Mahayana-Buddhismus ist Buddha ein Gott, dem man vertraut und den man verehrt. Unter den charakteristischen Merkmalen des Mahayana-Buddhismus ist keines bedeutender als die bhakti, die gläubige Hingabe, göttliche Verehrung, die Buddha als Gott erwiesen wird. (vgl. M. Winternitz, Der Mahayana-Buddhismus, Tübingen 1930, S. 2f, S. 5ff)

Die Buddhaschaft zu erringen bleibt das erhabene Ziel. Aber nunmehr religiös bezogen auf Buddha-Gott-im Vertrauen zu IHM. Und zugleich ist der Strebende nicht auf seinem Wege allein gelassen, er wird begleitet von denen, die selber schon ans Ziel gelangt sind, aber um der vielen willen, die noch nicht ans Ziel gelangt sind, Helferdienste leisten. Diese „Buddhaanwärter“, Bodhisattvas wollen möglichst viele Menschen aus der heillosen Welt befreien und retten. (ebd, S. 31ff)

In einem der Bücher des Mahayana finden wir den Bericht und den Entschluss eines Bodhisattva zur Errettung aller Wesen: „Ich wirke für die Befestigung des unvergleichlichen Reiches der Erkenntnis für alle Seelen. Ich bemühe mich nicht bloß um meine eigene Erlösung. Denn alle diese Wesen müssen von mir mit dem Boot des Gedankens an die Allwissenheit aus der Flut des Samsara herausgeholt werden. Aus dem großen Abgrund muss ich sie herausheben, von allen Widerwärtigkeiten muss ich sie befreien, ich muss sie aus der Flut des Samsara hinausführen. Ich selbst muss die ganze Masse des Leidens aller Wesen auf mich nehmen. Und kein Wesen darf von mir um die Wurzel des Guten betrogen werden. Ich bin entschlossen, in jeder einzelnen Daseinsform Millionen von Weltzeitaltern zu leben. Und wie in einer schlechten Daseinsform, so ist Grund zur Befreiung aller Wesen in sämtlichen schlechten Daseinsformen ohne Ausnahme, die in allen Weltteilen vorkommen. Und warum das? Besser ist es ja fürwahr, dass ich allein leide, so dass alle Wesen in die Stätten der schlechten Daseinsformen gelangen... Und ebenso muss ich die Wurzeln des Guten zur Reife bringen, dass alle Wesen... das Glück der Allwissenheit erlangen mögen – mit mir als Wagenlenker... mit mir als Wegweiser zum Heil... zum anderen Ufer". (S. Winternitz, Der Mahayana-Buddhismus, Tübingen 1930, S. 34f)

Söderblohm betont: „Wir sind hier weit vom ursprünglichen Dharma entfernt. Statt des Weges des Einzelnen zur Schmerzlosigkeit des Nirvana ist es jetzt das neue Ideal, in der Nachfolge des Buddha und der Bodhisattva alles Leiden auf sich zu nehmen, sodass die leidenden Wesen errettet werden können. „ Es gibt mancherlei Tugenden, die höchste aber ist das Mitleid. Wer es hat, der ist Besitzer aller Buddhatugenden. (vgl. Söderblohm a.a.O., S. 148) Der aufopfernde Mitleidswille und Liebeswille der Bodhisattvas kann so ergreifend sein, dass er selbst auf den Eingang ins Nirvana verzichtet, um ganz dem Heil der Menschen sich zu widmen. Er erscheint den Strebenden als Heilsbringer und Erlöser.

Wenn das Vertrauen auf das Göttliche einen solchen und umfassenden Raum einnehmen kann, verbunden mit dem Mitleiden an den Leiden der Menschen, mit der Sorge um den Nächsten, dann ist der Gedanke der Selbsterlösung eingeschränkt – man weiß etwas von einer unbegreiflichen Gnade von oben, vom bhakti. Gedanken dieser Art kamen nach China, wo die Schule des Landes der Reinheit, Tsing-tu, größte Bedeutung erhielt. Ihr Begründer, Nagarjuna, leitete den Siegeszug des Mahayana-Buddhismus im zweiten vorchristlichen Jahrhundert ein.

In dieser Schule ist Amitabha-Amida höchste Gottheit geworden. Der Buddhismus wurde von dem Prediger Honen in japan eingeführt: Jeder Mesch könne unabhängig von seiner gesellschaftlichen Stellung zum Buddha-Gott Amida(Amithaba) gelangen, im Vertrauen auf seine unendliche Gnade. Der Prediger Honen oder Genku las eines Tages die Worte: „Denke mit deinem ganzen und ungeteilten Herzen vor allem an den Namen Amithaba". Er gab alle religiösen Werke und Übungen auf und fand seinen Halt im bhakti im ganzen Vertrauen auf den Gott Amida-Buddha.

Als die jesuitischen Missionare nach Japan kamen, fanden sie die „lutherische Häresie" in Japan, was begreiflich ist, denn die Amida-Buddha-Schulen schärfen beständig ein, dass alles Heil vom Glauben abhängt. Alle Hilfe liegt in der für uns Menschen unerreichbaren, aber uns dennoch schenkenden Gnade des Gottes Amida, weshalb es keine Verdienste vor IHM geben könne und Übungen, Werke, ihn nie erreichen könnten. Gottes Gnade wird alles.

Man fragt sich dann, wie kommt es zu einer solchen Lehre, die mindestens teilweise von der Selbsterlösungslehre des geschichtlichen Buddha Siddharta fern zu sein scheint. Begründet wird es durch ein Gelübde des historischen Buddha Siddharta. Davon berichtet der Prediger Honen (Genku). Er berichtet: „Nachdem er (Buddha Siddharta) einst, als zuerst sein Sinn die Richtung auf das Höchste nahm, den Palast verlassen, den hohen Rang als König seines Reiches sich begeben und den Entschluss gefasst hat, auf Schaffung seines reinen Bandes denkend, ein Buddha zu werden, hat Amida auf Schaffung seines reinen Landes denkend, sein achtundvierzigfaches Gelöbnis aufgerichtet, in dessen achtzehntem Eidschwur er verheißen hat: „Wenn ich die Buddhaschaft erlange, will ich nicht die vollkomene Erleuchtung an mich nehmen, wenn eines der lebenden Wesen aller zehn Richtungen, die den Wunsch haben, in mein Reich(Land) geboren zu werden, und meinen Namen auch nur zehn Mal anrufen, indem sie von der Kraft meines Gelöbnisses sich tragen lassen, nicht daselbst geboren würde." (Haas, Amida Buddha, unsere Zuflucht, Göttingen 1910, S. 39)

Dieser Text geht vom geschichtlichen Buddha Siddharta aus. Von ihm wird gesagt, dass er das Nirvana nicht als Raub nahm für sich. Die Legende behauptet, dass Siddharta vom höchsten brahmanischen Gott dringend gebeten wurde, die Lehre von der Erlösung des Menschen zu verkündigen, bevor er ins Nirvana eingeht. Ihn aber – den Buddha Siddharta – bewegte der Anruf sehr, das Mitleid mit den Menschen bewegte ihn ebenso und so kam es zu jenem Gelübde.

Der geschichtliche Buddha-Sjiddharta wird nun freilich zum Gott-Buddha Amida, dessen Mitleid unendlich ist, worauf man sich auf Grund des Gelöbnisses Buddhas einst verlassen kann. (vgl. H. Haas, M Amida Buddha, 1910, S. 12ff)

Dass Werke des Menschen nichts helfen, wird spätestens in der Todessituation deutlich; da ist man ohnmächtig, des Menschen Geist kann nicht mehr helfen. Man kann sich dann nur auf das Mitleid des Buddha Amida verlassen, auf sein Gelübde einst in der Geschichte und auf seine ewige Nähe und Gegenwart. Buddha hat ein für alle Mal die unendliche Gnade eröffnet für alle Menschen, für die Menschheit. (vgl. Söderblohm, a.a.O., S. 155)

In vielen Redewendungen wird diese Lehre von dem Mitleid Buddhas Amidas in der Literatur der Mahayana eingeschärft: „Wir brauchen nicht darum in Sorge zu sein, weil unser Andachtstum unzulänglich ist: an einem bloß zehn-, ja auch nur einmaligen Anrufen Buddhas schon ists genug." (Haas, S. 40) Wir müssen darob nicht zweifeln, weil wir Sünder sind: soll doch auch der größte Sünder nicht verworfen sein. Wir brauchen nicht zu zweifeln, weil unser selbst so durch und durch verderbt ist. (ebd.)

Durch Eigenleistung können wir dem Samsara nicht entgehen, von dem doch schwer loszukommen ist. Nur im Vertrauen auf Buddha-Amida, indem wir den Sinn auf IHN allein richten. Und das in der Gewissheit, „dass selbst ein Mensch, der die zehn Sünden begangen und der fünf schwerer Vergehen sich schuldig gemacht hat, zum Leben eingehen werden". (ebd, S. 41). Selbst diejenigen, welche schwere Sünden auf sich geladen haben, „sollen wiedergeboren werden, wieviel mehr diejenigen, die nur leicht gesündigt haben". (ebd.).

Wer also seine ganze Kraft in Demut auf Buddha Amida und auch auf einen Boddhisatva richtet, erlangt das wahre Leben der Reinheit und entgeht dem Kreislauf der Seelen.

Im Mahayana -Buddhismus weiß man um die bleibende Erfahrung der Begrenztheit und Ohnmacht in der Verfolgung des Heilszieles. Darum bedarf man des großen Helfers, des Gottes BuddhaAmida, wie der vielen Helfer, der Bodhisattvas, die wohl ihre Buddhaschaft erreicht haben, aber um der vielen willen für sich selbst auf eine mögliche Selbstgenügsamkeit im Heil verzichten und sich als Helfer zur Verfügung stellen, wie oben schon gesagt. In Gebeten und Opfern geben sie den Strebenden von ihren erreichten Buddha-Qualitäten ab. Die Augen der Gläubigen richten sich wieder „nach oben", nicht nur in das eigene Innere, in die geheimnisvolle Schau der eigenerreichten Meditationsfolgen.

Der Hinayana-Buddhismus war nicht von Helferaspekten und von theozentrischen Überlegungen geprägt. Hier ging es um Selbsterlösung durch eigene Bemühung. Er weiß von keiner göttlichen Hilfe oder von sonstigen Hilfen und Hilfsvermittlern. Zu Buddha kann man nicht beten. Dieser Weg Buddhas blieb nach seinem Verständnis nur wenigen vorbehalten, die den radikalen Forderungen der Selbsterlösung aus dem Lebensdurst, aus dem damit zusammenhängenden Leiden entsprechen können; das Nirvana-Erlebnis wird als nicht mehr beschreibbares Erleben gekennzeichnet.

Beide Gestaltungen des Buddhismus haben das Ziel eines seligen Friedens jenseits der leidverwachsenen Situation des Menschseins, streben zu ihm, finden ihn im unbeschreibbaren Nirvana einer Verwehung oder Erlöschung. Das subjektive Ich verschwindet in einer anderen Welt, in einer Fülle, in der das Eigenich und auch der Leidensdurst, das Leiden ein Ende hat.

Dies ist ein wesentlicher Unterschied zur jüdisch-christlichen Tradition, die vom Mikrokosmos des Menschseins weiß, von der schöpfungsbedingten Gottesebenbildlichkeit des Menschseins und der darin gründenden jeweiligen Individualität. Im buddhistischen Verständnis gibt es eine Erwartung vom Erlöschen des individualen Daseins und Personseins“ im Nirvana, im Buddhaland. Im christlichen Verständnis bleibt die persönliche Beziehung des je eigenen Ich zu Gott nicht nur erhalten, sondern wird mit der in Christus verbürgten Gewissheit in uneingeschränkter Weise individual erfüllt. Der Christusbezug bleibt und verleiht auch weiterhin in der Ewigkeit die Dauer der geltenden individualen Einmaligkeit. So sehr auch sein zeitliches Erscheinungsbild mit dem Tode versinkt und in den Lauf des Stofflichen mündet, so wenig verliert der Christgläubige seine unverwechselbare Einzigartigkeit als individuale Person, die Verantwortung coram Deo zu tragen hat und um ein Endgericht weiß.

Diese Einzigartigkeit des Personalen und Individualen wird durch den Grundgedanken indischer Religion dadurch in Frage gestellt, dass jene personale Einzigartigkeit überdeckt erscheint durch den Wiedergeburtskreislauf der Seelen. Stirbt ein Mensch, so nicht mit ihm das Leben. Die nicht karmafreie Seele wandert in einen anderen Körper, um neu dem karmaüberwindenden spirituellen Geschehen zugeführt zu werden. Dies zwingt den Menschen in einen fast mechanischen, moralischen Kreislauf von Seelen, die das je Eigene und Individuelle coram Deo längst abgestreift haben; es herrscht eine Kausalkette überpersonaler Art vor und verhindert die je eigene Verantwortungssituation des einzelnen als Gottes Ebenbild im Hic et Nunc.

Können wir es aber als eine Abart der Mystik verstehen, wie J. Ratzinger es will? (Glaube, Wahrheit, Toleranz, Das Christentum und die Weltreligionen, 4. Aufl. 2005, Freiburg, S. 27ff)

Gewiss ist, dass der Brahmane nichts so sehr erstrebt denn den Eingang ins Brahma. Und auch der Buddhist möchte nichts lieber als ins Nirvana einzugehen. Die Erfahrung des Mystikers verweist auf ein Geheimnisvolles, Jenseitiges. „Der Mystiker sinkt unter im Ozean des All-Einen, gleich wie es benannt ist. „Auf der letzten Stufe solchen Erlebens wird der „Mystiker“ zu seinem Gott nicht mehr sagen „Ich bin Dein“, sondern seine Formel lautet: „Ich bin Du““. (ebd, S. 28)

Der Grundgedanke der Mystik scheint auch von der altchinesischen Frömmigkeit, von der Lehre des Taoismus, der Taoismus-Religion, bestätigt zu werden. Der taoistische Heilige wünscht nichts mehr denn den Eingang in die impersonale Wirklichkeit des Tao – parallel zum Brahma, Krsna-Glauben, parallel zum Buddhismus.

Das Personsein sinkt ein in das unendliche Meer des Seins, in dem alle Trennungen aufgehoben sind. Das Personsein gehört in jene Welt der Differenzen, Gegensätze des Weltseins, das im Tao, Brahma, im Nirvana nicht mehr gilt, aufgehoben worden ist. Eine quasi-eschatologische Bedeutung des Personseins im Jenseitigen gibt es nicht – im Gegensatz zum jüdisch-christlichen Denken, das die personale Eigenständigkeit auch im Jenseits – wie im Diesseits – zu bewahren versucht. Dies im Gegensatz zum absoluten Monismus der asiatischen Religionen.

Diese Feststellung darf aber auch eine Einschränkung erfahren: Der Mensch der Bhakti-Frömmigkeit in der Bhagaavagita vertraut voll der Liebe Gottes; genau so der Gläubige des Mahayana -Buddhismus. In beiden Fällen wird im Diesseits die Differenz zum Gottsein gewahrt -auch wenn das Ziel die Aufnahme im Jenseits ist, auch die personale Auflösung im Meer des Jenseitigen. Die Voraussetzung jenes Weges mystischer Art impliziert in beiden Religionen ethisches Verhalten im Sinne der Menschenliebe, der Wahrhaftigkeit. Es gibt ein ethisches lumen naturale, ein Wissen um die Würde des Personal-Menschlichen. Und dies ist es, was zur griechisch-jüdisch-christlichen Wirklichkeit Kontinua schafft, Verständnis ermöglicht. Über der zielorientierten Feststellung der mystischen Einung, die nicht übersehen werden darf, muss auch bei der Gesamtdeutung die ethische Seite, das ethische Kontinuum schlechthin, bedacht werden.

Diese Einschränkung wird nicht übersehen, dass die Monotheismen in Indien – auch in Alt-China – ihr geistiges Schwergewicht auf das Einssein in Gott, im Nirvana, im Brahma haben. Sie sind so offen auf den Monismus, das Leben des Gläubigen, des Asketen, des Heiligen, ihr Glauben orientiert auf eine letzte Identität, auf ein nicht fassbares Sein für alle und in allen. Die Vielzahl der Götter wird nicht bekämpft, sondern im Sinne eines friedlichen Ausgleichs zwischen Gott und den Göttern bewahrt. Es fehlt das entschiedene NEIN der prophetischen und christlichen Religion im Horizont des ersten Gebotes im lutherischen Verständnis. Gott und Götze sind geschieden.

Der Monotheismus in Israel, auch in der Lehre Zarathustras, wie im Islam, zerbrach die Mythologien – wie analog in Griechenland jene Mythologien durch die Logos-Philosophie überwunden wurden. Die Götter stürzten ab – gewiss eine Revolution und ein eigener religionsgeschichtlicher Weg. Dies ist die Wurzel des Christentums, welche ohne Israel nicht denkbar war und ist.

Dennoch würde ich nicht nur die Kontradiktion zwischen Mystik und Monotheismus betonen, wie Ratzinger es gewiss auch teilweise zu Recht sagt. (ebd, S. 30) Man darf dem indischen Monotheismus nicht die Intention auf das Gottsein indirekt absprechen – bei aller wesenhaften Unterschiedlichkeit zu ihm im christlichen Raum.

Dem Hinduismus und dem Buddhismus liegt ein suchendes Urwissen voraus, das sich in den Fragen nach dem Woher und nach dem Wohin äußert, metaphysisches Denken hat man niemals aufgegeben. Und eine Sehnsucht der Vollendung im ewigen Sein zeugt doch auch in der Tiefe von der Gnade der Anwesenheit Gottes im Menschsein, im Weltsein in seiner Schöpfung. Brahma ist benannt als Weltschöpfer, Weltenherr, als das Licht und das wahre Leben. (Oldenburg, Die Lehre der Upanishaden, 1915, S. 77 und 177) Hier geht es auch um eine Dualität zum Welt-und Menschsein, die freilich im mystischen Einssein aufgehoben ist. Der Gottesbezug und darum ein Gegenüber dem Weltsein ist unübersehbar.

Jener Bezug mag nicht frei sein von einem Selbsterlösungssstreben in beiden Religionen Indiens. Die negative Mitgift im Sinne des „Ich gebe, damit Du gibst" ist unübersehbar. Wenn man allerdings nur unter diesem hamartiologischen Aspekt die Religionen als „Unglaube" deutet (Barth), als pure Werkgerechtigkeit, dann ist das sehr einseitig und abwertend. Zumal wir Christen uns ja auch im lutherischen Verständnis, das heißt unter dem richtenden Wort Gottes als solche sehen, auf die das Wort Luthers „Simul iustus et peccator" zutrifft. Dies führt in jene Demut und auch Sachlichkeit, der die Anmaßung und Abwertung Andersgläubiger, anderer Religionen fernliegen mag.

4. Der Erlösungsweg im Jainismus

Der Jainismus unterscheidet sich von den anderen indischen Religionen durch einen Dualismus. Es gibt keine insgesamt tragende Urmacht, sondern nur eine ewige Urmaterie und ewige Purushas. Letztere sind nicht monadenhaft zu denken, sondern sie unterliegen dem Einfluss des Karma. Die Purushas sind durch Stoffe, die im Zuge weltorientierenden Denkens eindringen, infiziert. Aus dem ewigen Purusha wird ein leibgebundenes Wesen, ein zeitliches Wesen, das die Welt leidenschaftlich erstrebt. Alle Lebewesen sind der Gier nach Vorteil, Besitz, Vergnügen unterworfen – Tier wie Mensch. Nur kann das wenig erfreuen, denn das Leid in der Welt ist zu groß. Zuviel Armut, Hunger und Durst, zuviel menschliche Verworfenheit, moralische Not, Zuchtlosigkeit, Begehren, Krankheit, Altersleiden. Todesqualen beschweren die Seele.

Obwohl das so ist, hängt doch jede Seele am Lebensstrom, vergisst über Freuden das große Unheil: das Leiden im ewigen Wechsel von Geburt, Alter, Krankheit und Tod. Die Seele vergisst über dem flüchtigen Genuss ihre wirkliche Situation. (vgl. Glasenapp, Der Jainismus, 1925, S. 189ff)

Im Angesicht dieser Lage ist die Frage offen, wie Erlösung aus jener Welt geschenkt sein kann. Der Jainismus versucht, eine Antwort im Sinne der Selbsterlösung zu geben. Er ist im strengen Sinne nicht eine Weltreligion, er hat nur weltweit 3 Millionen Anhänger, fast alle leben in Indien. Aber der Einfluss ist groß.

Dies wird an einem Manne wie Gandhi deutlich. Er war selbst kein Jainist. Aber er wuchs unter ihnen auf und übernahm ihre hervorstechende Lehre: ahimsa. Dies bezeichnet die Gewaltlosigkeit gegen alle Lebewesen, die er im politischen Befreiungskampf gegen England in vorbildlicher Weise praktizierte.

Die Jainas sind Nachfolger des Jina, des Überwinders. Dieser Titel wurde Vardhamana gegeben, der von seinen Anhängern Mahavira genannt wurde, „großer Held". Er war ein älterer Zeitgenosse des Buddha. Mahavira wurde als zweiter Sohn eines zur Kriegerkaste gehörenden Herrschers um 540 v. Chr. geboren, wurde als Prinz erzogen. Er sagte sich mit 28 Jahren von der Familie los, wurde Bettler, Asket, um die Befreiung vom Rad der Wiedergeburten in der Welt des Leidens zu gewinnen. Mit 40 Jahren empfing er die volle Erleuchtung und Befreiung, war im Zustand der Erkenntnis eine vollkommene Seele und wird zum Führer eines Ordens.

Seine Anhänger sammelten sich aus adligen Kreisen, bildeten feste Gemeinschaften aus Mönchen, Nonnen, Laienmitgliedern. Sie gaben ihren Besitz dahin, selbst ihre Kleidung, um Leidenschaftslosigkeit zu erreichen. Im dritten Jahrhundert vor Christus spalteten sich die Jainisten in zwei Gruppen, die je verschiedene Auffassungen über die Gestaltung der Askese hatten. Die Lehren wurden mündlich weitergetragen, erst Ende des dritten Jahrhunderts vor Christus schriftlich festgelegt und kanonisiert.

Der Jainismus lehrt, dass es eine unendliche Zahl geistiger Substanzen gibt, die keine Illusion ist. Jede Substanz besitzt eine unendlich große Zahl individueller Charakteristika. Weil die Zahl der Seelen unendlich ist, sind die meisten von ihnen zu einem ewigen Wandern in der Welt des Zeitlichen gezwungen. Diese Welt kennt Aufstiege und Niedergänge, ist ohne Anfang und ohne Ende, befindet sich je in verschiedenen Zyklen. Der Mensch kann sich aber in dieser Welt seine Erlösung erarbeiten.

Er ist wohl dem Karma unterworfen, kann es aber kontrollieren durch Wissen, Anstrengung, Disziplin. Böses Verhalten sammelt viel Karma an, das die Seele beschwert. Gute Taten zerstäuben das böse Karma, heben es aber nicht auf, wohl jedoch Fasten und Beten.

Ist dies in Einsichten erfasst, dann strebt die Seele aus der wandelbaren Welt des Leidens in die Befreiung, Erlösung. Die erlangt, wer seinen Lebenswandel von den nicht wandelbaren Purushas bestimmen lässt, die karmabedingten Befleckungen in quietistischer Haltung und in sittlicher Gesinnung überwindet. Erlösung geschieht in der Tatenlosigkeit, im Vermeiden des Tuns, des gewalttätigen Handelns – in der Intention, andere Lebewesen nicht zu verletzen. Deshalb verwerfen Jainisten blutige Opfer, Fleischgenuss, Tierkämpfe. Sie achten darauf, beim Gehen nicht Kriechtiere zu verletzen oder zu töten. Diese Denkweise impliziert die Entdeckung absoluter ethischer Normen. (A. Schweitzer, Die Weltanschauung der indischen Denker, 1935, S. 63ff)

Neben der Tatenlosigkeit erstrebt der jainistische Mönch oder auch Laie Besitzlosigkeit, sein Herz soll frei sein von der Sorge um das Irdische, Lustvolle, Oberflächliche und frei für Redlichkeit, die nie Böses über andere sagt, auch für die Keuschheit. Der Jainist ist frei für eine Gesinnung der Nächstenliebe, er will allen Menschen freundlich begegnen, auch den Feinden. Das Böse, das ihm angetan wird, nimmt er gelassen hin, unterdrückt alle Regungen des Hasses, der Rache. (Schweitzer a.a.O, S. 63) Für die verheirateten Jainisten gilt die Heilighaltung der Ehe in jeglicher Hinsicht.

Wer solche Gesinnung bewahrt, der versperrt dem Karma den Eingang in die Seele, durch Askese tilgt er das Böse. „Hat die Seele im Verlaufe unzähliger Wiedergeburten sich von allem schlechten Karma geläutert“, so erlangt sie schon in diesem Leben einen Stand der Heiligkeit. Sie ist nichts als Purusha; nach dem Tode steigt sie zum Gipfel der Welt empor. (vgl. Glasenapp, Die Philosophie der Inder, 1948, S. 299)

Der ewige Purusha ist rein, karmafrei. Der Mensch hat sein unsprüngliches Wesen, frei von Weltverstricktheit, wiedergefunden. Er ist innerlich frei, autonom, da er sich vom Purusha bestimmen lässt; er ist ethisches lumen naturale. Für den Jainisten ist Purusha zugleich lumen supranaturale, denn er will nichts als Purusha sein, will nichts anderes als Heimkehr in die Ewigkeit – und diese im Durchbruch durch den Welthorizont der Leidensverstrickung – wie wir es auch bei den anderen behandelten Lehren Indiens schon sahen.

5. Die altchinesische Lehre vom Tien

Mit den Lehren vom Brahma, vom Gott Buddha-Amida im indischen Denken, ist ein objektiver Idealismus erreicht, der auch in den altchinesischen Religionen sofort deutlich ist. Aber dem indischen Denken ging es und geht es um kosmischen Hintergrund der Seele, um ihre Seelenwanderung und um die Überwindung dieser Wiederverkörperung der Seele in der Folge der Existenzen durch Heilserkenntnis oder durch Heilsglauben, um Überwindung der leiderfüllten Wirklichkeit des Daseins; es gibt im indischen Denken jeder Art, im religiösen Denken eine Anforderung durch eine überpersonale Kausalität moralischer Art, die in der Folge des Daseins zum Heil im Jenseits führen kann, aber eben in der Folge der Wiederverkörperungen der Seelen.

Im alten China haben wir auch – philosophisch gesprochen – einen objektiven Idealismus, aber ohne den metakosmischen Hintergrund der Seelenwanderung und einer Art von Erlösung in der Folge der Seelen, Existenzen. Es gab und gibt in China 3 Religionen, den Tienismus (Konfuzianismus), den Taoismus und auch eine Abart des Buddhismus in seiner mahayanistischen Prägung. Bei aller Verschiedenheit dieser Religionen sind sie bestimmt von einer Weltansicht im Horizont einer alles letztlich fügenden Macht, genannt Tien oder Tao. Im Mittelpunkt steht nicht der einzelne mit seinem Leiden und Heilsverlangen, sondern die Welt schlechthin in allen ihren Teilen und Erscheinungen; es gilt, die Harmonie von Himmel, Erde und Mensch herbeizuführen..

Tien ist der sichtbare Himmel. Eine runde, leichte Halbkugel, die sich auf der ruhenden Erde dreht. Zugleich ist Tien eine unpersönliche, alle Einzelwesen bestimmende und geistige Macht. Tien gestaltet als Natur die Welt ohne menschliches Zutun, hintergründig und in verborgener Stille. Kein Einzelwesen besteht ohne seine verborgene Arbeit, sein Erzeugen und Ernähren, Erhalten. Nichts entsteht und nichts vergeht ohne sein hintergründiges Fügen. Tien sieht alles, gestaltet alles durch sein Sonnenauge. Im Tien gründet die Kraft, die alle Wesen ins Sein bringt. Ihm entspringt auch das Volk, dem ich angehöre, ja viele Völker kommen von der Fügung des Tien.

Mit der Ursprungsidee ist der Gedanke verbunden, dass Tien die Welt und die Menschen in ihr erhält, bewahrt unter jeweiligen notwendigen Gesetzen im Weltsein und auch in der Menschenwelt. Tien regiert die Taten der Menschen, auch der Führer der Völker. Tien gibt Würden, Ämter, Einkünfte; es kann Völker, auch Einzelmenschen als seine Werkzeuge benutzen. Tien kann Schicksale gestalten (vgl. Forke, Geschichte der alten chinesischen Philosophie, S. 121, 198, 122, Hamburg 1927; vgl. H. v. Glasenapp, Die nichtchristlichen Religionen, Frankfurt 1957, S. 94 ff)

Und doch lässt Tien den Menschen die Freiheit der Eigengestaltung und Mitgestaltung im Rahmen seines Willens und seiner Gesetze. Tien hat Willen, Kraft, ist aber unpersönlich meist gedacht, aber auch persönlich unter Umständen. Die Erde folgt den Weisungen des Tien, bildet mit ihm und in ihm die Harmonie des Kosmos. Tien als Vater, die Erde als Mutter, sind Eltern aller Geschöpfe. Der „Sohn des Himmels" ist der tiengemäß lebende, handelnde Kaiser, Stellvertreter des Himmels auf Erden. Er bildet mit Himmel und Erde die kosmische Dreiheit, schafft nur Gutes – aber ohne Beachtung der Teleologien des Tien nur Böses.

Der Herrscher, Kaiser, hat eine vom Himmel delegierte Stellung, Macht. Durch Tien weiß er sich berufen. Sofern Herrscherhäuser ihre Macht verloren, wurde dies als Entzug der himmlischen Delegation verstanden. Entsprechend steht er in der besonderen Verantwortung vor dem Tien. Er ist vom Tien für das Wohlergehen des Volkes eingesetzt. Beachtet er das, so ist sein Weg vom Tien gesegnet und das Volk auch.

Das gilt auch für den einzelnen, der in der Verantwortung vor Tien steht. Im Sinne des Tien darf er in relativer Freiheit gestalten. Tien wünscht ohne Zweifel, dass die Menschen einander lieben und fördern; Tien will nicht, dass sie sich hassen. (vgl. Forke, S. 377)

Die Menschen sollen so selbstlos sein wie Tien, der Vater aller Menschenkinder, der sie ja erhält. Selbstlos um alle bemüht, sind sie ihm gleich wert. Tien nimmt Anteil am Geschick eines jeden Einzelnen, kann bemitleiden, den Guten beistehen, ist wohlwollend und sinnt Gerechtes. (ebd,)

So selbstlos wie Tien zu seinen Menschenkindern sollen die Menschen einander begegnen. Denn in der Entfaltung der geistigen und ethischen Kräfte, des liebevollen Verhaltens, wird die eigentliche Natur des Menschseins erfahren. So auch zugleich das Tien als ethische Macht. Ihm bezeugen wir Menschen unsere Verehrung als Mitgestalter seines Willens (s. Forke, S. 198)

Der Mensch ist wohl den Schicksalsmächten weit unterlegen. Aber er ist in der Lage, Tiens Willen zu erfassen, dem die Erde folgt. Er weiß zwischen dem Guten und dem Bösen zu unterscheiden, regelt die Dinge seiner Umgebung, beherrscht die Geister, gestaltet Kultur. Dies kann er, weil der Mensch seine eigentliche Natur, das Tien in ihm, das selbstständige Denken entwickelt. Er kann so das Böse überwinden wie Selbstsucht, Leidenschaften, Unredlichkeit, Lieblosigkeit. Dies führt zur Harmonie der Seele, zum ethischen Lumen naturale, gründend in der Relation zur Weltmacht Tien, die die Harmonie des Ganzen fügt.

Dies wird auch noch in einem anderen Sinne deutlich: Nach den Lehren vom Tien ist jeder Mensch tiengeschaffen und zugleich in eine bestimmte tienbedingte

Tradition des objektiven Geistes gebunden, genannt das Li. Es ist das äußere Zeremoniell des einzelnen wie der Gruppen, auch der öffentlichen Handlungen, die über den Bereich der Gruppenbeziehungen hinausgehen. (vgl. Hackmann, Chinesische Philosophie, München 1982, S. 82, 1927, vgl. Glasenapp, Die nichtchristlichen Religionen, Frankfurt 1957, S. 103ff)

Das Li umschließt Sitten, Riten, Gebräuche. Sie beziehen sich auf das Zeremoniell bei Begräbnissen, Opfern, beim Bogenschießen, bei Wagenfahrten, Mannbarkeitszeremonien, Hochzeiten, Audienzen, bei diplomatischen Missionen. (Forke, S. 131) Die Vorschriften des Li sind nach Verwandtschaftsklassen und Rangunterschieden verschieden.

Alles sittliche Verhalten ist ohne Beachtung des Li in der Gefahr zu entarten, maßlos zu werden. Die tienbedingte Tradition des Li bewahrt und schränkt zugleich ein. Aber sie bietet so eine mitmenschliche und zeremoniale Gestaltung, die letztlich nur in guter Gesinnung erfüllt werden kann.

Der Himmel kann in personaler Bezogenheit interpretiert werden, er kann aber auch nur als geistige Personifikation verstanden werden, wobei die personalen Züge blass werden. Der Himmel, Tien, ist dann die wohl geistige, überwiegend überpersonal gedachte Gottheit als kosmische und sittliche Weltordnung, die aber die Geschicke der Menschen lenkt. Im Konfuzianismus werden die theistischen Vorstellungen immer blasser – ohne jedoch ganz zu verschwinden.

Neben dem Himmel, dem Hauptgott, gibt es auch noch viele Naturgottheiten, Lokalgottheiten, Geister verschiedenster Art, auf Bergen, in Seen, in Wäldern. Der Mensch weiß im alten China um dämonische Wesen. Eingänge der Häuser sind vor ihnen zu schließen. Die Geister müssen fern gehalten werden. Der Chinese weiß von guten Tieren, die helfen und Dämonen abweisen. Dazu gehört der in Europa nicht so angesehene Drache, der im polytheistischen Denken, in den Niederungen des Daseins als Helfer angerufen wird und wohltätig ist. (vgl. Glasenapp, Die nichtchristlichen Religionen, 1957, S. 102f)

Die eigentliche tiefe Gesinnung, welche im Tien bewirkt wird, wächst nur in guter Erziehung, wie Konfuzius lehrte. Der Edle lernt es, gemäß der Goldenen Regel zu wirken, zu handeln, aus dem Gedanken der Gegenseitigkeit zu leben, um Objektivität zu lernen. Indem dies einen Effekt hervorbringt, wird daraus die Menschenliebe, Jen, die das Fortkommen der anderen Menschen genauso von Herzen wünscht wie das eigene Fortkommen. Diese Gesinnung kann nicht Böses tun. Wenn sie sich in Handlungen äußert, so gewinnen diese den Charakter von Tugenden. Deren wichtigste sind Wahrhaftigkeit, Gerechtigkeit, die Personachtung, die Selbstzucht, die Pietät.

Der Edle wächst so und reift in der Weisheit, die den Anordnungen des Himmels offen ist. Er verwirklicht eine Idealgestalt, die Liebe und Vernunft verbindet und in der Tiefe glücklich wird.

Überschauen wir die Lehre vom Tien: Der Mensch sieht sich tiengeschaffen, tiengefordert und so auch alle Menschen. Denn sie sind alle ohne Ausnahme Kinder des Tien. Diese Denkweise kann im Einzelnen den bloßen Stammeshorizont des Denkens durchbrechen und zu einem erfüllten und sittlichen Leben führen. Der einzelne Mensch sieht sich als integralen Teil eines geschöpflichen Ganzen. Er ist nicht in eigener Verantwortung sich selbst überlassen; sein Leben gelingt, wenn er der Ordnung des Ganzen entspricht.

Dieser Ansatz chinesischen Denkens ist theologisch verständlich von Römer 2, 14 und 15 her. Auch wenn die Chinesen Heiden sein mögen im christlichen Verständnis, so erfahren sie von Gottes Ordnung im eigenen Herzen und Gewissen: Sie sind „sich selber Gesetz". Die hintergründige Weltmacht Tien hat es ihnen ins Herz geschrieben, was gut ist. Sie wissen um Gottes Willen. (siehe mein Buch: „Philosophie vor der Gottesfrage", Hamburg 2003, S. 240ff)

„Die höchst differenzierte und sensible Weise, in der die chinesische Aufmerksamkeit auf die Gesetze des Himmels ausgerichtet ist, kann als Ausdruck dieser vom Apostel beschriebenen geschöpflichen Veranlagung gesehen werden. Der Mensch bezeugt sich dabei als einer, der seiner kreatürlichen Bestimmung zu folgen hat. Eben damit erfüllt er nach dem Apostel den Willen dessen, der ihm ohne Jesus Christus noch unbekannt sein muss". (Bürkle a.a.O., S. 163)

Die christliche Theologie wird sich so daran erinnern lassen müssen, dass die Wirklichkeit des Menschen nicht in soziologischen und psychologischen Verknüpfungen eingespannt ist. Die Lehre vom Tien verlangt mit ihrer Schau vom Ganzen des Seins her nach einer theologsichen Gesamtschau, die das aufnimmt vom ersten und auch vom zweiten Artikel unseres Glaubensbekenntnisses her.

6. Die altchinesische Lehre vom Tao

Auch der Taoismus ist – philosophsich gesprochen – ein objektiver Idealismus. Und das verbindet ihn mit dem Tienismus, mit dem Konfuzianismus. Er ist aber älter als der Tienismus und bildet die Basis einer individualistischen und quietistischen Mystik und versucht, die Seelen der Menschen für das Tao zu öffnen.

Tao ist für die Menschen das Nichtseiende, da es ihnen verborgen ist. Dennoch ist es gegenwärtig als ein unpersönliches, hintergründiges, geistiges Sein, das Bewusstsein, Intelligenz hat. Aber ganz anders als menschliches Bewusstsein, als menschliche Intelligenz. Nicht mit dem diskursiven Denken verknüpft, mehr intuitiver Art. Selbst ungeschaffen schafft es alles, indem es sich als feinster Stoff verdichtet. Selbst ohne Gestalt und Bewegung, gestaltet und bewegt es alles. Dies geschieht leicht und mühelos. Die Veränderungen in der Welt erfolgen wie von selbst. Kein langes Planen, Nachdenken ist erforderlich. Mit spielender Leichtigkeit fügt das Tao alles. Das Leichte und Behende formt Starres, Schweres.

Das behende und mühelos wirkende und fügende Tao wird zugleich ethisch verstanden. Seine Verborgenheit wird als Selbstlosigkeit, sein allumfassendes Gestalten als pflegende und beschenkende Liebe gewertet. Alle Einzelwesen sind ihm gleich wert. Keines will Tao beherrschen. Es nimmt stets Anteil am Geschick der Einzelnen, es steht immer den Guten bei. (vgl. Forke a. a. 0, S. 270). Somit gilt die Erschaffung, Erhaltung und Entfaltung aller Lebewesen als vollendete Güte, als Geschenk Taos. Selbstlos und ohne Herrschsucht, wie man sie beim Gestalter der Welt voraussetzen dürfte, fügt Tao. (ebd, , S. 268) Die Selbstlosigkeit des Tao entbirgt sich wunschlos, gleichmütig, nicht denkend, nicht handelnd. Keine Absichten werden gehegt, keine Zwecke gesetzt, keine Mittel erdacht.

In goldener Urzeit lebten die Menschen taogemäß. Sie handelten nicht absichtsgelenkt, nicht zweckgebunden. Sie kümmerten sich nicht um Recht und Unrecht, um Gut und Böse, sondern handelten spontan, unmittelbar, indem sie ihrer Natur, dem Tao folgten; es formte selbstloses und liebevolles Verhalten in ihnen. In der goldenen Urzeit besaßen die Menschen alle Tugenden, aber es war ihnen nicht bewusst. Denn die Tugendhaften denken nicht, sie folgen ihrem Herzen – dem, was die Natur instinktiv weist. Die Analogie für ihr Verhalten finden die Menschen in der Natur. Wie sich dort alles von selbst fügt, so kann sich auch analog das menschliche Verhalten von selbst gestalten. Denn: Beide, Natur- und Menschenwelt, werden in der Kraft des Tao geformt.

Aber den Menschen mangelte die Bereitschaft, instinktiv dem Tao zu folgen, ohne Denken und Handeln in absichtsloser, zweckfreier, selbstloser Art zu leben. Die Verinnerlichung in der Grundkraft ihres Wesens wich der Veräußerlichung des Verhaltens. Es wird absichtsgelenkt, zweckgebunden, denn es richtet sich nach Erkenntnissen, Umständen, Verhältnissen, die jeder für sich erlangt oder erlangt hat. Das Leben in der Kraft des Ganzen ist verloren. Ehrgeiz regiert die Herzen der Menschen. Geschäftigkeit, rastlose Betriebsamkeit lassen sie nicht zur Ruhe kommen. Billigung der Begierden, Unfähigkeit zur Genügsamkeit und Habsucht bestimmen ihr Verhalten. (Tao te king, Kap. 46.)

Demgegenüber wird nunmehr sittliches Verhalten bewusst gefordert. Man weiß ja, was das Gute und das Böse ist. Sitten, Tugenden, ethische Forderungen, ethische Grundsätze entstehen. Kulturen entwickeln sich. Aber der Zugang zum Tao bleibt verschüttet. Nach ethischen Grundsätzen erzwungenes Verhalten ist fehlgeleitet, ist starr, nicht spontan, nicht unmittelbar, nicht taogemäß. Wahres sittliches Verhalten fließt aus dem tao, ist unmittelbar, instinktiv. Alles bewusst beabsichtigte und vollzogene Verhalten und Gestalten ist in sich verkehrt. Also auch alles traditionsbewusste, vernunfttragende Verhalten. Es verschüttet den Zugang zum Tao.

Die Folge ist, dass die Selbstbescheidung fehlt. Die ethisch Handelnden werden selbstbewusst, brüsten sich ihres Tuns, rühmen sich ihrer Taten, suchen zu glänzen. In der Sorge um den eigenen Namen verlieren sie sich selbst. Und gewinnen doch nicht innere Ruhe, das Glück, das sie eigentlich erstreben. Es wird allein durch das Tao geschenkt. Das wirkende Tao wird Te genannt. Es geschieht absichtslos, von selbst. Von selbst entwickeln sich die Menschen, fliegen die Vögel, schwimmen die Fische. Das Te lässt so jedes Wesen seinen eigenen Weg gehen, die Individualität entfalten, um es dann wieder in den Ursprung zurückkehren zu lassen.

Aufgabe des Menschen ist die Überwindung der rastlosen Betriebsamkeit. Sie kann nur gewonnen werden in der Einkehr, in stiller Achtsamkeit auf das Tao, auf das Te. Von daher ist das Verhalten und die Gesinnung dann geprägt: Nicht als geschäftige Tätigkeit, sondern als Un-Tätigkeit. Tao ist dann tätig – aber das ist eine andere Tätigkeit als jene, welche Menschen ausüben im Allgemeinen. (S. Forke, S. 274) In ihr kommt die stille und feine Art des Tuns, des Tao, zum Ausdruck; es gestaltet in mir, nicht ich. Die Natur wirkt und bringt zur Vollendung ohne Zwecksetzung, ohne Absicht, es formt sich von selbst.

Im Tienismus, Konfuzianismus ist es der Weise und Edle, der der Gesellschaft und der absichtsgelenkten Vernunft dient. Der taoistische Weise gewinnt ein höheres Leben in ruhiger, schweigender Haltung, in Selbstlosigkeit, Nachgiebigkeit, Demut. Er ist aufrichtig zu allen und findet Ruhe und Glück im Wuwei, im Tao. Dieser Zustand macht ihn frei von äußeren Dingen, von Gegebenheiten des Schicksals, von Hunger und Durst, von Reichtum und Armut, von Leben und Tod: Das Ideal des Taoismus ist die Unsterblichkeit. Das hat eine Analogie im Kosmos. Der Himmel tut nichts und dadurch ist er klar. Die Erde tut nichts und hat so Ruhe. Dennoch werden durch die Vereinigung dieses beiderseitigen Nichttuns alle Dinge in der Naturwelt gestaltet und umgewandelt. Dies geschieht von selbst. Ebenso tut der taoistische Weise nichts. Dennoch geschieht etwas von selbst.

Entsprechendes gilt vom Staat und seinem Leben. Was gemeinsthin staatserhaltend ist oder als solches gilt, ist abzuschaffen. Der Staat kann nur im Wuwei recht regiert werden. Nicht durch sogenannte Tugenden, Sitten, Kultur, Gesetze, nicht durch Denken und bewusstes Handeln regiert der echte Herrscher. Er entwickelt vielmehr das Wuwei im Volke, das Tao im Volke. So kann der Fürst sagen: „Ich handle nicht, und das Volk wird von selbst gebessert. Ich finde die Ruhe, und das Volk findet von selbst den richtigen Weg. Ich bemühe mich nicht, und das Volk wird von selbst reich. Ich bin ohne Begierden, und das Volk ist von selbst einfach und natürlich." (Tao te king, Kap. 57.) Die seelenbezwingende Macht im Tao prägt den Fürsten und über ihn das Volk.

Das Leben im Tao, die Abschaltung der Sinne, lässt sich steigern in ein mystisches Lebensgefühl, in einen Trancezustand. Der Mensch wird so auf eine höhere Stufe des Seins im reinen und körperlosen Geist emporgehoben. Er gewinnt die Macht, bis zur Wurzel aller Dinge vorzudringen, über die er Einfluss gewinnt. Er vermag viele Jahrzehnte zu leben und entfernt sich als reiner Geist, selbst ganz Tao geworden, in die Ewigkeit. Denn Tao ist unsterblich.

Versuchen wir umfassend die Lehre vom Tao, die Basis der taoistischen Religionen, zu verstehen, so darf ich beim Letztgesagten anfangen. Der Gedanke J. Ratzingers (des Papstes Benedekt XVI,), wonach asiatische Religion letztlich Mystik ist – wenn auch gewiss nicht nur – darf unterstrichen werden. Wie der Brahmane nichts als Brahmna werden will, so der Buddhist nichts als Nirvana – analog der Taoist. Er will nichts als Tao werden. Die Erlebnisintention ist analog: Der Kern ist identisch. Nicht der Zeitpunkt des Erlebens ist wichtig, sondern allein der Inhalt, der eine Überschreitung und Relativierung alles Zeitlichen bedeutet. (vgl. Glaube, Wahrheit, Toleranz, Freiburg 2003, S. 33). Charakteristisch ist, dass Mystik mit diesem Erleben des EINEN den Totalgegensatz von Zeit und Ewigkeit so pflegt, dass sie von dem Zeitlichen nichts erwartet, die Geschichte bleibt dahinter, man ist geschichtslos.

Diese Geschichtslosigkeit teilt die Mystik mit den polytheistischen Religionen, mit den Mythologien, die im Transzendenten beheimatet sind und so indirekt fern aller wirklichen Zeitlichkeit sich befinden.

Im israelisch-christlichen Raum ist es gerade umgekehrt: In der Zeit kommt Gott in diese Welt. Der göttliche Anruf ist datierbar, er hat sein Hier und Jetzt. Gott tritt in die Nacheinanderhaftigkeit der menschlichen Geschichte ein: in Israel und in Christus. Gott ist der aktive, der den Menschen ruft. In der Mystik ist der Mensch aktiv, während Gott als Tao, Brahma, Nirvana seinshaft gedacht ist und im Passivum fast nur gesehen wird.

Betrachten wir nun die Ethik der Lehre vom Tao, so muss festgehalten werden das elementare Angewiesensein des Menschen auf das Tao. Dieses sorgt dafür, dass bei allem Gegensätzlichen die umgreifende Harmonie gewahrt bleibt. Dieselbe

Harmonie im Kosmos, in den Abläufen und Bahnen, gewährt auch den richtigen Wandel des Menschen und des Mitmenschlichen.

Die Eigenschaften des Tao im Ganzen des Seins soll der Mensch realisieren: Güte, Freigebigkeit, Gelassenheit. Dies gilt für die Individualethik wie für gemeinschaftliches Gestalten in der Ehe, Familie, Freundschaft, im sozialen Bereich, ja im Verhältnis der Obrigkeit zu den Menschen. Tao ist in allem die Wurzel des Guten. Mit ihm muss man im Einklang leben. Verlust des Tao ist Verlust des Mitmenschlichen, der Sitten – das Leben wird veräußerlicht (Tao Te King, Kap. 8)

Die Ethik gründet im Kreaturbewusstsein, der Mensch weiß sich als integraler Teil eines geschöpflichen Daseins. Hier ist eine Ahnung des Geheimnisses der Schöpfung und ihrer Urordnung nicht zu übersehen. Tao offenbart sich in seiner Schöpfung. Wir sind hier bei der natürlichen Offenbarung Gottes nach Römer 2, 14f, Apg. 17.

Es fehlt aber die Vorstellung eines persönlichen Gottes. Tao ist überwiegend impersonal gedacht als Urgesetz und Urmacht. Die Aussage des noachitischen Bundes (Gen. 9) führt weiter, weil sie die Entfremdung des Menschseins aufnimmt und dennoch im Symbol des Regenbogens zum Siegel für die Treue des Schöpfers, Gottes wird. Gemäß den Gesetzen solle die Welt weiter bestehen. (Gen. 8, 22f). Nicht ein anonymes Gesetz bewahrt, sondern die Beachtung des persönlichen Schöpfer- und Erhalterwillens. Eine Ahnung dessen ist im Tao-Denken der Chinesen.

Es ist philosophisch wesentlich, dass chinesisches Denken und Philosophieren ontologisch orientiert ist. Auch wenn die Sinne trüben, so führt doch das taogemäße Denken, das gottgemäße Denken zum Wesen der Dinge – wenn auch nicht in der Tiefe zum Vater Jesu Christi. Aber dieser ontologische Aspekt wehrt indirekt oder direkt ein Bewusstsein ab, das sich autonom jenseits von Gott weiß. Die Überschätzung der Kraft der Vernunft und des Nur-Menschlichen in der abendländischen Philosophie des 18. , 19. Jahrhunderts findet hier keine Bestätigung.

Im Vergleich zu der Lehre vom Tien darf wohl eine Kontinuität der Werte in ethischer Hinsicht gedeutet werden. Werte wie Redlichkeit, Güte, Bescheidenheit, Selbstzucht, auch Mitmenschlichkeit überhaupt, sind im Taoismus und im Tienismus zu finden. Die Wurzeln sind wohl im Sein der hintergründigen Weltmacht zu finden, aber anthropologisch sind Verschiedenheiten gegeben: Dort das rationale Streben des Konfuzius, hier ein Verhalten aus dem tiefen Inneren, aus dem Herzen, und dies gleichsam im existenziellen Vollzug, der selbstverständlich erscheint und dem Eigenruhm entkommen will.

Damit verweist die taoistische Ethik auf ein Grundphänomen: Dass mit der rationalen Bewältigung in ethischer Hinsicht oft verbunden sein kann die Sorge um den eigenen Namen, die Selbstgerechtigkeit, die Ruhmsucht.

Man fragt sich: Ist das nicht nahe dem Sündenverständnis des Augustinus und des Luther? Deutlich ist, dass ethisches Verhalten vom ganzem Haushalt der Seele getragen ist. Der neuzeitliche Rationalismus kann sich auf die Lehre vom Tao nicht berufen.

Die ethischen Werte sind im altchinesischen Denken mit christlichen Tugenden in Übereinstimmung. Aber: Der Weise ruht in sich selber wie der stoische Weise in der griechischen Philosophie. Er repräsentiert die Meisterschaft des gelungenen Lebens in Harmonie mit Tien oder Tao.

Anders ist die Situation des Christen: Er lebt von dem her, der Sohn des Vaters ist und für uns starb und erweckt wurde. Solche übergreifende Liebe Gottes, ein Erbarmen, das über Menschenbegreifen geht, kennt die chinesische Religion nicht. Eine solche Individualisierung ist ihr nicht bekannt.

Tao ist die Basis schlechthin – auch in politischer Beziehung. Der Kaiser ist der Sohn des Himmels. Er soll die Guten schützen, die Bösen bestrafen. Der Apostel sagte ähnliches im Römerbrief Kap. 13: Jede staatliche Macht ist von Gott delegierte Vollmacht und hat für Recht und Ordnung zu sorgen. Staatliche Macht garantiert die zeitlichen Rahmenbedingungen für das Wachsen des Reiches Gottes in dieser Welt.

Der chinesische Kaiser hat hierin eine besondere Dignität, er erscheint als Vollzieher des Taogemäßen. Er ist unbegrenzter Herrscher, dem das Göttliche den Thron gegeben hat. Will er dem entsprechen, so kann er das nur in taogemäßer Haltung oder überhaupt nicht. Wenn er nicht mehr Repräsentant des Tao ist, so wird er früher oder später scheitern. Herrscherwechsel sind im altchinesischen Denken schon vorgesehen.

Im christlichen Denken ist jene Relation Tao-Kaiser relativiert. Nicht so, dass der Staat nur eine vertragliche Größe ist, von Menschen gemacht, sondern in der Wahrung des theonomen Verständnisses der Staatlichkeit im Sinne von Römer 13. Jesus vollzog jene Relativierung in Matthäus 22. Er unterschied zwischen den Pflichten gegenüber Gott und gegenüber dem Kaiser. Beide fallen nicht so zusammen wie im altchinesischen taoitischen Denken in staatsrechtlicher Hinsicht. Vielmehr kann es zu Konflikten kommen, dann gilt Apg. 5, 29: Der Christ muss dann Gott mehr gehorchen als den Menschen und Mächten – auch im politischen Bereich.

Ist mit dem Begriff des Taoismus eine Lehre Lao-tses und Tschung-tses umfasst, die zeigt, wie man die Begrenztheit menschlicher Existenz zu transzendieren vermag, das Geheimnis Gottes, des Himmels und der Erde, zu enträtseln, das Geheimnis des Lebens zu ergründen, das Streben nach Unsterblichkeit zu erfüllen vermag, so ist mit den Religionen des Taoismus seit dem zweiten nachchristlichen Jahrhundert ein Glaubensraum entwickelt worden, der den Glauben an personale Götter neu belebte. Besondere Gebete und Opfer wurden und werden praktiziert. Auch suchte man die Unsterblichkeit in der Kunst der Yoga und der Meditation.

Diese taoistische Religion, der neue Taoismus, schuf sich eigene mystische Traditionen, ausgeschmückt mit Geschichten von Wunderdrogen, wunderwirkenden Unsterblichkeitsdrogen, von Himmelfahrten. Auf der Basis der Texte von Lao-tse und Tschuang-tse und anderer Lehrer entwickelte die „taoistische Religion" langdauernde Institutionen. Mit ihren esoterischen Lehren, ihren Sukzessionen strenggläubiger Lehrer und ihren sozialen Organisationen ähneln sie auch den anderen Weltreligionen. Und doch sind sie typisch chinesisch: Sie bleiben als Suchende orientiert auf das Tao, auf das EINE, das Unsterblichkeit zu bieten vermochte. Das Tao ist die Summe aller Dinge und alles Seienden, das Prinzip des Universums und auch das Maß für das menschliche Dasein.

Es gibt im Felde der Religionen Chinas eine Art von Ahnenverehrung, die zu Beginn der Chou-Dynastie (1122-325 v. Chr.) in China Eingang fand. Konfuzius popularisierte die Ahnenverehrung durch sein Gebot der Kindesliebe, nach dem Eltern und alle Älteren schon zu Lebzeiten geehrt werden sollen. Diese Ehrerbietung bleibt auch nach dem Tode bestehen.

Die Chinesen glauben, dass die Seelen der Verstorbenen sich an drei Orten aufhalten: Ein Teil ist im Himmel, der andere Teil ist im Grab, um die Opfer zu empfangen und der dritte Teil ist in der Ahnentafel oder im Ahnenschrein. Die Verstorbenen bilden einen integralen Bestandteil der lebenden Geburtsgemeinschaft, ja teilweise herrschen sie noch über die Lebenden. Holztafeln mit den Namen der Verstorbenen repräsentieren die Gegenwart ihrer Seelen. Auf dem Hausaltar oder im Tempel sind ihre Namen angebracht, finden so immerwährende Verehrung. In Opfern und Gebeten bezeugen die Lebenden, dass sie mit den Verstorbenen eine einzige Gemeinschaft bilden. Von den mächtigen Verstorbenen erwartet man Hilfe, Schutz, Wohlergehen und auch Kinderreichtum.

Wenn ein Angehöriger der Großfamilie stirbt, so werden die vorgesehenen Riten peinlich genau eingehalten, um so sicherzustellen, dass die Seele nun für ihren besonderen Weg ausreichend ausgerüstet ist. Unter Anleitung eines taoistischen oder buddhistischen Priesters singen die Familienmitglieder Gebete und bringen Opfer dar. Böse Geister, die sich dem Verstorbenen entgegenstellen, werden so besänftigt. Später kommen die Angehörigen bei besonderen Gelegenheiten zum Grab, pflegen es und bringen dem Teil der Seele im Grab Opfer. Vor dem hundertsten Tag nach dem Tode wird im Haus des ältesten männlichen Erben eine Gedächtnisfeier gehalten, eine Ahnentafel geweiht durch einen taoistischen oder einen buddhistischen Priester. Räucherstäbchen werden verbrannt und auf die Ahnentafel gesteckt. Die Verehrung der Verstorbenen vor der Ahnentafel stärkt die Zusammengehörigkeit der Familie.

Gleich nach dem Tode wird ein Ritual geübt, eine Art Zurückrufung der Seele des Verstorbenen. In diesem Ritual wird ein Dank- und Bittopfer in Gebeten dargebracht, worin die Menschenliebe ihren höchsten Ausdruck findet und die Gemeinschaft zwischen den Lebenden und den Toten begründet und bewahrt in der Folgezeit. Der in den Stammesreligionen relevante Ahnendienst ist in China in zentraler Weise geblieben durch alle Zeiten hindurch.

Darin wird deutlich, dass – wie in Indien der jeweilige spirituelle Monotheismus – bezogen auf Tien, Tao, Brahma, Nirvana – einen Kranz von Göttern und Halbgöttern in der praxis pietatis nicht ausschließt, sondern in einer übergeordneten Harmonik bestehen lässt. Das hier in der Heilsgeschichte in Israel und in Christus relevante große und entschiedene NEIN, etwa der Propheten, ist in China und in Indien unbekannt – außerhalb der christlichen Missionskirchen.

Fragen wir nach der theologischen Bedeutsamkeit des Ahnendienstes, so muss zunächst auf die in China wirksame Überschreitung der Todesgrenze im Familienverband geschaut werden: „Für China“ stellt sich mit der Todeserfahrung zugleich die Frage nach der gegenwärtig lebenden Gemeinschaft. Sie erhält erst durch die Perspektive über den Tod hinaus die Qualität, die sie in ihrem Selbstverständnis wie auch in ihren ethischen Grundlagen zu dem macht, was sie ist. „ (Bürkle a.a.O., S. 168f)

Ich gestehe, dass die innere Verbundenheit der Familien über die Todesgrenze hinweg mir imponiert. Die Verehrung der Ahnengeister, der Ahnen überhaupt, beeindruckt in einer nihilistischen Welt, die das nicht kennt und kennen will. Die Toten sind bald vergessen. Und damit auch der Dank gegen sie. Der moderne Individualismus und Subjektivismus kennt überwiegend letztlich nur die Todesmacht, deren Vorschatten man möglichst verdrängt.

Auch im Christentum ist die Frage nach der Überwindung des Todes nicht eine nur individuale, sehr persönliche. Denn Christus schafft neues Leben hier und jetzt und fügt so Gläubige in sein Reich, in seinen mystischen Leib. Im christlichen Glauben tritt an die Stelle der Rückkehr der Seele in das chinesische Verwandtschaftssystem das Kontinuum des in Christo-Seins.

Im Unterschied zu dem nachtodlichen Schicksal der Seele tritt jedoch etwas Bleibend-Endgültiges in Erscheinung. Die Relation der Lebenden zu den Toten im chinesischen Ahnenkult dauert so lange, wie der Name des Verstorbenen im Kult wach gehalten wird. Das Unsterbliche ist im Ahnenkult Chinas an das Sterbliche gebunden. (Bürkle, S. 169) Demgegenüber lebt die christliche Gewissheit nicht aus dem Totengedenken, nicht in Vorstellungen des Fortgehens und der Rückkehr der Seele, sondern im Erkennen des Kontinuums des mit Christus schon gestorbenen und auferstandenen Menschen, des neuen Menschseins. (Kol. 3, 3)

Diese neue Kreatur in Christus hat ihre Basis nicht in den Gemeinschaftsgebundenheiten, nicht in den natürlichen und familiären Zugehörigkeiten, sondern unter dem Wort Gottes, unter den Verheißungen Gottes in Christus, die in der Kraft des Heiligen Geistes heute und hier schon Wirklichkeit sind im Geheimnis der Gemeinde. Hier wird in geistlicher Weise vorweggenommen, was als endgültige Gestalt in der Ewigkeit erhofft wird. Im Blick auf jene Erfüllung trägt das Gottvertrauen durch die Anfechtungen des zeitlichen Daseins und Soseins hindurch. (1. Kor. 15)

Das wissen auch die Christen in China. Man wirft ihnen vor, dass sie die Ahnen vergessen, sie nicht angemessen ehren. Die Antwort der Christen ist: Wir ehren die Verstorbenen auch, so lange sie leben und wir empfahlen sie in der Fürbitte dem Vater Jesu Christi. Wenn ihrer gedacht wird, dann laden die Christen in China auch die Nicht-Christen in ihre Häuser zu Andachten ein, bei denen Christus als Sieger über den Tod verkündigt wird.

Im Rückblick auf die chinesischen Religionen und Lehren darf betont werden, dass in China Unvergleichliches und Bewundernswertes hervorgebracht worden ist. Der große Ernst, in dem die Menschen auf Pflichten und Werteerfüllung angesprochen wurden und werden, hat bewegende Motivationen und Erfüllungen hervorgebracht.

Der Rahmen, in den menschliches Handeln und menschliche Gesinnung eingeordnet sind, sprengt die nur stammesmäßige und nur ethnozentrische Enge. Der Mensch steht in Verantwortung im Kosmos und in der Gesellschaft vor dem Letzten, Tao oder Tien. Bloße soziologische Aspekte begründen hier nichts. Die Einsicht in den größeren Zusammenhang ermöglicht dem gläubigen chinesischen Menschen das Vordergründige und Empirische, das Augenblickliche zu durchschauen und um einen letzten Sinnbezug zum göttlichen Sein zu wissen, worauf alle Weisheit beruht.

In China begegnet uns eine der Höchstformen, in denen sich die Menschheit in ihrer kreatürlichen und geschichtlichen Bedingtheit und Vordergründigkeit Letztorientierung durch die Religion – auch durch die dem entsprechende Philosophie

– zu geben versucht. Am Ernst und am Umfang dieser Bemühungen in Jahrtausenden wird erkennbar ein Stück der Gnade Gottes in aller Bewahrung und Erfüllung – auch wenn das nur im Rahmen des Natürlichen – theologich gesprochen – in einer natürlichen Theologie möglich war, die aber beeindruckt.

Die Religion steht hier gewiss im Dienste des menschlich Gegebenen, des Bestehenden. Zu seiner Bewahrung werden edle Motivationen geliefert, auch im Sinne einer Wertethik, die chinesische Religion mit der israelitisch-christlichen Heilsgeschichte verbindet. Es sind der chinesische Himmel und die chinesische Erde, denen die Religionen ordnungstheologisch helfen. (vgl. Opitz, Die Ordnungsspekulationen im Tao-te ching, München 1967) Man kennt den „neuen Himmel' und die „neue Erde" noch nicht. Diese Christus-Perspektive, in der alles neu wird, fehlt.

Jene Auferweckung wird am Ende aller Geschichte sein. Und in ihr wird „die Gemeinschaft aller Menschen" erwartet. Dies ist der mitmenschliche Charakter der menschlichen Unsterblichkeit". Für den als Einheit verstandenen Menschen ist die Mitmenschlichkeit konstitutiv; soll er weiter leben, dann kann diese Dimension nicht ausgeschlossen sein." (J. Ratzinger, Einführung in das Christentum, S. 260, 1977)

7. Die Lehre des Zarathustra

Die Lehre des Zarathustra möchte in den bisher behandelten Gesamtzusammenhang nicht recht hineinpassen – dies mag der erste Eindruck sein.

Hinzu kommt, dass die Religion des Zarathustra sehr alt ist, 3500 Jahre alt. Sie war niemals eine Weltreligion und in der Folge der Jahrtausende grausamen Verfolgungen ausgeliefert, welche die gläubige Gemeinde zu einer Minderheit werden ließ, in Persien wie in Indien.

Die Religion der Indo-Iraner, der Arier war eine solche der Berggipfel mit der Himmelskuppel, nicht der Tempel, da sie Nomaden waren und ihre Plätze jeweils tauschten. Die Welt erschien ihnen voller Geister, denen man angemessene Opfer darbringen musste, um zu überleben. Hoffnung auf eine Ewigkeit hatten nur die Fürsten und Priester, nicht die kleinen Leute.

Zarathustra lebte um 1500 vor Christus, als gerade Persien aus der Steinzeit auftauchte. Er war ein Nachkomme der ersten Welle der Indo-Iraner. Wir wissen von seinem Leben wenig, er war Priester und verheiratet. Visionen, Offenbarungen inspirierten ihn. Seine Lehre fand in einem kleinen Königreich im Nordwesten Persiens freundliche Aufnahme.

Die Anhänger des Zarathustra glauben, dass er ein von Gott Erwählter sei. Jene Visionen oder Offenbarungen des Meisters sind in 17 Hymnen enthalten, den Gathas. Wesentlich ist für den Meister die persönliche Entscheidung vor Gott, vor Ahura Mazda. Männer und Frauen sind gleich und in derselben Weise in der Verantwortung vor dem Herrn. Auf Grund der getroffenen Entscheidung und dem angemessenen Verhalten wird der Mensch im Jenseits gerichtet. Wo gute Gedanken, Worte und Werke das Böse überwiegen, da kommt der Mensch ohne Ansehen der gesellschaftlichen Situation ins Jenseits. Wer überwiegend schlechte Gedanken, Worte, Werke zu bieten hat, der geht ohne Ansehen der Person und ihrer gesellschaftlichen Position in die Hölle. Diese moralische Demokratie erbitterte die Herrschenden, die das Paradies als ihr Vorrecht ansahen. (vgl. Söderblohm, Der lebendige Gott in der Religionsgeschichte, 1942, S. 186ff)

Zarathustras Umstände, die ihn zu unversöhnlichem Widerstand anstachelten, wurden von ihm als offenkundige Gottlosigkeit gewertet. In den Gathas entdecken wir den Grund seines Eifers: Er begegnete Gott, er erkannte, dass Gott, Ahura, der Herr über die Taten des Lebens ist. (Yasna31, 8) Der Allweise schuf am Anfang durch sein „gutes Denken" die Welt, das Körperliche und das Geistige, das Materielle. Er schuf Licht und Finsternis, Morgen, Mittag und Nacht. (Yasna 44, 5) Dies muss der Mensch als Geschöpf Gottes anerkennen und sich in Verantwortung vor Gott angemessen verhalten.

Obwohl der Prophet berichtet, dass er den Allweisen gesehen hat, findet sich in den Gathas keine Bildvorstellung Gottes; ein ausdrückliches Bilderverbot der Wirklichkeit Gottes findet sich aber auch nicht: Der Monotheismus ist nicht exklusiv gedacht. Gott ist für Zarathustra ein Freund, ein Helfer (vgl. Emma Brunner-Traut, Die Stifter der großen Religionen, Freiburg 1994, S. 55ff)

Der Mensch ist von Gott geschaffen und dazu bestimmt, Gottes Mitarbeiter zu sein. Seine Berufung bekommt er von Gott. Er hat für das Gute gegen das Böse, für das Gottgebotene und gegen das Gegenteil dessen zu wirken und zu kämpfen. Er kann die Kräfte des Guten oder des Bösen unterstützen – wie er will.

Die Pflicht des Menschen ist es also, seinen Körper zur Behausung des Guten, des Heiligen und Unsterblichen zu machen. Sein Leben soll durch Güte, Wahrhaftigkeit, Gerechtigkeit, durch Hingabe bestimmt sein – auf Gottes Herrschaft, Vollkommenheit, auf die Unsterblichkeit ausgerichtet. Er möchte den heiligen Geist Gottes widerspiegeln, den bösen Pfad verlassen. Dabei muss der Mensch die geistige und materielle Seite seines Seins im Gleichgewicht halten. Er soll auch heiraten, Kinder zeugen, nicht aber der sinnlichen Ausschweifung erliegen. Er soll arbeiten, aber nicht fasten, damit der Geist nicht über den Körper erhöht wird. Körper und

Geist sind gesundheitlich abhängig voneinander und sollten in gleicher Weise gepflegt werden.

Die Welt ist Gottes Schöpfung – so hat der Mensch als Mitarbeiter Gottes die Pflicht, für die Schöpfung zu sorgen, sich an ihr zu freuen. Er ist nicht in eine fremde Welt eingekerkert, wie etwa in anderen Religionen und Philosophien auch nachlesbar ist. Umgekehrt ist es: Er ist frei – und der Teufel als Böse Macht ist im Universum Gottes letztlich gefangen. Im bösen Verhalten verliert sich der Mensch im Schmutz der Welt. Er bedarf der von Gott gebotenen Reinigung, der Reinigung der Seele, des Hauses, vom Schmutz der Materie. Dies geschieht täglich, aber auch besonders geschieht jene Reinigung in Geburten, Hochzeiten, in persönlicher Hygiene. So versucht der Mensch, das Böse auszulöschen, die Welt in vollkommener Weise wiederherzustellen, in der kosmischen Schlacht zwischen Gott und dem Bösen zu wirken.

Mazda ist bei Zarathustra nicht bloß ein Eigenname. Er bedeutet Weisheit, Kenntnis von Recht und Unrecht, von Gottes Macht und Willen. Dies im Gegensatz zur Unklarheit, zur Verwirrung, zum Verderben. Zarathustras Wissen besteht nicht im mysterienhaften Gedanken, sondern im Unterschied zwischen Wahrheit und Lüge, guten und bösen Gedanken und „Taten, in der Erkenntnis des Willens Gottes gegenüber aller Lüge. (Yasna 44) Zu Ahura, des Gottes, streckt der Gläubige die Hände aus im Lobpreis. (Yasna 43)

Zarathustra betet um Segen und Beistand. Er weiß um Fürbitte, um Bitte, um Verständnis dessen, was kommen mag. (Yasna 28, 11) Der Prophet hat Gott nötig, fleht um Belehrung und empfängt sie. (Söderblohm, S. 193f, a.a.O.)

Dieser gute Gott ist in der von ihm geschaffenen Welt erkennbar: als Bewahrer aller Dinge, der Planeten, der Tiere, der Menschen. Der Allweise ist großzügig, Freund aller Menschen. Eine besondere Vertraulichkeit besteht zwischen dem Herrn und Zarathustra, eine Art Freundschaft. Er ist ein besonders Eingeweihter. (Yasna 48, 2)

Der Abstand zwischen Zarathustra und seinem Gott ist nicht so groß wie in dem Gottesumgang des Mose, der Propheten Israels. Die Heiligkeit Gottes besitzt nicht eine Schrecken einjagende Gefährlichkeit. Zarathustra weiß um das Geheimnis über das Grab hinaus, der Ewigkeit – im Sinne des 73. Psalms.

Gott ist nicht verantwortlich für den zerstörerischen Geist. (Angra Mainyu) Dieser brutale Geist schuf die Dämonen, regierte in der Hölle und war ein Gottesleugner von Anfang an – war kein gefallener Engel. Die Welt ist das Schlachtfeld des Guten gegen das Böse und der von Gott geschaffene Mensch hat die Aufgabe, Gott bei diesem Kampf beizustehen.

Ahura Mazda wohnt in dem Licht und in vollkommener Güte, während Ahriman (Angra Mainyu) im Dunkel des Abgrundes seit Ewigkeiten wohnt. Die Wesensmerkmale des Bösen sind: Gewalt, Chaos, der Wille zum Zerstören, Verwirrung. Als Gott die Welt schuf, schlug Ahriman sie mit Elend, Krankheit, Tod und Leid. Keines dieser Übel kam von Gott. Die chaotische Welt entstand. So kommt es, dass die kosmische Schlacht zwischen dem Bösen und dem Guten in der Arena der Weltgeschichte ausgetragen wird. Aber mit der Offenbarung der guten Religion durch und in Zarathustra ist die Niederlage des Ahriman besiegelt, wennschon der Ahriman sich kräftig wehrt.

Die Vorstellung, dass beide – das Gute und das Böse – von Anfang an gegeben waren, ist für systematisches Denken schwer nachvollziehbar. Das Denken des Propheten Zarathustra ist von vornherein bestimmt und beherrscht von dem schicksalsschweren und tödlichen Gegensatz zwischen Gut und Böse, wie er ihn sah. Mythologische, metaphysische und andere Begründungen werden wir vergeblich in den Gathas finden. Der Dualismus hat auch nichts zu tun mit dem Gegensatz von Leib und Seele im griechischen Verständnis. Alles Sein ist von Gott gegeben. Aber das Böse bleibt. So liegt letztlich alles in der freien Entscheidung des Einzelnen, der vollkommen freien Willen hat auf seinem Erdenwege, und er kann die Kräfte des Guten und des Bösen erwählen: entweder – oder!

In dieser gegenwärtigen Situation, der Mischung von Gut und Böse und im harten Kampf, tröstet der Prophet sich und seine Anhänger beständig mit dem Blick auf die Bösen, die der Qual im Diesseits und im Jenseits nicht entgehen können. Die Vergeltung bleibt nicht aus. (Yasna 30, 4) Es wird Entschädigung für das Leiden der Guten geben. (Yasna 51, 4) Der Gottesfürchtige wird in die Wohnung des Herrn aufgenommen. (Yasna 30, 10. 11, 49) Der Prophet jubelt bei dem Gedanken, dass die, welche Böses begangen haben, in ihrem Elend heulen werden. Der Herr wird sie mit der Fessel des Todes bestrafen. (33, 12)

Die Scheidung zwischen den Guten und den Bösen wird auf einer Brücke stattfinden, unmittelbar nach dem leiblichen Tod. Die Entscheidung des Herrn findet mittels Metall und Feuer statt. (30, 7 und 31, 3 und 34, 4 und 43, 4)

Eine eschatologische Stimmung beherrscht die Gathas. Der jüngste Tag der Scheidung und Entscheidung des Herrn wird bald kommen.

Der Herr „beherrscht, belohnt und bestraft die Toten" und auch die gerade noch Lebendigen und der Auftrag des Propheten erstreckt sich über dieses Leben hinaus. Soweit uns bekannt ist, war Zarathustra der erste Prophet der Menschheit, der klar eine doppelte Vergeltung nach dem Tode nach den Maßstäben der sittlichen Normen lehrte und ein Ziel gab für den Lauf der Welt mit Gericht und Vollendung.

Die Ewigkeit als Ziel eines sinnerfüllten Daseins – davon wissen wir auch aus den Lehren vom Tien oder Tao, vom Brahma oder vom Buddha-Amida. In der Sonnentheologie Ägyptens werden die Toten mit dem Gott identifiziert und bei seinem Namen gerufen. Im 73. Psalm erfahren wir, dass Gott die Nebel des Todes durchbrochen hat, ewiges Leben geschenkt wird. Das klingt im Neuen Testament im christologischen Bezug nach und wird vertieft. In der griechischen Philosophie ist die Seele ein Teil der ewigen geistigen Substanz, in welche die gute Seele heimkehrt nach dem Tode. (vgl. Söderblohm a.a.O., S. 211f)

Im Denken und Handeln Zarathustras klingt das an, aber doch anders als jeweils dort. In den Gatha-Dichtungen ist deutlich, dass Zarathustras Lehre vom zukünftigen Leben ihre Quelle hatte in dem Kampf zwischen Gut und Böse, in den er hineingestellt war. Sein prophetischer Ernst ist unbestritten (vgl-Brunner-Traut, S. 56f, Handbuch der Weltreligionen, Wuppertal 1988, S. 80ff)

Betrachten wir die prophetische Religion des Zarathustra, so sei an die Mystik der indischen und auch der chinesischen Religion erinnert. Mit dem mystischen Erleben des Einen ist dort ein Gegensatz von Zeit und Ewigkeit entwickelt. Man erwartet vom Zeitlichen nichts mehr und denkt geschichtslos.

Dies finden wir in der Lehre des Zarathustra nicht. Denn Gott hat sich in die Geschichte hinein offenbart. Der Schwerpunkt seiner Lehre liegt im freien Willen des Einzelnen vor dem richtenden Gott. Jener kann sein Heil selbst erringen.

Der Einzelne ist nicht an eine überpersonale Kausalität gebunden wie im indischen Denken, welche das Personsein relativiert, da es in den Reigen der Seelenwanderung und Wiederverkörperung eingebunden ist. Bei Zarathustra ist der moralische Aspekt an die je eigene Person geknüpft in der Verantwortung coram Deo. Und das ist der Anfang eines Denkens und Glaubens, welches Gottes Handeln in der Geschichte kennt, allein vor Gott steht – wie es dann später unter der prophetischen Predigt in Israel zu finden ist.

Die indische Denkweise ist quietistisch wie auch die taoistische in China. Ethische Gesinnungen disponieren wohl den Befreiungsweg der Seele jeweils indirekt, aber nur die mystische Einung aus quietistischer Sammlung kann Einkehr in das Letzte bewirken. Wie anders ist das Denken und Handeln in Zarathustras Anweisungen zur Selbsterlösung durch Tun des Guten.

Der Dualismus von Gut und Böse im ethischen Sinne bestimmt des Meisters Lehre. Das Böse ist als das Unmoralische, ein wirklicher und böser Teufel mit eigenem Namen. Das ist ein seltenes Phänomen in der Religionsgeschichte. Nach Vorwärts gilt die Selbsterlösung durch sittliches Tun und durch ethische Gesinnung. Entsprechend wird das Endgericht sein: Die Guten zum Himmel, die Bösen zur

Hölle, wenn vielleicht nur auf Zeit. Über den Zielpunkt des Endes der Geschichte, den Gott setzt, über Ahuras endlichen Sieg und das Ende der bösen Menschen gibt es keinen Zweifel.

Dieser Sieg Ahuras ist orientiert am Vergeltungsgebot. Auch im Neuen Testament erfahren wir etwas vom Zorn Gottes, von einem Vergeltungsgericht und von der Hölle. Aber im lutherischen Verständnis von Gesetz und Evangelium ist wohl der Anspruch Gottes aufgenommen, führt aber in eine andere Grunderfahrung als im nur ethischen Aspekt des Zarathustra, nämlich in die Erfahrung unter dem richtenden Wort Gottes.

Dieses lehrt uns, eigene Schuld vor Gott in tieferem Sinne zu verstehen, als bleibende Sünde. „Welt ging verloren, Christ ist geboren" – dieser Vers verweist auf Gottes Erbarmen im Kreuz Jesu. (s. Römer 7, 14-25) Das Evangelium in Christus transzendiert den bloßen Raum einer Vergeltungstheologie, welche in der gesetzlichen Befangenheit verbleibt.

Des Ahura Sieg kündete bei Zarathustra nicht von der übergreifenden Barmherzigkeit Gottes, des Vaters, sondern von Vergeltung, von der Verwerfung selbst. Die schlimmsten Übeltäter haben keine Chance vor Ahura, sie werden vernichtet. Andere werden, wie auch die Hölle selbst, durch das geschmolzene Metall gereinigt. Die Hölle wird dann der neuen Erde hinzugefügt.

Es ist in besonderer Weise in der Religion des Zarathustra die Tatsache der ethischen Autonomie des Menschen angesprochen. Er ist frei in seiner Entscheidung, hat je eigene Verantwortung zu tragen und zu erfüllen; er kennt geltende sittliche Werte, kann in ihrem Sinne handeln und auch denken. Das Bewusstsein allgemeingültiger Werte ist bei Zarathustra im Sein Gottes begründet. Der Mensch wird individual coram Deo gesehen, vor dem Gesetz und Gericht Gottes. Damit ist eine Vorstufe der Erkenntnis des Handelns Gottes in der Geschichte, in der Zeitlichkeit erfasst – im Vergleich zur prophetischen Verkündigung im Alten Testament. Gott tritt in die Geschichte des Menschen ein.

Gleichlaufend kann die zoroastrische Religion als Vorstufe philosophischer Einsicht gewertet werden. Denn die dort aufgenommene Lehre allgemeingültiger ethischer Werte wird in der griechischen Philosophie im Sein Gottes begründet, im Logos, in der Idee des Guten, im Nous. Auch die altchinesische und altindische Philosophie und Religion weiß um jene Allgemeingültigkeit in ethischer Beziehung, wenn auch teilweise auf das mystische Erleben hin disponiert wie wir sahen. (s.o.) Jene Philosophien haben Kulturen entfaltet, Gesinnungen bewirkt, Haltungen geprägt, das ethische Lumen naturale entwickelt. (vgl. mein Buch: Philosophie vor der Gottesfrage, Hamburg 2004, S. 93ff) Zarathustras Religion ist eine wesentliche

Vorstufe der geistig-religiösen Entwicklung – jeweils 1000 Jahre vor der griechischen, altchinesischen und altindischen Philosophie und auch Religion. Dies darf nicht unbeachtet bleiben.

Schauen wir zurück: In der Religion des Tienismus im alten China fasste Konfuzius die Lebensweisheit Chinas zusammen. Sein älterer Zeitgenosse Lao-tse zeigte den Weg zu ruhiger Güte unter dem Tao. An den Ufern des Neranjara entsprang in der Seele des Siddharta der Gedanke der Befreiung vom Leid des Daseins, zur Heimkehr ins Nirvana. Vor ihm hatte Vardhamana zur strengen Askese zurückgerufen. Aus anderen Tiefen kam der Vertrauensglaube, im bhakti ist Erlösung zur Gottheit. In Israel traten die Propheten auf und sprachen vom Gericht Gottes wie 1000 Jahre vorher Zarathustra in Persien.

Im griechischen Raum verkündete Heraklit seine Lehre wie später Platon und Aristoteles, wie die Stoiker. Pythagoras entwickelte seine Spekulation mit Entdeckung der Mathematik im südlichen Italien. All dies geschah um 500 vor Christus.

Man kann Analogien zwischen jenen Geistesströmen entdecken, vielleicht auch Übergänge der Gedankenfolgen. Aber keine solche Erklärung kann ausreichen, wenn wir sehen, wie das Verlangen nach Gottesnähe, nach Erlösung, in gewissen Zeiträumen mit großer Kraft und mit überwältigenden Wirkungen hervorbricht, die sich über Jahrhunderte, Jahrtausende erstrecken.

Als ein anderes Beispiel möchten wir das Jahrhundert des Franziskus von Assisi, des großen Thomas von Aquino, Meister Eckeharts, Dantes, der großen gotischen Kathedralen, der deutschen Mystik anführen – zugleich verbunden mit dem reformatorischen Erbe Luthers einige Zeit später. In der Überschau zwingt sich dem Betrachter, je tiefer er in die Zusammenhänge eindringt, der Eindruck auf, dass hier auf verschiedene Weise Zeugnisse von den Heimsuchungen und unausweichlichen Forderungen, wie von der Güte Gottes aufleuchten. Die Religion und die Philosophie haben es mit einem jeweiligen Ich zu tun, aber auch mit einem DU; es ist so, als ob der Ewige in gewissen Zeiten die Menschheit wirksamer und wahrnehmbarer heimsucht als zu anderen. Aus nicht fassbaren Tiefen brechen Klarheit und Gewissheit auf. So unterschiedlich die heilsgeschichtliche Offenbarung Gottes in Israel und in Christus auch im abgrenzenden Verständnis gedeutet sein mögen und auch verstanden werden können – in jedem Falle gibt es geheime oder offenbare Zusammenhänge zwischen jener und dem Offenbarsein Gottes in der Philosophie- und und Religionsgeschichte, die auch daran erinnern, dass Gottes Nähe und Wacht allem anderen voranstehen und auch, dass der Mensch als Gottes Ebenbild zum Mitarbeiter Gottes berufen ist. Das Geheimnis ist groß – wie man nur dankbar feststellen kann.

8. Der Islam

Der Islam nimmt im Verhältnis zu den bisher behandelten Religionen eine Sonderstellung ein. Er entstand durch Mohammed (570-634), der wiederum in seinen Anschauungen nicht denkbar ist ohne jüdische und christliche Einflüsse. In den Gebieten Nordarabiens, Syriens und im Jemen wohnten Judenchristen. Vielleicht gab es mündliche Überlieferungen der Evangelien, die Mohammed zur Kenntnis genommen hat. Möglicherweise gab es auch Beziehungen zu nestorianischen Christen in Vorderasien.

Die meisten Araber waren Nomaden. Sie glaubten mehr an ihre eigene Tatkraft als an eine göttliche Macht. Sie waren schicksalsgläubig. Sofern Gottesbegriffe aufgewandt wurden, so doch überwiegend im polytheistischen Sinne. Auch wenn es in Medina und auch sonst in Westarabien jüdische Gemeinden gab. (vgl. Handbuch der Weltreligionen, Sonderausgabe 1988, S. 307 und vgl. F. Heiler, Die Religionen der Menschheit in Vergangenheit und Gegenwart, Stuttgart 1962, S. 786ff unter Schimmel: Der Islam)

Wie und auf welche Weise Mohammed Kenntnisse über die heiligen Schriften der Juden und der Christen erhielt, darüber gibt es Vermutungen. Wenn er an die Stelle des polytheistischen Götzendienstes der altarabischen Stammesreligiosität einen absoluten Monotheismus setzte, so darf man doch annehmen, dass er bei der Ausgestaltung von der Religion der Juden und Christen beeinflusst war, die er auf seinen Reisen und auch in Medina kennenlernte. (vgl. Glasenapp: Die nichtchristlichen Religionen, S. 175)

Mohammed sieht seine eigene Berufung im Rahmen einer Heilsgeschichte Gottes, in der auch den Juden und den Christen ihre Offenbarungen zuteil geworden waren. (Bürkle, Der Mensch auf der Suche nach Gott, Paderborn 1996, S. 177) Er sieht sich in einer Sukzessionslinie, die vom noachistischen Bund über die Erzväter zu ihm selber führt. Die aus der medinischen Zeit stammende Sure 4, 164 sagt es: „Wir haben uns Dir offenbart, wie wir uns dem Noah und den Propheten nach ihm offenbart haben und wie wir uns dem Abraham, Ismael, lsaak und Jakob und den Stämmen, dem Jesus, Hiob, Jonas, Aaron und Salomon offenbart haben. Wir haben auch dem David die Psalmen eingegeben". An der Reihung der Namen wird deutlich, dass die genaue geschichtliche Abfolge Mohammed nicht bekannt war. Dies aber ist für ihn letztlich unwesentlich, sofern es um die Legitimation geht.

Seine Rolle oder auch Berufung ist die Selbstverständlichkeit eines Anspruchs, dass er „Siegel der Propheten" sei und darum von Juden und Christen anerkannt werden müsste. Dies war ein Irrtum. Schon in der Zeit seines Aufenthaltes in Medina mag ihm klargeworden sein, dass sein Anspruch keine Anerkennung fand. Daraus folgerte Mohammed, dass sie ihre heiligen Schriften – die Juden und die Christen – falsch verstehen, die eigentliche Wahrheit umkehren. Er nennt sie die Ungläubigen: „Die Ungläubigen, welche auch andere von der Religion Allahs ableiten, sind einem großen Irrtum verfallen" (Koran 4, 169)

Deutlicher sagt Mohammed: „Ihr Schriftbesitzer überschreitet nicht die Grenzen eurer Religion und sagt nichts anderes von Allah, als was wahr ist. Wahrlich, der Messias Jesus, der Sohn Marias, ist ein Gesandter Allahs, und das Wort, das er Maria niedersandte, eine Erfüllung Allahs und sein Geist. Glaubt daher an Allah und seinen Gesandten, sagt aber nichts von einer Dreiheit. Vermeidet das, und es wird besser um Euch stehen. Es gibt einen einzigen Gott. Fern von ihm, dass er einen Sohn habe!" „Allah qenügt als Beschützer". (Koran 4, 172)

Mohammed fordert in großer Entschiedenheit, dass Juden und Christen seine Rolle als „Siegel der Propheten" eindeutig anerkennen. Sie sollten endlich die wahre Lehre der Schrift aufnehmen und nicht verwässern.

Dabei fällt auf, dass Mohammed die Heiligen Schriften jener als Offenbarung anerkennt. Den Koran deutet er als Offenbarung – aber er ist verständlich aus der gemeinsamen himmlischen Urschrift, die Gott zu verschiedenen Zeiten den Juden, den Christen und nun auch den Arabern insgesamt gegeben ist.

Der Inhalt der Offenbarungen Gottes bei Propheten und Aposteln, wie auch im Koran, ist identisch: es ist kein anderer als der erste Satz des islamischen Glaubensbekenntnisses. Der EINE Gott, den Mohammed verkündigt, ist derselbe Gott der Christen und der Juden. Daran ändert auch die Aufnahme des Eigennamens aus altarabischer Stammestradition, eines Hauptgottes (Allah) nichts. (Bouman, Das Wort vom Kreuz und das Bekenntnis zu Allah. Die Grundlehren des Korans als nachbiblische Religion, S. 29ff, Frankfurt 1980)

Was Mohammed aus der Bibel bekannt ist, aus dem Alten Testament und aus dem Neuen Testament, hat für ihn begründende Bedeutung für das von ihm in Anspruch genommene Sendungs- und Berufungsbewstsein. Er sieht sich als den eigentlichen und neuen Propheten desselben Gottes, der sich seiner nun in derselben Kundgabe derselben Offenbarung an die Araber bedient.

In der Sure 29, 47 lesen wir: „Mit den Schriftbesitzern (Juden und Christen) streitet nur auf anständige Weise, nur die Frevler unter ihnen seien ausgenommen, und sagt: „Wir glauben an das, was uns und an das, was euch offenbart wurde. Allah ist unser Gott und euer Gott, ist nur einer, und wir sind ihm ganz ergeben". In der folgenden Sure steht: „Wir haben dir nun die Schrift offenbart; auch die, welchen wir ehedem die Schrift gegeben haben, glauben daran: auch von diesen

(Mekkanern, Arabern) glaubt man daran, und nur die Ungläubigen (Undankbaren) verwerfen unsere Zeichen", „Wahrlich der Koran selbst ist deutlicher Beweis genug für Herzen, die Erkenntnis besitzen; und nur die Frevler verwerfen unsere Zeichen". (Koran, Sure 29, 50)

Unser Gott und euer Gott ist einer – diese Berufung auf den einen Gott, auf die gemeinsame Wurzel der heiligen Schriften ist nicht zu übersehen und macht das Gespräch mit den Muslimen nicht leichter. Mohammeds Einstellung zu Juden und Christen änderte sich, da jene den prophetischen Anspruch Mohammeds nicht anerkannten. Dennoch blieb für ihn und auch für die nachfolgende Theologie des Islam der Gott in der Bibeloffenbarung, in Israel und in Jesus, in den Erzvätern und Propheten doch der Gott auch ihrer heiligen Schrift, des Koran.

Dennoch ist jene konstruierte Abfolge der Heilsgeschichte im islamitischen Verständnis von christlich-theologischer Seite immer abgelehnt worden, weil sie eine Erweiterung der Heilsgeschichte entwickelte, die das Christusereignis als abschließendes und die Heilsgeschichte Gottes vollendendes Geschehen relativiert. Die neutestamentliche Erfüllung des mosaischen Gesetzes und der Propheten erfährt im Koran eine Umwandlung in eine Vorläuferprophetie, wie Bürkle zu Recht sagt. (a.a.O., S. 179)

Dies entspricht der Auffassung Mohammeds, selber Vollender der prophetischen Offenbarungen zu sein. Jesus kommt die Aufgabe zu, als Vorläufer die Rolle Mohammeds zu legitimieren. Alle Hinweise auf Jesus im Koran müssen unter dieser grundlegenden Interpretation gesehen werden.

Die im Neuen Testament bezeugte Inkarnation Gottes in Christus steht jener Eigenverabsolutierung Mohammeds im Wege. So wird bei ihm aus dem Sohn Gottes nur der „Knecht Jesus". Mit ihm ist eine durchaus wichtige, aber eine weitere Station prophetischer Verkündigung nur bezeichnet. Nicht mehr und nicht weniger.

In der Inkarnation Gottes in Christus wird die heilsökonomische Trinität Gottes, die Dreieinigkeit, offenbar. Diese wird im Koran in heftiger Polemik abgewehrt. Denn sie steht nach Mohammed im Widerspruch zu der Botschaft des einen Gottes, welche ja die Sendung Mohammeds begründet und legitimiert. Die Ausschließlichkeit Allahs läßt keine Teilhaberschaft an seiner Göttlichkeit zu.

Im Geheimnis der Inkarnation Gottes in Christus findet nicht allein die alttestamentlche Prophetie ihre Bestimmung in ihrer Vorläufigkeit, sondern auch alle Religion. Denn in ihr wird die eigentliche Gesinnung Gottes, des Vaters, in Christus offenbar, das heilsgeschichtliche Telos – auch unbewusst das geheime Ziel allen religiösen Suchens, Findens und Entdeckens.

In diesem Zusammenhang darf ich an die Mystik in den altchinesischen und altindischen Religionen erinnern. Mit dem Erleben des EINEN ist dort ein Totalgegensatz von Zeit und Ewigkeit gesetzt. Man erwartet vom Zeitlichen nichts mehr. Die Geschichte bleibt dahinter, man ist geschichtslos, ein Kommen Gottes, eine Inkarnation, ist von diesem Verständnis her nicht möglich: Gott kann nicht Mensch werden und in die menschliche Geschichte eingehen mit ihren Relativitäten. Mit Hilfe eines universalen Prinzips oder Seins (Brahma, Tien, Tao) wird das Christusereignis relativiert und eingeordnet.

Der Islam übernimmt wohl den Geschichtszugang in Mohammmed, wie die zoroastrische Religion im Propheten Zarathustra. Beide überwinden die naturreligiöse und polytheistische Erbschaft. Aber beide kennen nicht das Telos der Geschichte in Christus. So verbleiben sie in einer heilsgeschichtlich nicht erfüllten Situation – sie wissen nichts vom Evangelium; lutherisch gesprochen bleiben sie im heilsgeschichtlichen Vorraum des Gesetzes.

Mohammeds Religion ist aus einem selbst geprägten Prophetenbewusstsein erwachsen, das die Thora und das Evangelium von Christus eigen interpretiert. Denn der Koran ist die letzte und entscheidende Revolution von Gott her in die Geschichte der Völker, weshalb nur von hier aus Jesus (Isa, syrisches jeschu – oder hebr. Jeschua) angemessen interpretiert und richtig gesehen werden kann.

Der Koran legt großen Wert darauf, jeden Gedanken an die Gottessohnschaft Jesu abzuwehren. In der Sure 2, 29 lesen wir: „Bekämpft diejenigen der Schriftbesitzer, welche nicht Allah und dem Jüngsten Tag glauben und sich nicht zur wahren Religion bekennen. In Sure 2,30 lesen wir: „Die Juden sagen, Esra ist der Sohn Gottes, und die Christen sagen: Christus ist der Sohn Gottes. Sie sprechen das nur mit dem Mund und gedankenlos, wie die Ungläubigen, welche vor ihnen lebten, zuvor geredet haben. Allah wird sie schon ihrer Lügen strafen. Sie erkennen, außer Gott und Christus, den Sohn der Maria, ihre Rabbinen und Mönche als ihre Herren an, obwohl ihnen doch geboten ist, nur Allah allein zu verehren; denn außer ihm gibt es keinen Gott". (Sure 9, 30 und 31)

Hier wird Jesus in die Reihe der Lehrer und Mönche eingeordnet, in die Folge der Heiligenverehrungen der Christen. Diese Barriere ist nicht aufhebbar. Jeder schmale Hinweis auf ein inkarnatorisches Geschehen, auf diesen Kairos in der Geschichte wird vermieden. Jesus ist und bleibt ein Vorläufer des Mohammed, wird als solcher anerkannt, aber eine darüber hinausgehende Deutung als Gott, Gottes Sohn, abgelehnt.

In der dritten Sure wird ausdrücklich die typische Jesus-Interpretation verfolgt: Die Jungfrauengeburt wird anerkannt. (V. 46) Jesus wird als fleischgewordenes

Wort Gottes bezeichnet. Er wird ein „frommer Mann“ sein. (V. 47) Er wird von Allah unterwiesen werden „in der Thora und im Evangelium“ (V. 49) Von den Jüngern heißt es, dass sie „Gottergebene“ Muslime sind. (V. 53) Gott hat verheißen, Jesus abzuberufen, ihn zu sich zu erheben, ihn „rein zu machen und ihn so den Ungläubigen zu entrücken“. (V. 59, 56f) Schließlich betont der Koran im Raum der dritten Sure: „Vor Allah ist Jesus Adam gleich“ (3. Sure, V. 60) Die freundlichen Wertungen Jesu werden von dem Vers 60 her zu interpretieren sein: Er ist nur ein Mensch, hat aber eine prophetische Mission von Allah her: Das Soteriologische und Inkarnatorische des Kommens Gottes in Christus Jesus ist ausgeblendet.

Vom Licht Jesu soll ein Schein auf die erfüllende Mission des Propheten Mohammed fallen. In der Sure 61, 7 lesen wir: „Und Jesus, der Sohn der Maria, sagte: „0 ihr Kinder Israels, wahrlich, ich bin euer Gesandter Allahs, der die Thora bestätigt, welche Ihr bereits von mir erhieltet, und ich bringe frohe Botschaft über einen Gesandten, der nach mir kommen und dessen Name Mohammed sein wird“.

Auch dieser Schlüsseltext sieht Jesus trotz aller freundlichen Charakteristiken als Vorläufer des eigentlichen Propheten Mohammed. Nur unter dieser Voraussetzung kann es zu einem Ausgleich zwischen den theologischen und konfessionellen Fronten kommen. Wir Christen müssten also auf die Inkarnation Gottes in Jesus Christus verzichten; dann könnte man sich auf einen Gottesbegriff einigen unter Maßgabe Allahs und der mohammedanischen Allah-Deutung. Zum Beispiel Johannes 3, 16 oder 1, 18 und andere Stellen wären „überholt“. Wir müssten das Christusgeheimnis preisgeben im Sinne der vorinkarnatorischen, koranischen Gottesvorstellung.

Unbeschadet dieser wesentlichen Differenz zum christlichen Verständnis dürfen wir die Charakteristika des Islam bedenken. Für ihn gibt es einen grundlegenden schöpfungstheologischen Ansatz: Alles, was ist, kommt aus Gottes Schöpferhand. Also müssen wir dem Rechnung tragen in unserer Lebensführung. Zunächst im Bekenntnis des Propheten: „Ich bezeuge, dass es keinen Gott außer dem einen gibt, ich bezeuge, dass Mohammed der Gesandte Gottes ist“. Dies sind die ersten Worte, die ein Kind lernt und es sind die letzten, die ein Moslem im Sterben flüstert: Es ist ein Licht in diesem Leben und impliziert Hoffnung auf Gnade nach dem Tod.

Der zweite Pfeiler ist das Gebet. Jeder Mensch ist zum Beten verpflichtet vor und gegenüber seinem Schöpfer. Anbetung ist eine gemeinschaftliche Sache und auch eine sehr persönliche. Die gemeinsame Orientierung im liturgischen Gebet, im Pflichtgebet zu bestimmten Tageszeiten, in fünf Gebetszeiten, denen rituelle Waschungen vorausgehen, erinnert Moslems an ihre Stellung vor Gott. Die Gebetsrichtung gen Mekka verweist auf Mohammeds Berufung. Die Gebetshaltung auf

Knien und mit der Stirn in Bodenberührung symbolisiert die totale Unterwerfung vor Gott. Jedes der fünf Tagesgebete schließt mit den Worten: „Alahu akba" – Gott ist der Größte. Der Nachbar im Gottesdienst wird mit den Friedensworten auf arabisch geehrt: Friede sei mit euch. Dem Gemeinschaftsgebet können persönliche Gebete folgen.

Mit dem Gebet hängt eng zusammen das Almosengeben, der dritte Pfeiler des Islams, der als Grundlage des sozialen Handelns gesehen wird von den Moslems. Man soll Reichtum mit den Armen teilen, auch mit den Schuldnern, Gefangenen, mit den Reisenden – mit allen, die wesentlich weniger haben als man selbst. Die innere Haltung ist hier entscheidend. Geben ist besser als die Zurschaustellung dessen. Das Gesetz der Scharia bestimmt, wieviel der jeweilig Besitzende zu geben hat – mindestens 2, 5 Prozent jährlichen Barvermögens. Almosengeben reinigt die Seele, hilft, Sünden zu büßen. Fasten ist der vierte Pfeiler des Islam. Im Fastenmonat Ramadam enthält man sich der Getränke, der Speisen vom Morgen bis zum Abend. Nur in den Nächten darf man davon abweichen. Die Gemeinschaftlichkeit wandelt sich, der Lebensrhythmus verlangsamt sich, man hat Zeit zum Nachdenken und pflegt Versöhnungen. Die Absicht des Fastens ist das Neufassen der Dankbarkeit vor Allah, die innere Stärkung der Seele, das geduldige Annnehmen der Wege Gottes.

Die fünfte Grundpflicht des Moslem: ein Besuch in Mekka, die Hadsch, die Pilgerreise mit der Umwanderung der Kaaba mit der Erinnerung an Ismael und Hagar, die vor dem sicheren Tode bewahrt wurden in der Wüste durch Gottes Gnade. Von dort begeben sich die Pilger zum Berg Arafat und befolgen den Ritus, von Mittag bis Sonnenuntergang in Meditation vor Gott zu verharren. Abraham ist das Vorbild der Demut, auf das hin Moslems glauben und hoffen. Die Hadsch endet mit einem Schlachtfest. Die Moslems gedenken ihrer Gemeinschaft über alle Grenzen hinweg als anbetende Gemeinde Mohammeds und in der Verantwortung vor Gott, etwa im Sinne des Gebets im Koran, Sure 2, 129: „0 Herr, mache uns zu Dir ergebenen Moslems und unsere Nachkommen zu einem Dir ergebenen Volk. Lehre uns unsere frommen Gebräuche zu Deiner Verehrung! Wende Dich gnädig an uns, denn Du bist der versöhnlich Verzeihende, der Barmherzige".

Die Erfüllung jener 5 Pfeiler des Islam in der praxis pietatis bewirkt jene religiöse und ethische Ursubstanz, weshalb es gewiss nicht falsch ist, den Islam als ethische Hochkultur zu deuten. Der Glaube an den einen Gott entfaltet sich in einem menschlichen Ethos unter klaren Imperativen zu mehr Menschlichkeit, auch im Rahmen dessen, was die 10 Gebote aussagen: Es gibt eine Sozialpflicht und auch ein Wissen um Nächstenliebe und -hilfe. So darf ein Kontinuum festgehalten werden, das den Islam mit dem Christentum und auch mit dem Judentum verbindet.

Ob der Prophet Mohammed ein echter Prophet war oder nicht, darüber mag man nicht urteilen; er steht ja letztlich nicht im Zentrum wie Jesus Christus. Denn Gottes Wort ist für die Mohammedaner nicht im Propheten als dem Sohne Gottes verankert. Gottes Wort ist für sie Buch geworden. Die Urfassung des Koran liegt bei Gott selbst, der die Mitte des koranischen Glaubens ist. Der Islam ist Buchreligion. Er ersetzt die Tora wie das christliche Evangelium. Der ist unüberbietbar, vollkommen, schlechthin gültig, und er ist absolut zuverlässig. Darum rezitiert man ihn feierlich, lernt ihn auswendig. Neue und andere Offenbarung kann es nicht geben. Der Koran ist die Vollendung – die Propheten Israels und Jesus sind letztlich Vorläufer, weshalb es eine grundsätzliche Missionspflicht im Islam gibt, damit die Vorläufer eingeholt werden (die Juden und Christen) und aus ihren Irrtümern befreit werden.

In der Geschichte des Islam ergab sich nach dem Himmelsaufstieg Mohammeds von Jerusalem aus die Notwendigkeit der Führung durch Kalifate, Stellvertreter des Propheten, eine nicht-prophetische Führung. Schon unter den ersten rechtgeleiteten Kalifen erfolgte im 7. Jahrhundert eine erste Eroberungswelle. Große Gebiete sind seitdem islamitisch: Das einst christliche Syrien mit Damaskus, das persische Sassanidenreich, das christliche Ägypten. Keine andere Religion hat in kürzester Frist durch Gewaltanstrengung soviel Ausbreitung erfahren wie der Islam.

Dies war auch durch das Vorbild des Mohammed als Feldherr indirekt bewirkt, auch durch die gründlich geplante Eroberungs- und Ansiedlungspolitik, durch überlegene militärische Taktik. Dies allein kann aber die Ausbreitung des Islam nicht begründen, die bis heute andauert und weitere Gebiete in Asien, in Indien, Indonesien erreicht hat. Ausschlaggebend war die geistige Ausrichtung durch den Islam, die den Muslimen Gottvertrauen, Kraft im Gewissen, auch Sendungsbewusstsein, moralische Rechtfertigung verlieh. Die Aggressionen des Islam erreichten Spanien, Südfrankreich, den Balkan insgesamt, bis vor die Tore Wiens 1683. Der Islam eroberte weitere asiatische Gebiete im fernen Osten bis hin nach Buchara. Gewalt war immer selbstverständlich.

Das Thema Religion und Gewalt ist nun freilich nicht bloß ein Thema des Islam, auch des Judentums, des Christentums, das in zweifelhaften Kreuzzügen und in kolonialen Eroberungen und auch Missionierungen wirksam war, was für das Geschichtsbewußtsein des Islam nachhaltige Wirkung hatte, ein Trauma bis heute ist.

Im Koran wird ein Begriff aufgewandt: der Dschihad. Manche Interpreten meinen damit einen wirklichen und heutigen Krieg gegen Ungläubige. Andere verstehen darunter ein Sichabmühen auf dem Wege zu Gott, der aber auch die verpflichtende Missionierung der sogenannten Ungläubigen umfasst.

In der Zeit der Abassiden wird die Erneuerung des großen Reiches proklamiert. Statt eines rein arabischen Imperiums wird jetzt das Reich aller Muslime proklamiert. Der Islam ist nicht eine rein arabische Religion, sondern eine Völker betreffende universale Weltreligion, es soll eine islamische Bruderschaft und Ordnung gelten. (Küng, Spurensuche, die Weltreligionen auf dem Weg, 1999, S. 292) Die Unterschiede zwischen Arabern und Nicht-Arabern sollen wegfallen. Die Kalifen sind wohl stellvertretende Ausleger des Koran mit nicht-prophetischer Autorität, aber sie haben große politische Gewalt.

Der Islam hat als Weltreligion großartige Kulturleistungen vollbracht auf der Basis des klassischen Arabisch, auf persischer Lebensart und im hellenistischen Geiste. Mahmun Kalif von Bagdad (813-33), dem Mittelpunkt der islamischen Welt, träumte, dass der Geist des Aristoteles ihn belehrt habe, dass zwischen Vernunft und Glauben kein Widerspruch bestehe. Also baute der Kalif ein „Haus der Weisheit", in dessen Bibliothek einmal alle Bücher der Welt Platz haben sollten. Die Werke griechischer, indischer und persischer Schriftsteller wurden herbeigeschafft und ins Arabische Übersetzt. So wurde die griechische Überzeugung zum Ausgangspunkt islamischer Wissenschaft, dass hinter dem Chaos der Welt eine grundlegende Ordnung steckt, die von allgemeingültigen Gesetzen bestimmt ist und der Vernunft des Menschen zugänglich ist. Damit war ein Programm für naturwissenschaftliche Erkenntnisse geschaffen.

Islamische Ärzte kannten das Wissen der persischen Ärzte, bauten darauf, schufen Pockenbehandlungen, entdeckten den Blutkreislauf, führten dank Betäubung schmerzlos Operationen durch. Ihre Kunst war in einem wichtigen Lehrbuch enthalten, das in Europa bis ins 17. Jahrhundert noch sehr wichtig war.

Auf dem Gebiet der Mathematik lernten die islamischen Gelehrten von den Indern, übernahmen das Dezimalsystem, den Gebrauch der Null. Sie entwickelten auch die Algebra, indem sie Symbole für Ziffern einführten, für unbekannte Mengen. Die Araber kannten die Sterne, im 8. Jahrhundert lasen sie im Werk des Ptolemäus, erforschten die Sternenwelt, die Gelehrten trugen erdkundliches Wissen zusammen und schufen Landkarten. Sie berechneten den Umfang und Durchmesser der Erde.

Wo immer Ost und West zusammentrafen, lernten die Westler dazu; etwa in Sizilien. Der Hof Friedrichs II. war ein Zentrum arabischer Philosophie und Wissenschaft. In Palästina lernten die Kreuzritter von der orientalischen Wahrheit und Erkenntnis. Besonders ertragreich war die Begegnung in Spanien im 9. und 10. Jahrhundert. Cordoba war eine Welthauptstadt der Bildung: damals hatte es 500000 Einwohner, 700 Moscheen, 300 öffentliche Bäder, 70 Bibliotheken. Seine Straßen waren gepflastert. Was dem Wohlleben diente, war dort zu haben. Ihr Einfluss nach Europa war groß. Durch Averroes und Avicenna wurde des Aristoteles Philosophie in Europa bekannt und wiederentdeckt. Islamische Architektur entstand, Werke von hohem Rang – sei es in Cordoba, Granada, Istanbul, auch in Damaskus, Kairo. Der islamische Stil hat dekorative Schönheit gestaltet. Mit der Eroberung Bagdads 1258 ging die Kulturentwicklung zurück.

Es wäre falsch, die hohe Kulturleistung des Islam in der Geschichte der Menschheit zu unterschätzen, die ja den Christen im Westen zugute kam. So könnte man gewiss das Hohelied des Fortschritts singen. Dasselbe könnte man auch von der Ethik des Islam. Ein ethisches Kontinuum zwischen christlicher und islamischer Frömmigkeit wäre nicht zu übersehen.

Auch die Frömmigkeit der islamischen Mystik scheint sich als Raum einer Verständigungsebene zwischen Islam und dem Christentum anzubieten.

In dem Sufitum bildete sich eine Art Gegenpol zur theokratischen Tendenz mit der Identifikation von religiöser und politischer Macht. Der Bußruf Mohammeds war und ist bis heute in ihm lebendig. Mitbestimmend für die Entfaltung der sufitischen Mystik war wahrscheinlich die mystisch-asketische Frömmigkeit der christlichen Anachoreten, auch der Mönche und Nonnen im christlichen Syrien, in Aethiopien und Ägypten. In der Sure 5, 83 lesen wir: „Du wirst finden, dass unter allen Menschen die Juden und Götzendiener (Heiden) den Gläubigen am meisten feind sind; du wirst ferner finden, dass den Gläubigen noch die am besten gesinnt sind, welche sagen: „Wir sind Christen „ Das kommt daher, weil diese Priester und Mönche haben und auch weil sie keinen Stolz besitzen (nicht hochmütig sind)".

Im Christentum war und ist ja mit der Kreuzesbotschaft und mit dem Auferstehungsglauben, mit dem Kommen Christi das Reich Gottes angebrochen in einem überpolitischen Sinne, weshalb auch mystische Ausprägungen, geistliche Verzichthaltungen des Ordenslebens in den Jahrhunderten immer für die Kirche eine zeichenhafte Funktion ausübten. Sie waren immer eine Mahnung, ein geheimer Protest gegen eine Koinzidenz von Gottes Herrschaft und der politischen Weltherrschaft.

Der Sufismus war auch so etwas und ist es noch: Eine Konzentration auf die Herrschaft Gottes im Herzen der Gläubigen, in der Stille des eigenen Glaubenserlebens, der mystischen Begegnung. Er ist aber in seiner Geschichte oft der Ablehnung, der Unterdrückung und auch der Verfolgung durch den der Sunna verpflichteten Islam ausgesetzt gewesen. Seine großen Gestalten waren verehrte Heilige, sie traten neben die Gestalt Mohammeds, waren Märtyrer des Glaubens. Ihre Glaubensschau widerstand der vom sunnitischen Islam angestrebten Koinzidenz von Gottes- und

Weltherrschaft. Dem sufitischen Bestreben zu Kontemplation und Stille widersprach äußerlicher Gesetzes- und Gebetsdienst unter missionarisch-theokratischer Sinngabe.

In der Mystik des Sufitums finden wir die kontemplative Schau der Einheit der Seele und ihres göttlichen Ursprungs. Wie im altchinesischen Taoismus und in der altindischen Mystik des Brahma wird die höchste Seligkeit in der sufitischen Mystik im Aufgehen der Seele im göttlichen Sein gesucht. Diese Einheit aus dem Ursprung überhöht alle anderen personhaften Beziehungen, die es sonst religiös gibt oder geben mag. Man möchte in Gottes Nähe hier schon im mystischen Erleben sein und den Banden des Seins entfliehen. (vgl. E. Kellerhals, Der Islam , Basel 1958, S. 125 ff, S. 138f, vgl. auch A. Schimmel, Mystische Dimensionen des Islam. Die Geschichte des Sufismus, München 1992, S. 17f)

Die Mystik kann definiert werden als Liebe zu dem Absoluten, zu Gott. Diese vertrauende Liebe macht es dem Suchenden leichter, die Qualen und Heimsuchungen zu ertragen, die Gott zulässt und die ihn bedrücken. Diese Liebe kann das Herz des Mystikers in die göttliche Gegenwart tragen (ebd.)

Es ist nun gewiss unmöglich, die jeweilige mystische Erfahrung selbst zu analysieren, da wahrscheinlich Worte die Tiefe dieser Erfahrung niemals ausloten können. „Worte bleiben an der Küste, wie die Sufis sagen." (Schimmel, S. 21) Da der Sufismus auf dem Prinzip Initiation aufgebaut ist, bieten die verschiedenen Methoden der geistigen Erziehung, die in den Sufi-Orden geübten Exerzitien, die psychologischen Stufen jeweils, die Bildung der Orden, ihre soziologische und kulturelle Rolle ein weites Feld der Forschung, das auch Unverstandenes umschließt. (ebd, S. 22)

Bei bedeutenden islamischen Reformern finden wir auch den Blick auf Jesus gerichtet, wie er in den Evangelien dargestellt ist. Der Reformer Ghazzali sagt: „Ich habe das Evangelium gelesen. Geh zu Jesus – auf ihm sei Friede – denn er ist der wahrhaftigste von denen, die Gott als Gesandte geschickt hat und die am meisten von Gott wussten, und der das entsagungsvollste Leben unter ihnen geführt hat und der beredteste in der Weisheit ist; vielleicht wird er für Dich fürbittend eintreten" (vgl. Kellerhals, S. 140) Für Ghazzali ist Jesus der vollkommenste Sufi: „Ich betrachtete Jesus, denn es wird überliefert, dass er nichts sein eigen nannte als ein Wollkleid, das er zwanzig Jahre trug, und dass er nichts auf seinen Wanderungen nahm als einen Krug, einen Rosenkranz und einen Kamm". (ebd.) Der Sufi erkennt in den Krankenheilungen Jesu die Barmherzigkeit Jesu. In der Demut Jesu, in seiner Heimatlosigkeit und Armut erblickt er ein Vorbild für die eigene asketische Lebensweise. (ebd.)

Der Sufi sieht in Jesus einen idealtypischen Verwandten, ein verehrungswürdiges Vorbild, einen weisheitsvollen Lehrer. Über eine teilweise Analogie der praxis pietatis kann eine Brücke der Gemeinsamkeit wachsen – vielleicht bis zu einer erhofften Einigung der Religionen.

Solche Analogien lassen die Unterschiede der Lehren im Islam und im Christentum in den Hintergrund treten, ohne jene überwinden zu können. Der Moslem kann ein Dialogpartner werden und kann Gemeinschaft in praktischer Frömmigkeit pflegen – aber nicht gemeinsame Nenner finden.

Jesus ist für Ghazzali der Typus eines sufitischen Heiligen – aber nicht mehr. Für Mittlerschaft Jesu hat er kein Verständnis, die Botschaft von der Erlösung durch Christi Werk scheint irgendwie an ihm vorbeigegangen zu sein, ohne ihn zu berühren, und zwar so sehr, dass er nicht einmal dagegen polemisiert". (Kellerhals, S. 140) Man könnte ihn, den Ghazzali, einen Schriftgelehrten nennen, der „nicht fern vom Reich Gottes ist „. (Markus 12, 34)

Das Geheimnis der Inkarnation Gottes in Christus ist dem islamischen Denken fern, auch den Mystikern des Islam. Der Dialog mit dem Islam kann darum nur in Teilstrecken bewältigt werden.

Vielleicht könnte die Mystik des Islam eine Aufgabe darin entwickeln, dass sie die beiden Hauptströmungen des Islam, Schiitismus und die Sunniten zueinander führt. Der Ursprung jenes Gegensatzes geht auf den Ursprung des Islam zurück. Mohammed war das „Siegel der Propheten". Wie sollte er einen Nachfolger bekommen?

Die Sunniten meinten, dass im Blick auf die Qualität des Propheten eine gleichwertige Nachfolge nicht möglich sei. Ein Nachfolger konnte nur ein Hüter der Tradition sein, ein Kalif mit untergeordneter Autorität, im Gehorsam gegen den Koran. Mittels einer Übereinkunft sollte ein Nachfolger aus dem Kreise der männlichen Nachfolger im Stamme der Kraisch, zu dem Mohammed gehörte, gewählt werden. Die ersten Kalifen, die „vier Rechtgeleiteten", haben mit Mohammed Beispielwirkung gehabt und fassten alle Einsichten zusammen in der Sunna, in den Gewohnheiten. Die Sunniten entwickelten im Laufe der Zeit ein umfassendes Gesetz für die Gemeinschaft, die Scharia. Sie sorgt für den Zusammenhalt, gestattet gleichzeitig die Verschiedenheit der vier orthodoxen Gesetzesschulen. (Mliki, Hannafi, Schafi, Hanbali) Der Grundsatz der Übereinkunft, Idschma, bleibt bestehen, wird aber in der Praxis von den vier Gesetzesschulen ausgeübt.

Das Kalifat wurde 1924 als Hüter der Scharia aufgelöst. Eine Notwendigkeit eines übernationalen Kalifates ist dann nicht notwendig, wenn nationale Regierungen die Scharia einführen.

Die Schiiten glauben, dass Mohammed den „Kreis der Einweihung" stiftete, einen Kreis von Gläubigen, die einen Iman erwählen, der lehrmäßig unfehlbar ist.

Von Ali, dem Schwiegersohn des Mohammed her bis zu dessen Söhnen aus der Fatima-Ehe Hassan und Hussein. Die Mehrheit der Schiiten glaubt, dass sich der Kreis mit der massianischen Rückkehr des 12. Imans schließt. Dieser Iman habe sich seit dem 3. Jahrhundert verborgen. Seine Führerschaft geschieht heute durch Ayatollas, die die Scharia auslegen dürfen.

Beide Richtungen spiegeln die Verschiedenheit der moslemischen Antworten wider. Der Sunnitismus will Gesellschaftsstrukturen schaffen, um den Auftrag zu erfüllen, theokratisch orientiert. Die Schiiten als Minderheit suchen eigenwilligere Auslegungen des Koran, sind näher dem Grundgedanken der Entfremdung des Menschen. Es gibt aber keine wesentlichen Unterschiede in lehrmäßiger Hinsicht. Vielleicht schafft es der Sufitismus, die mystische Tradition, beide Bewegungen des Islam in der Folge der Zeiten zusammenzuführen.

Schaut man in die Zukunft und fragt, wie sich der Islam entwickeln wird, so kann es keine genaue Antwort geben. Der Islam hatte sich in vergangenen Jahrhunderten teilweise auch durch militärische Mittel, überwiegend mit friedlichen Mitteln, ausgebreitet. Ausdehnung durch Waffengewalt ist nur noch begrenzt möglich.

Aber es besteht kein Zweifel, dass ein neuer Geist des Selbstvertrauens gegenüber den vorher dominierenden Mächten erwacht ist. In Europa und in Amerika gibt es eine wachsende Zahl von Moslems, die die Wichtigkeit der eigenen religiösen Identität erkannt haben. Auch in Afrika umwirbt der Islam eifrig die Seele der Menschen dort.

Während im 20. Jahrhundert und davor die Verweltlichung den Islam zurückdrängte, die islamische Tradition auf dem Rückzug war, ist es im 21. Jahrhundert anders. Zur Überraschung säkular orientierter Philosophen im westlichen Kulturraum ist das eingetreten, was von ihren Voraussetzungen autonomer Vernunft mit der Inklusion des Absterbens der Religionen gar nicht möglich sein sollte. Sozialkulturelle Umbrüche lassen Entwurzelungen deutlich werden, denen man nur mit der Bewahrung eigener religiöser Identität und ihrer Entfaltung begegnen kann. Der Säkularisierung entgegengesetzt entwickelt sich die ernste und auch fanatische Rückbesinnung auf islamische Grundsätze – so in Lybien, im Iran, im Nahen Osten, in Saudi-Arabien u.a.

Es ist aber nicht für uns erkennbar, dass die moderne Säkularisierung und auch die global zunehmende Industrialisierung in sich gleichsam verlanden. Hinzu kommt, dass Weisungen der Scharia im Gegensatz zu grundrechtlichen Aussagen stehen wie das Abhacken der Hände bei Diebstahl als Bestrafung oder die Steinigung bei unehelichem Geschlechtsverkehr. Auch Äußerungen unter dem Stichwort des Dschihad sind zu nennen. Die aus jüdisch-christlichen Wurzeln wie aus der Stoa stammenden Formulierungen der Menschenrechte haben heute im globalen Maß den Rang von Verfassungsaussagen in vielen Ländern, dem sich auch die islamischen Länder anpassen müssen, um die Würde des Menschen zu wahren.

Im islamischen Verständnis ist jeder Mensch ein Anbeter Gottes – als Wesensmerkmal des Menschseins schlechthin. Im jüdisch-christlichen Verständnis ist jeder Mensch ein Ebenbild Gottes, worin seine Autonomie gründet, die in Menschenrechtsformulierungen geschützt ist im gesellschaftlichen. Die Achtung der Menschenwürde ist unteilbar. Gibt es da nicht Übergänge zwischen den moslemischen Vorstellungen und denen der christlichen Welt? Darauf darf man hoffen, wennschon im Koran sich ein grundsätzlicher Widerspruch hindurchzieht zwischen den Koran-Gläubigen und allen anderen, welcher betont den Duktus des Koran bestimmt. Hier liegen unüberwindbare Grenzen, wie es scheint.

II. Deutungen der Religionen

1. Vorbemerkungen

Die Überschau des vorigen Kapitels offenbart ein Mehrfaches. Zunächst schlicht die Tatsache, dass der Mensch, so weit wir es heute wissen, stets Religionen gestaltet hat. Und das ist überraschend. Denn jenem Geschehen liegt ein religiöser Akt zugrunde, der die vorgegebene Erfahrungswirklichkeit transzendiert.

Dies ist das eigentlich Überraschende, ja Staunenswerte. Denn der Mensch ist natürlicher Weise ein Erfahrungswesen, den Relativitäten des Tages und des Menschlichen hingegeben, wie denen des Weltseins überhaupt unterworfen. Er ist natürlicher Weise ein Pragmatiker, dem Hier und Jetzt ausgeliefert. Dem versucht er standzuhalten, den je eigenen Nutzen zu suchen und zu fördern – der Familie und des jeweiligen Stammes.

Im religiösen Akt geschieht nun etwas, was über die Pragmatik des Zeitlichen hinausliegt, hinausweist. In jenem Akt sind alle Dinge, Geschehnisse, als Welt zusammengefasst. Es ist ein Hinausmeinen über den eigenen Erlebnisstand im Menschsein, ein Hinübermeinen. Erst wo dieses Transzendieren die Welt oder das Weltliche als Ganzes meint, kann von einem religiösen Akt gesprochen werden.

Das Eigenartige dieses Aktes ist es nun, dass er in der Welt letztlich unerfüllt bleibt. Kein Ding oder Ereignis, kein irdisches Glück, kein äußerer Fortschritt kann religiöse Akte letztlich befriedigen. In religiösen Akten ist eine Ehrfurcht lebendig, die empirisch grundlos ist. Im religiösen Hoffen und Danken, Vertrauen und Glauben beziehen wir uns auf ein Etwas, das wir nicht in der Welt haben. Hier überschreitet die Ehrfurcht des eigenen Herzens den Wesensbegriff endlicher Dinge überhaupt.

Der religiöse Akt fordert einen Antwortgeber – Offenbarung ist die dem Wesen des religiösen Aktes korrelate Gegebenheit. Hier ist der Sitz religiöser Erkenntnis, religiöser Akte, die weder allein vom Denken noch vom Willen bestimmt sind. Sie sind eine Mitgift der Seele, die persönlichsten, wurzeltiefsten, einfachsten Grundakte. (vgl. Scheler, Das Ewige im Menschen, 5.Aufl. Bern 1954, S244ff, 241, 260f, 262, 130)

Wenn man davon ausgehen muss, dass menschliches Leben und seine Entwicklung etwas Sinnvolles, teleologisch Gerichtetes ist, dann ist die Feststellung, dass in allen uns bekannten Menschengemeinschaften in unübersehbarer Weite und Tiefe religiöse Akte und Gestaltungen zu finden sind, richtig, und dann kann im Ernst dem nur ein Realbezug entsprechen. Die Skepsis hätte dann in jedem Falle die Last zu tragen, religiöse Akte nur als Täuschung zu begründen, was abenteuerlich sein dürfte.

Der Überblick über Religionen, der natürlich nur begrenzter Art sein konnte, erwies aber, dass religiöse Akte und Gestaltungen die geistig-ethische Natur des Menschseins geprägt haben – und das bis heute. Man denke an Gewissensprägungen, ethische Entfaltungen, an Kunst und Kulturleistungen, auch an Ansätze wissenschaftlicher Deutung. Wertbegriffe wie Ehrfurcht, Liebe, Mitleid, Glaube, Selbstzucht, Selbstbescheidung, Hoffnung wurden geprägt und der Horizont des Menschlichen und Mitmenschlichen entdeckt. Darum auch bewusst oder unbewusst die Würde des Menschen, jedes Menschen. In ethischen Aspekten wurde indirekt oder explizite ein ethischer consensus gentium erfasst. Der geistige und ethische Reichtum der Religionen ist unübertroffen. Wird man dem in theologischen Deutungen gerecht, oder ist Theologie dem fern. Beides wird festzustellen sein, wie wir im Einzelnen sehen werden.

2. K. Barths Interpretation der Religionen

Der christliche Glaube bekennt Gottes Heil in Christus. Die Frage, wie dieser Heilswille Gottes in der Relation zu anderen Religionen zu verstehen ist, kann in zwei Wegführungen angenommen werden: Man kann die Religionen als vorläufig, als Vorläufer des christlichen Glaubens zu deuten versuchen. Oder: Man kann die Religionen als das Christuswidrige verstehen, das ein Heil vorspielt, welches es in Wirklichkeit nicht gibt.

Dem steht nun gewiss entgegen, dass Jesus Christus aus der religiösen Tradition Israels kommt; es gibt in diesem Falle also doch wohl einen Zusammenhang zwischen der Religion Israels und der Heilsgeschichte in Christus. Hinzu kommt, dass der Bericht vom Bundesschluss Noahs mit Gott und also des Noah Erwählung in Gen. im achten Kapitel und im neunten Kapitel die geheime Wahrheit der mythischen Religion und auch der monotheitischen Religionen bestätigen könnte: Im Werden und Vergehen des Menschseins waltet eine geheime Treue Gottes, des Schöpfers, der nicht nur mit Abraham und seinen Nachfahren, sondern auch mit allen Menschen im Bunde steht.

Dabei darf nicht eine prophetische Geisteslinie verkannt werden: Im Sinne der Kritik an den Götzen, die im Alten Testament unerbittlich ist – man denke an Deutero-Jesaia, an Hosea, Amos und andere. Auch eine gewisse reformatorische Interpretation im hamartiologischen Sinne findet hier ihre Bestätigung.

Man darf also grob sagen: Es gibt zwei Interpretationsrichtungen theologischer Art: Die teilweise Anerkennung im Sinne des Vorläufigen, wie die entschiedene Verneinung. Bei Barth gilt nur das Letztere: Man kann die Religionen nur sachgemäß vom Evangelium her verstehen. Der Gott in Christus ist der alleinige Maßstab, wie der große Theologe nicht müde wird zu betonen. Von dieser Schau her ist Religion nichts als Unglaube. (Kirchliche Dogmatik, I, 2,17, S.324ff)

Diese Feststellung ist aber kein Werturteil, ist kein religionsphilosophisches Urteil. Jene Feststellung ist in gleicher Weise gegen uns gerichtet als Christen, soll auch uns als Angehörige der christlichen Religion treffen. (ebd,S.327) Barth will nicht bestreiten das Wahre, Gute und Schöne, das in allen Religionen zu entdecken ist. (ebd.) „Wo es sich schlicht darum handelt, dass der Mensch von Gott verurteilt und gerichtet ist, da sind wir freilich in der Wurzel und im Herzen getroffen, da steht freilich das Ganze und Letzte unserer Existenz in Frage, da kann aber gerade darum die wehmütige oder auch wehleidige Klage über Verkennung relativer menschlicher Größe keinen Raum haben". (ebd.)

„Das Gottesbild ist immer diejenige angeschaute oder gedachte Wirklichkeit, in der der Mensch jenseits oder auch in seiner eigenen Existenz ein Eigentliches, Letztes, Entscheidendes annimmt, von dem her er wiederum sich selbst für gesetzt oder doch für bestimmt und bedingt hält". (ebd, S. 330). Dies steht im Widerspruch zur heilsgeschichtlichen Offenbarung in Christus. „Widersprechend darum, weil die Wahrheit ja nur durch die Wahrheit zum Menschen kommen kann. Greift der Mensch von sich aus nach der Wahrheit, so greift er von vornherein daneben. Er tut dann nicht das, was er tun müßte, wenn die Wahrheit zu ihm kommt. Er glaubt dann nämlich nicht. Würde er glauben, so würde er hören; in der Religion redet er aber. Würde er glauben, so würde er sich etwas schenken lassen; in der Religion aber nimmt er sich etwas". (ebd.) Dies ist ein ausschließender Widerspruch. (ebd.)

Die Offenbarung knüpft nicht an eine schon betätigte Religion an, sondern widerspricht ihr – wie zuvor die Religion „der Offenbarung widersprach". Sie hebt sie auf. Der Glaube kann nicht anknüpfen an den Falschglauben, sondern kann nur widersprechen, dem Unglauben widersprechen. (ebd, S.331) In diesem Zusammenhang verweist Barth auf die Kritik des Götzendienste im Alten Testament (Jer. 10, Jes. 44)

Mit diesen Formulierungen bestreitet Barth grundsätzlich, dass es zwei verschiedene Wege theologischer Art im Verhältnis zur heilsgeschichtlichen Offenbarung und dem biblischen Befund geben kann – nur die Kontradiktion zählt – der hamartiologische Aspekt herrscht ausschließlich vor, Religion ist und bleibt Unglaube.

„Wie Jesus Christus alle menschlichen Versuche, Gott nach eigenem Ermessen zu denken und darzustellen, nicht etwa ergänzt und verbessert hat, sondern als Gottes Selbstdarbietung ersetzt und damit überbietet und in den Schatten stellt, so tritt er, indem Gott in ihm die Welt mit sich selbst versöhnt, auch an die Stelle aller menschlichen Versuche, Gott mit der Welt zu versöhnen. Gottes Offenbarung in Jesus Christus besagt, dass unsere Rechtfertigung und Heiligung in Jesus Christus ein für alle Mal geschehen und vollbracht ist". (ebd, S.336)

Dieser vom Zentrum der Rechtfertigungslehre her vollzogene Angriff scheint in seinem Totalanspruch in Christus verständlich – wie er im lutherischen Sinne angemessen zu sein scheint. Und es ist auch nicht zu leugnen, dass in allem menschlichen Gestalten, auch im religiösen, die Selbstrechtfertigung vor Gott ihr böses Spiel treibt oder treiben kann.

Dennoch darf gefragt werden, ob dies das letzte Wort ist oder sein muss, es ist ein wahres Wort und soll nicht in seiner Bedeutung deminuiert werden. Aber es könnte vielleicht doch im Horizont der Geschichte des Christentums sich als Engführung erweisen.

Das Christentum ist aus den geistigen Bewegungen in jener Zeit der Entstehung erwachsen – aus der Nähe zur jüdischen Religion und auch aus der Nähe zur griechischen Philosophie, Metaphysik. Letztere hatte schon früher jene Fragen der Vernunft nach dem Woher und Wohin zu beantworten versucht, auf die das Christentum auch antwortete. Dies konnte Symbiosen ergeben, gewisse Konvergenzen zwischen griechischer Philosophie und christlicher Theologie, zwischen Vernunft und Glauben. Davon wird zu reden sein.

Die sogenannte Hellenisierung hatte ja bereits vorher eingesetzt, vor dem Kommen Christi, wovon schlicht das Alte Testament kündet: Der endgültige Durchbruch zum Monotheismus im babylonischen Exil Israels, das Ringen um eine neue Basis des Ethos wie des Glaubens, wovon das Buch Hiob zeugt, wie die Kritik an den Tieropfern des Tempels, die Suche nach einem angemessenen und Gott gemäßen Verständnis des Opfers – das waren Entwicklungen, in denen sich die Berührung des israelischen-jüdischen Geistes mit dem hellenistischen Geist, mit der griechischen Philosophie, fast von selbst ergab. Die Septuaginta ist ein Zeugnis dieses Geschehens, wie auch die Sprüche und Weisheit Salomons.

Die ersten christlichen Theologen, die Aussagen des Neuen Testaments mit der griechischen Philosophie in gewissen Einklang zu bringen versuchten, waren die Apologeten. Sie gewannen zwei wesentliche Gesichtspunkte in ihrer Begegnung mit dem Christentum: Sie betonten die Vernunftbezogenheit, überhaupt Vernünftigkeit des christlichen Glaubens. Dieser ist zum Beispiel für Justin „die einzig vernünftige Philosophie". (Dial. 8,1) Philosophie und christlicher Glaube sind für ihn nicht geschieden.

Der zweite Aspekt: Das Wesen Jesu Christi wird explizit mit dem philosophisch erfassten Weltlogos identifiziert. Damit verlagert sich der christologische Schwerpunkt in den Raum der Präexistenz, das bedeutet, dass nicht nur die Propheten des Alten Bundes und Testaments, sondern auch die griechischen Philosophen, überhaupt alle Menschen, die Anteil am ewigen Logos haben, Christen sind.

Dies impliziert nun wiederum, dass das Christentum nur scheinbar eine neue Religion ist. In Wahrheit ist es alt, uralt. Es ist älter als Mose und Platon. In Christus, dem Logos, ist die Wahrheit des Christentums mit dem Ursprung der Welt verbunden, wie es jetzt im geschichtlichen Jesus Christus offenbar geworden ist.

Dies war nun gewiss eine erhebliche Herausforderung an das antike philosophische Wahrheitsverständnis, das den Logos nicht in einer Person identifizierte. Die Apologeten freilich durften sich vom Johannes-Evangelium bestätigt wissen. So näherten sie den philosophischen Wahrheitsbegriff dem auf Jesus Christus bezogenen Wahrheitsverständnis an. Dies war nun eine geistesgeschichtliche Wende, die ihre Auswirkungen in Variationen in einer langen Geschichte bis heute hatte. Diese Ortsbestimmung entspricht der Deutung des Paulus in Römer 1 und 2.

Das Christentum hat seine Vorläufer und innere Vorbereitung in der philosophischen Aufklärung der griechischen Philosophie – und nicht im Kranz der polytheistischen Religionen damaliger Zeit, deren mythische Bilder und Ahnungen jeweils politischen Nutzen hatten in jeweiligen Stadt- und Staatsgegebenheiten. Demgegenüber beziehen sich die Apologeten und die ihnen folgenden Theologen – wie Augustin, Bonaventura, Thomas u.a. – auch auf das Göttliche, den Logos, welcher in der Wirklichkeit des Welt- und Menschseins wahrnehmbar ist – wie es analog Platon, Anaxagoras, Aristoteles, die Stoiker und andere gelehrt haben. Sie schufen eine vernünftige Analyse der Wirklichkeit.

Da sich das Christentum mit der Philosophie verbunden hatte, erschien es als religiöse Gestalt des philosophischen Monotheismus, es schien den Forderungen der griechischen Metaphysik wie dem religiösen Herzensbedürfnis der Menschen zu entsprechen. Auf das Letztere konnte die Philosophie nicht angemessen antworten: Zu einem bloß gedachten Gott konnte man nicht beten. Wenn aber nun der Gott, den die Erkenntnis und das Denken gefunden haben, im Inneren einer Religion als sprechender und handelnder, als segnender Gott begegnet, dann haben wir eine Konvergenz von Vernunft und christlichem Glauben, welche seit Augustin maßgebend war über Thomas, auch über Luther und Melanchthon und die lutherische Orthodoxie und darüber hinaus. (vgl. Vernunft und Glaube, 2007, S.83ff für den Luther der Antinomerauseinandersetzung)

Es gibt eine Lehre von der Schöpfungsoffenbarung oder von der allgemeinen Offenbarung Gottes in der gewachsenen Theologie von den Apologeten über Augustinus, Thomas, Luther, und folgend bis heute – begründet in neutestamentlichen und grundlegenden Aussagen, wie sie Römer 1,19, 2, 14f, in Apg.14, 16f, 17,22f, 17, 28 u.a. zu finden sind. Barths Versuch, jene Kardinalstellen auf Heidenchristen zu beziehen (s.o. S. 332, Kirchliche Dogmatik, II,1) ist exegetisch gewiss verfehlt, wie Küng zu Recht sagt. (Existiert Gott? München 1984, S.576f) (vgl. Vernunft und Glaube von mir, 2007, S.85ff)

Die teilweise Konvergenz zwischen Vernunft und christlichem Glauben – es gibt auch eine Divergenz (ebd, S. 87ff) – die so wesentliche Lehre von der Offenbarung Gottes in der Schöpfung oder als allgemeine Offenbarung verstanden, begründete auch den moralischen Ernst der Verkündigung im christlichen Sinne. Die Liebe Gottes in Christus und die Konsequenzen daraus decken sich mit dem, was von Natur gut. ist. (Römer 2,14f) In diesem Sinne heißt es im Philipperbrief: „was immer wahrhaft edel, recht, lauter, liebenswert, ansprechend ist, was Tugend heißt und lobenswert ist, darauf seid bedacht“ (Phil. 4,8) Die grundsätzliche Einheit mit der philosophischen Aufklärung im Gottesbegriff, im Logosbegriff, konkretisiert sich in der gleichfalls gegebenen Einheit in der Philosophischen Moral. Das Christentum überzeugte durch die Verbindung des Glaubens an Christus mit der Vernunft, mit der natürlichen Ethik. Der philosophisch gedachte Gott der Weltvernunft wurde zum lebendigen Gott unter der Anweisung zur Gottes- und Nächstenliebe, zur Fürsorge an Leidenden, Kranken, Schwachen, Armen über alle Standes- und Volksgrenzen hinweg. Die innere Kraft des christlichen Glaubens und der christlichen Liebe überzeugte und entsprach dem, was im erwachten sittlichen Wertbewusstsein und Verantwortungsbewusstsein „von Natur“ aus empfunden wurde, vom Gewissensruf her verstanden wurde.

Es gibt einen engen Zusammenhang zwischen der Schöpfungsoffenbarung und der heilsgeschichtlichen 0ffenbarung. Jene ist dieser vorausgegeben – diese knüpft bei jener an. Wie es eine solche zwischen der Religion des Alten Testaments und Christus gibt, die dieser uns vorzeichnet, was gewiss unbestreitbar ist – so auch eine solche zwischen der Philosophie und dem christlichen Verständnis von Anfang an.

Will man das Wesen der Religionen erfassen, so kann das nicht nur von der heilsgeschichtlichen Offenbarung in Christus her geschehen im Sinne einer Kontradiktion, sondern muss auch jene Kontinua zwischen den beiden Offenbarungsgestalten bedenken. Neben dem gewiss nicht zu bestreitenden hamartiologischen Aspekt muss auch beachtet werden die schöpfungstheologische Linie. Religion impliziert bewusst oder gar unbewusst ein geheimes Suchen, ein offenbares Fragen und auch Erkennen in einem letzten Sinne. Auch Jahrhunderte nach Christus sind wir noch in der Geschichte vor Christus und so legitim im „Vorläufigen“, wie Rahner betont. (Schriften zur Theologie V, S. 140ff)

Wir dürfen sagen: Das Christentum steht in seinem eigenen Selbstverständnis zu den Religionen der Welt im Verhältnis des Ja und des Nein zugleich. Es weiß sich im Sinne des noachitischen Bundesgedankens und in der Einheit mit ihm und in ihm verknüpft und lebt aus der Überzeugung, dass wie die Geschichte in Philosophie und Religion, so auch der Kosmos, die Schöpfung von Gott, etwas sagen und auch zu ihm führen können. Es weiß sich aber auch in einem wesentlichen und entschiedenen Nein zu den Religionen und sieht in ihnen Wege der selbstgerechten Absicherung gegen den Anspruch des Schöpfers, anstatt sich seinem Anspruch auszuliefern, wie es Barth betont. So wahr dies ist, so einseitig wird es, wenn es das Ja des Christentums zu den Religionen bewusst ablehnt. Hier ist die Grenze der so tiefen Sicht des großen Theologen zu entdecken.

Barth betont: Es ist Gottes Offenbarung in Jesus Christus und sie allein, durch die die Charakterisierung der Religion als Götzendienst und Werkgerechtigkeit und damit ihre Entlarvung als Unglaube wirklich vollzogen wird.“ (Kirchliche Dogmatik,I,2, S.343) Aber dies führt letztlich nicht zur wirklichen Gewissheit des Letzten, es bleiben Zweifel und Widersprüche“ Religion ist immer ein sich selbst widersprechendes, ein in sich selbst unmögliches Unternehmen“. Sie ist so mit der eigentlichen Offenbarung in Christus nicht zu verwechseln.

Der Religiöse hat das Bedürfnis einer Wahrheit über ihm. Er weiß, dass dieses Bedürfnis erreichbar, stillbar ist. Er traut es sich zu, dieses zu erreichen. Er gestaltet die Gottheit nach seinem Bilde, will sich so selbst rechtfertigen und heiligen. (ebd.)

Von dorther haftet der Übung und Entstehung von Religionen „eine gewisse letzte Nicht-Notwendigkeit an“, es ist ja „doch nur eine Veräußerlichung, ein Ausdruck, eine Darstellung, und also eine Wiederholung dessen, was zuvor gestaltlos und werklos“ in der frommen Seele lebte. (ebd.)

Barth fragt: „Könnten die Gottesgedanken der Religion nicht zur Not auch ungedacht, ihre Lehren nicht auch unausgesprochen, ihre Riten und Gebete nicht auch unvollzogen, ihre asketischen und moralischen Vorschriften nicht auch in Freiheit unbeachtet bleiben? Ist das religiöse Anliegen und Begehren wirklich gezwungen in diesem seinem Ausdruck? Ist der religiöse Mensch wirklich und ganz an den jeweiligen Gott gebunden? Die Geschichte der Religionen zeigt, dass dies nicht der Fall ist. „Die äußere, aktuelle Befriedigung des religiösen Bewusstseins ist eine relative, „aber doch nur relative“. (ebd, S. 345)

Geschichtliche Verhältnisse prägen sie relativ und nur sittenmäßig. Sitten sind auch nur variabel. Und diese Zeitgebundenheit des Religiösen offenbart ihre Schwäche: Soll die Religion jeweils mit der Zeit, die sich wandelt, gehen, oder starr bei dem Bleibenden verharren? Religionen können darüber chronisch krank werden. Wahrscheinlich hat es noch keine Religion gegeben, die nicht an dem eigene Liberalismus oder auch Konservativismus gescheitert ist, krank geworden ist. Religionen können an dieser Krankheit auch sterben. Nicht-Notwendigkeit und Schwäche sind die beiden Charakteristika des Religiösen. So spiegeln die Religionen dessen, „was der Mensch selbst meint, ist und hat". (ebd.)

Von hier aus gesehen ist Religion nicht etwas, das mit der Substanz des Menschseins zu tun hat, sondern etwas Akzidentelles, Zufälliges, vielleicht aus dem Spieltrieb Erwachsenes oder eine letztlich nur theoretische Seite, die in der Praxis nicht verifizierbar ist. In diesem Sinne ist Religion etwas Nicht-Notwendiges.

Dagegen spricht nun gewiss, dass es nach unserer bisherigen Kenntnis der Religionen keine Volksgruppe, keinen Stamm, augenscheinlich auch kein Kollektiv gibt, das nicht letztlich im Religiösen auch Wurzeln hat. Frühzeitige Zeugnisse von Menschen aus den Vorzeiten sind auch implizite oder ausführliche Zeugnisse einer Beziehung zum Letzten, Offenbaren, auch Ungewissen – wie immer bezeichnet oder benannt. Augenscheinlich waltet hier eine innere Notwendigkeit vor, die etwas von der Grundsituation des Menschseins aufweist.

Jene kann bezeichnet werden als eine Wirklichkeit radikaler Fraglichkeit, die sich in Situationen der Grenzerfahrungen von Schicksal, Schuld, Leid, Krankheit, Sterben und Tod als Sinnlosigkeit, als Abgrund des Nichtseins, aufdrängt. Das Seiende ist unstimmig – auch in der Erfahrung von Unredlichkeit, Intrige, von Kampf und Leid, im Angesicht des Todes. Unser Leben erscheint als Zufallsspiel, als pure Kontingenz – nicht notwendig.

Dies kann in jene eherne Skepsis führen, in die Fixierung auf die totale Nichtigkeit und Sinnlosigkeit des Daseins, verbunden mit latentem Misstrauen. Diese Situation mag heute dem Philosophierenden interessant sein – in der puren Theorie ist Vieles dankbar. Es betrifft ja nicht mich selbst in meiner Praxis, welche das Gefühl der Machbarkeit fast aller Dinge suggerieren mag.

Im täglichen Verhalten und Dasein ist aber ein nur nihilistisches Nein nicht durchzuhalten. Auch der Misstrauischste muss hin und wieder vertrauen. Im praktischen Verhalten muss ich immer wieder Anleihen beim Sein machen, das mich trägt und umgibt.

Davon kündet die Geschichte der Metaphysik im philosophischen Raum Alt-Chinas, Alt-Indiens, in der griechisch-römischen Welt. Den großen Metaphysikern der altindischen, altchinesischen,altgriechischen Philosophien, wie auch jenen des Abendlandes, war die radikale Fraglichkeit des menschlichen Daseins wohl bewusst. Sie kannten die unübersteigbaren Grenzsituationen von Schicksal, Schuld, Leid, Sterben und Tod. Ihre Wirklichkeit war genau so eine kontingente wie wir sie erfahren. Und doch fragten sie nach dem Tien, Tao, Brahma, Nirvana, nach dem Logos, nach Gott, nach der Güte des Seins. Und sie stellten gegen alle Moira, gegen alles Sterben, gegen alle kontingent erfahrene Sinnlosigkeit die Gewissheit und auch Erkenntnis im existenziellen Sinne der göttlichen und hintergründigen und geistigen Urmacht des Seins als letzte Sinngabe, die uns heute schon beanspruchen sollte. Das hat Kulturen gestaltet, Gewissen geformt, ethische Haltungen ermöglicht, Urordnungen des Menschseins gestaltet, menschliche, ethische Sinnerfüllung ermöglicht. Das ist die von Jaspers so bezeichnete sogenannte Achsenzeit der Menschheit, die vor 2500 Jahren in etwa angesetzt werden kann.

Jene Grunderfahrung radikaler Fraglichkeit im Kontingenzerleben, im Zeitlichen und nur Relativen, ist indirekt auch die Wurzel aller Religionen und Religionsgestaltungen. Der Mensch erfuhr sich als zeitliches Wesen, lebte im Gefühl „Unbedingter Abhängigkeit“ (Schleiermacher). Er sah sich bewusst oder unbewusst in Grenzsituationen, die er nicht beherrscht, auf Schicksal und Tod geworfen – und er fragte suchend nach einem Überzeitlichen, Ewigen und Sinngebenden, fand es im polytheistischen oder monotheistischen Sinne. Dies ist keineswegs eine nicht-notwendige Sache, gar ein Spiel – wie Barth zu meinen scheint, sondern eine schlechthin notwendige Urgegebenheit. Sie wäre im Menschsein nicht aktuell, wenn es denkend nur im Zeitlichen und Relativen sich erfüllen könnte – wie tierisches Dasein; der Mensch fragt über sich und die Zeit hinaus. Dies ist das Geheimnis aller Religionen – von den Stammesreligionen bis zu den hochgeistigen Religionen Ostasiens, von den polytheistischen Geistern bis zum ethischen Monotheismus – von Zarathustra bis Mohammed, von Mose bis Jesus.

W. Weischedel kritisiert Barths Deutung der Religionen zu Recht: „Was fängt Barth mit den doch unstreitig vorhandenen, aber nicht aus der christlich verstandenen Offenbarung Gottes stammenden religiösen Phänomenen an: Mit dem auch im außerchristlichen Bereich sich findenden und in diesem Sinne natürlichen Gottesbewusstsein, mit der ursprünglichen Gottessehnsucht des Menschen, mit dem Reichtum der in der Geschichte aufgetretetenen Versuche philosophischer Theologie? Das sind Fakten, und Fakten kann man nicht durch einen Handstreich beseitigen“. (Weischedel, Der Gott der Philosophen, Band 2, S. 7)

Der von Barth angewandte Begriff des Nicht-Notwendigen der Religionen wird dem Fundamentalbestand der religiösen Welt in Jahrtausenden nicht gerecht, das

Geheimnis ist ja gerade dieses Transzendieren über das Zeitliche und Relative hinaus, ohne welches Religionsgestaltung, Religionsentstehung kaum verstehbar sein kann; das aber ist etwas in sich Notwendiges, wenn der Mensch sich selber deuten und verstehen will in einem übergreifenden Sinnhorizont.

Der weitere Gesichtspunkt Barths, die Schwäche der Religionen, wird als Resignation deutlich. Der Religiöse resigniert „heimlich oder auch öffentlich. Er zieht sich auf eine innere Linie zurück. Nicht so, dass er das gestaltlose Bild Gottes aufgeben würde. Aber er zieht sich zurück in ein „pathetisches Schweigen", in ein zur Ruhe kommen der Seele, in eine feierliche Leere. Der vormals unternommene Versuch einer äußeren Darstellung der Gottesgestalt war ein „Missverständnis", „in welchem der Mensch vorläufig in die Irre ging und bei welchem er doch immer schon das nun als das Eigentliche erkannte: die religiöse Wirklichkeit des gestalt- und werklosen Innenraumes meinte und suchte."(S.348, Ebd.)

Diese Verinnerlichung des Religiösen führt in zwei Richtungen, in die Mystik und in den Atheismus. Nicht so, dass Religionen sterben, deren Inhalte ja kommen und gehen; das bleibt, aber die kritischen Wendungen in Mystik und Atheismus bleiben auch. (S.350, ebd.)

Dieser Interpretation liegt die Wahrheit des Sterbens von Religionen zugrunde. Man denkt an das Sterben der griechischen und mythologischen Göttergestalten und an analoge Vorgänge in anderen Räumen.

Es ist auffällig, dass Gestaltungen dahingehen, Bilder versenkt werden, aber religiöse Kraft bleibt lebendig und ist keineswegs unter dem Ansturm nihilistischer Dominanten und auch der sogenannten Wissenschaft vergangen.

Resignation ist jedenfalls weltweit in religiösen Bereichen nicht zu erkennen – anders als es vielleicht Barth gedacht hat. Insofern ist das Kennzeichen der Schwäche der Religionen so nur sehr begrenzt wahrnehmbar.

Ein unverdächtiger Zeuge dessen ist der atheistische Philosoph J. Habermas. Er glaubte, wie einst Kant, dass die Religionen absterben würden: Vernunft und Kommunikation würden ihre Rollen jeweils übernehmen – wie Kant es auch einst dachte. (vgl. Habermas, Wozu noch Philosophie? In Philosophisch-politische Profile, Frankfurt 1981, S.29 – Theorie des kommunikativen Handelns, Band 2, S.143)

In seinem letzten Buch „Zwischen Naturalismus und Religion" (2006) sieht dies dann anders aus: Zur Überraschung vieler Philosophen ist eine Revitalisierung der Religionen eingetreten. Die Vorstellung der Inklusion des Absterbens der Religionen zugunsten der Vernunft in praktisch-kommunikativer Hinsicht und mit unbegrenzter und wissenschaftlicher Weite, die dann ins Gute schlechthin führen soll, ist wohl überholt. Jene Revitalisierung ist eine Langzeitfolge sozialkultureller Umbrüche, die Entwurzelungen offenbarten. (ebd, S.120)

Überraschender ist jene Revitalisierung in den Vereinigten Staaten, also in der westlichen Gesellschaft, in welcher die industriell-technische und auch wissenschaftliche Modernisierungsdynamik am erfolgreichsten war und ist. Davon scheint „das politische Erwachen eines unvermindert starken religiösen Bewusstseins unberührt zu sein". (ebd.) Hier handelt es sich nach Habermas nicht um traditionale Bewegungen, weil sie spontane Erweckungsenergien freisetzt. „Bei säkularen Gegnern löst das Irritationen aus". (ebd, S.121)

Inzwischen ist nach Habermas die Bedeutung der politisch in Anspruch genommenen Religionen auf der ganzen Welt gewachsen. Unter diesem Gesichtspunkt ist der säkularisierte und liberale Westen „der eigentliche Sonderweg". Der Szientismus ist und war verfehlt nach Habermas. (ebd, S. 121)

Ich darf folgern: Man kann eigentlich nicht von einer Schwäche der Religionen im Weltmaßstab sprechen. Dies konnte K. Barth nicht voraussehen und wissen. Aber seine Sichtweise der Religionen unter den Stichworten der Nicht-Notwendigkeit und der Schwäche und die Folgen in der Mystik und im Atheismus ist doch geboren aus einer intellektuellen Deutung, die letztlich im Sinne der Relativierungen nicht fern von Überlegungen Feuerbachs ist, der auch die Religionen nur im Sinne der Nicht-Notwendigkeit und Zufälligkeit als Schwäche deuten konnte, ja als Spiel. So wird man dem Phänomen der Religionen nicht gerecht. E. Brunner hatte den Satz geschrieben: „Es ist die Aufgabe unserer Generation, zur rechten theologia naturalis zurückzufinden". (Natur und Gnade, 1934, S. 44) Dem schleuderte einst Barth ein entschiedenes „Nein" entgegen (Nein, Barths Antwort an E. Brunner, München 1934) Er forderte, von jeder Form sogenannter natürlicher Theologie Abschied zu nehmen. Der Mensch jenseits des Glaubens an Christus sei Sünder und das ganz und gar. (Nein, S. 26) Er ist natürlicher Weise blind für Gott. Die Gottesbegriffe jenseits der Offenbarung in Christus sind „Geschöpfe der weltanschaulichen Phantasie des Menschen". (ebd, S. 18f) Der Mensch weiß jenseits der Wirksamkeit des Heiligen Geistes nichts von Gott (ebd, S. 28) Die Vorstellung einer natürlichen Schöpfungsoffenbarung ist indiskutabel für Barth.

Für Brunner ist die Personhaftigkeit des Menschseins, das Sprach-Wert-und Verantwortungsbewusstsein, eine Urgabe Gottes an den ihm ebenbildlichen Menschen. Die also schöpfungsbedingte Gottesebenbildlichkeit des Menschen ist die Voraussetzung für eine natürliche Gotteserkenntnis. Gott ist in seinem Werk der Schöpfung erkennbar, die wohlgeordnete Welteinrichtung ist eine „Manifestation Gottes. (Natur und Gnade, S. 12, 36) Der Schöpfer hat Spuren in seinem Werk hinterlassen, Wegführungen, die gewiss nicht Heilserkenntnis Gottes sein können, aber doch eine Anknüpfung ermöglichen, die so freilich Barth ablehnt.

Der Gedanke der Schöpfungsoffenbarung, der seit Augustinus, Thomas, auch Luther, auch in der lutherischen Orthodoxie relevant war – fast als eine Selbstverständlichkeit – impliziert die Vorstellung der analogia entis, die Barth wiederum ablehnt.

Demgegenüber darf man wohl sagen, „dass der Bericht vom Bundesschluss mit Noah (Gen.8, 20-9,17) die geheime Wahrheit der mythischen Religionen bestätigt: Im regelmäßigen „Stirb und Werde" des Kosmos vollzieht sich das Walten des treuen Gottes, der nicht nur mit Abraham und den seinen, sondern mit allen Menschen im Bunde steht. „Und haben nicht die Magier durch den Stern, das heißt durch ihren „Aberglauben", durch ihre Religion (wenn auch nur über den Umweg über Jerusalem, über die heiligen Schriften des Alten Testaments) zu Christus gefunden". (Mt.2, 1-12)? (Ratzinger, Benedikt XVI, Glaube, Wahrheit, Toleranz, Freiburg 2005, S. 17f)

„Hat also nicht gleichsam ihre Religion in ihnen vor Christus gekniet, sich als wahrhaft vorläufig oder besser zuläufig auf Christus hin erwiesen?" (ebd.) Auch Paulus knüpfte in seiner Areopagrede in Athen bei der natürlichen Gotteserfahrung der Griechen an, um ihnen dann aber den wahren Gott in Christus zu zeigen. Die widersprüchliche Reaktion der Zuhörer zeigt freilich die andere Seite der theologischen Deutung – die Kontradiktion, die bei den Propheten harte Kritik an den Götzenbildern und Lügengöttern provozierte. Diese Sicht prävaliert bei Barth.

In Barths theologischer Anthropologie versucht der Meister festzuhalten, dass der Mensch „Sünder gegen sein geschöpfliches Wesen" ist (Kirchliche Dogmatik II, 2) Er ist aber auch Gottes Geschöpf (ebd, S.29f) Nach Barth solle man nicht sagen, dass der Mensch von der Sünde total korrumpiert sei, wennschon an der Sünde keine Abstriche gemacht werden dürfen. (ebd.) Es bleibt die Frage nach dem von Gott geschaffenen Wesen sinnvoll. (ebd.) Aber diese Erkenntnis haben wir nur im Lichte des Wortes Gottes, im Lichte der Bibeloffenbarung, (ebd, S.34f) im Aufblick auf die heilsgeschichtliche Offenbarung in Israel und in Christus.

Es ist gewiss nicht zu bestreiten, dass die Erkenntnis der Sünde unter dem richtenden und aufrichtenden Wort Gottes wächst, in die Tiefe der Redlichkeit vor dem Herrn aller Herrn führt. Das ist allgemein-religiös nur begrenzt fassbar, meist nicht. Aber der Mensch sieht sich doch auch als geschaffenes Wesen in aller Konkretion, wie in Luthers Katechismus in der Erklärung zum ersten Artikel gleichsam optisch dargestellt. Dieses Geschöpfsein ist auch allgemein-religiös und in der philosophia perennis auch fassbar.

In der indischen Lehre der Brahmanen, im Hinduismus, in den Upanishaden finden wir den Gedanken, dass der Mensch im Brahma, in der hintergründigen und geistigen Wirklichkeit begründet ist. Brahma ist eine die zeitliche Wirklichkeit bedingende unzerstörbare Weltmacht geistiger Art, von den Erkennenden erfasst als das Wahre, als Weltschöpfer, Weltenherr, Licht und Leben. (Oldenburg, Die Lehre der Upanishaden,1915, S.77f, 117)

In der altchinesischen Lehre vom Tao wird betont: Tao ist hintergründiges Eigensein, hat Bewusstsein und Intelligenz. Selbst ungeschaffen schafft Tao alles Seiende auf eine behende Weise. Seine Verborgenheit wird als Selbstlosigkeit, sein Gestalten als Liebe gewertet.

In der Lehre der Stoa wird der Logos gedacht als alles gründende und durchdringende Weltmacht. Er ist Gott, Vater, Weltgesetz, Notwendigkeit, Physis. Und nur in der Relation zum Logos kann das Einzelleben wie die Gemeinschaft wahren Sinn empfangen im ethischen Verhalten, in der Katorthoma, im Rechttun, in der Menschenliebe. Alle Menschen sind Kinder des Logos, darum kennt die Stoa das Naturrecht, die Menschenrechte personalbezogener Art. Die Würde des Menschen als Kind des Logos ist unantastbar.

Und der Koran bezeugt: Allah als den Schöpfer der Welt, als den Herrn der Erdbewohner, der ihren Sinn und Zweck bestimmt. (Sure 87) Man kann den monotheistischen Bezug schwerlich leugnen.

Mag es sich jeweils um Teilerkenntnisse handeln im Horizont des Geschaffenseins, mag unter Umständen der streng metakosmische Aspekt im Sinne der Genesis nicht ganz gewahrt sein in den Religionen monotheistischer Art, so kann doch nicht übersehen werden, dass es auch um das Entdecken der Kreatürlichkeit des Welt- und des Menschseins geht – auch außerhalb der christlichen Offenbarung. Barths Deutung geht daran vorbei, der Gedanke einer sogenannten natürlichen Gotteserkenntnis ist und bleibt für ihn indiskutabel der Phantasie erwachsendes.

Im Raume ethischer Werterkenntnis finden wir Entsprechendes. Die Goldene Regel, die Jesus anspricht und als Maßgabe versteht (Mt. 7,12, Lukas 6,31) ist bereits bei Konfuzius in Alt-China zu finden: „Was Du selbst nicht wünschst, das tue auch nicht anderen Menschen“ (Gespräche, 15, 23) Auch im Judentum ist sie bekannt: „Tu nicht anderen, was Du nicht willst, dass sie Dir tun“ (Rabbi Hillel).

In diesem Gedanken der Goldenen Regel ist indirekt die ethische Allgemeingültigkeit angesprochen – nicht anders wie beim kategorischen Imperativ Kants“. Ich habe jene ethische Allgemeingültigkeit systematisch-historisch unter dem Stichwort des ethischen Lumen naturale aufzuweisen versucht in den Sprachräumen der altchinesischen, altindischen und antiken Philosophie wie in jener in der Neuzeit:

Es gibt ein ursprüngliches, apriorisches Wissen um Gut und Böse im ethischen Sinne unter insbesondere monotheistichen Voraussetzungen in ganz verschiedenen Kulturräumen und Sprachräumen. (s. Philosophie vor der Gottesfrage, 2004, Hamburg, S.87ff)

Wenn es nun so ist, dass das Geschaffensein der Welt und des Menschen in außerchristlichen Religionen und Philosopien genau so bekannt ist wie die ethische Allgemeingültigkeit in der Lehre vom ethischen Lumen naturale, dann ist das von theologischer Bedeutung. Jedenfalls kann man dem nicht gerecht werden mit der Prävalenz nur des hamartiologischen Horizontes, wie bei Barth. Die Brunnersche Version, die man einst bei Althaus, R. Hermann finden konnte, einer Offenbarung in der Schöpfung, in welcher Gott seinen Stempel hinterlassen hat, ist einleuchtend. (ebd, S. 214ff)

Dies auch, weil es im Neuen Testament Hinweise darauf gibt. Der Apostel Paulus erklärt im Römerbrief, dass das „Erkennbare Gottes" unter den Menschen offenkundig sei, weil Gott es ihnen offenbart habe und begründet dies mit der Feststellung: „Sein Unsichtbares wird ja von der Erschaffung der Welt her in seinen Werken durch das Denken gesehen: seine ewige Macht und Gnade, sodass sie unentschuldbar sind". (Römer 1,19) Zur Vorgeschichte mag gehören, dass es im hellenistischen Judentum breite Strömungen dieser Deutung gab, aber auch gewisse Einflüsse der Stoa, populärer stoischer Interpretationen. (s. U. Wilckens Der Brief an die Römner, Zürich 1977, S. 96ff) Gewiss diente diese Stelle dem Erweis der Unentschuldbarkeit von Gottlosigkeit und Ungerechtigkeit. Aber die Intention auf ein Denken, das Schöpfungswerke sehen und deuten kann, ist offenbar; es ist doch sehr schwer einsichtig zu machen, wie es sein kann, jener Intention des Paulus zuzustimmen und zugleich alle außerchristlichen und außerjüdischen Deutungen des Gott-Natur-Schöpfung-Verhältnisses zurückzuweisen. Dass Apg.17, 27f und 14, 16f in dieselbe Richtung verweisen, sei noch angefügt. (s. Daecke, Kann man Gott aus der Natur erkennen? Freiburg 1990, darin Riedelfinger: „Gott und Natur", S. 52ff)

In einer Zeit der Relativierungen ethischer Wertinhalte unter gesellschaftlichen, ideologischen, philosophischen Gründen ist es nicht unwesentlich, auf jene Religionsgestalter und ihr Leben hinzuweisen, welche sittliche Motivation verleihen können: wie Jesus, Buddha, Konfuzius, Lao-tse, Zarathustra oder auch Mohammed. Oder auch auf die besondere Bhakti-Frömmigkeit, auf die Bhagavadgita im indischen Raum, wie auf die Lehren vom Tien und Tao im chinesischen Kulturraum. Sie können einen Sinnhorizont eröffnen, der die Leere und Oberflächlichkeit überwindet und neue Wege weist.

Ob ich nun mit dem klassischen Judentum jene Ewigkeitsperspektive als „Auferweckung“, mit dem Islam als „Paradies“, mit dem Buddhismus als „Nirvana“, im Taoismus als „Tao“, im Tienismus als „Tien“, im Christentum als „ewiges Leben“ deute und umschreibe – in jedem Falle sind sie Sinnangebote über den Tod hinaus und vermitteln eine Sinngebung. Auch wenn wir Christen den im Neuen Testament gewiesenen Weg nicht nur nicht aufgeben können, sondern auch um ein außergewöhnliches Proprium, um Selbstoffenbarung des Vaters im Sohne wissen dürfen und dies gewiss nicht aufgeben wollen. Das ändert gar nichts an der Feststellung einer Teilidentität.

Barth wird dieser Grunddeutung des religiösen Monotheismus nicht gerecht, wenn er diesen Zug unter dem Stichwort Mystik als Resignation des religiösen Menschen zu deuten versucht. (siehe oben) In der christlichen und auch in der außerchristlichen Mystik geht es gewiss um Verinnerlichung der religiösen Erkenntnis, um Bewahrung der religiösen Wahrheit als Transzendenz – nicht um Resignation vor dieser. Es geht um ein Transzendieren des Zeitlichen auf ein Ewiges hin. Diese Sinn- und Zielorientierung ist das in allen mystischen Bewegungen wesentlich Lebendige und Wahrheitsbestimmende, teilweise wenigstens fern jener Resignation, die Barth ausmachte.

Für Barth gibt es jenseits der im Heiligen Geist geschenkten Christus-Sinnwahrheit keine weitere Wahrheit, die weiterführt; dies betont er intensiv.(s. o.) Das ist gewiss wahr: Gott, der Vater offenbart sich in der Menschwerdung des Sohnes. Der wesentliche Grenzpunkt des Christianum ist damit gesetzt – gegenüber Philosophie, Metaphysik, Religion. Dies soll in der Folge der Überlegungen nicht tangiert werden. Aber es schließt nicht aus, dass es jenseits dessen auch Teilwahrheiten gibt, die nicht einfach der Relativierung überlassen werden dürfen. Dies war die theologische Weisheit seit Augustin, seit den Apologeten, seit Bonaventura, Thomas, auch bei dem Cusaner – bis hin zu der lutherischen Orthodoxie, zu Melanchthon – endlich bis zu Leibniz. Sie verwies auf eine vorgegebene Offenbarung in der Schöpfung (E. Brunner, Althaus)

Barth bewegt das auch weiterhin. In einem Aufsatz versucht er in der Weisheit des Alters die Bemühungen in Philosophie und Theologie in eine gewisse Analogie zu führen. In beiden Bemühungen ginge es um Momente der einen ganzen Wahrheit“ (In: Philosophie und christliche Existenz, Festschrift für Heinrich Barth, Basel-Stuttgart 1960, S.93 bis 106, hier S.95) Die formale Identität zwischen beiden Begebenheiten könnte man darin sehen, dass es dem Theologen um Schöpfer und Geschöpf geht, dem Philosophen um Sein und Dasein, um Idee und Erscheinung. Darüber könnte es zu wechselseitigen Aussagen kommen. Beide dienen der ganzen

Wahrheit, und beiden ist doch diese ganze Wahrheit überlegen. Sie ist kein verfügbarer Besitz; es darf nicht zu einem Triumph des einen über den anderen kommen. (ebd, S. 94f)

Diese Aussage impliziert aber nicht einen Übergang zwischen Philosophie, Religion und der Offenbarung in Christus. Hier bleibt Barth bei seinem Ansatz – auch wenn einst die schlichten Magier in der Religion gleichsam vor dem Christuskinde beteten. Die Tradition der allgemeinen Offenbarung und die in ihr bewahrten Teilwahrheiten und Teilerkenntnisse sind und bleiben der Konstruktion der Theologie K. Barths schließlich fern in einem grundsätzlichen Sinne. Er fragt: Könnte es nicht sein, dass der Philosoph dem Theologen insgeheim zum „advocatus diaboli" wird? (ebd, S. 105)

Demgegenüber bleibe ich bei der zweigestaltigen Lehre von der Offenbarung Gottes in der Schöpfung und in der Heilsgeschichte in Christus. Diese Situation befähigt uns, dass wir neben der Heilsoffenbarung und der von ihr herkommenden Art von Theologie noch eine andere Theologie befürworten, eine apologetisch orientierte, welche das Gespräch mit der Religion, mit der Philosophie führen kann – und das auf der von Brunner einst so sehr geforderten Basis einer natürlichen Theologie. Weder ist es richtig, allein jene schlichtweg abzulehnen, noch ist es sachgemäß, durch sie den Ansatz der heilsgeschichtlichen Offenbarung aufzulösen wie einst in der Theologie der Aufklärung. Aber nicht zu umgehen ist das Gespräch auf jener Basis natürlicher Theologie mit den Andersgläubigen, mit den anderen Religionen, mit der Philosophie. Oder sollte jenes Gespräch unterbleiben? Und das in unserer zunehmend multikulturell bestimmten Situation des gesellschaftlichen Lebens? Haben wir nicht auch etwas dazuzulernen?

3. K. Rahners Wesensdeutung der Religionen

War das Verhältnis des christlichen Glaubens zu den Religionen, der Offenbarung Gottes in Christus im Sinne unbedingter Exklusivität bei Barth gedeutet, so finden wir bei Rahner auch Ansätze eines inklusiven Verständnisses, wie sich zeigen wird.

Es gibt ein Urwort bei Rahner: das Geheimnis. Die Frage an jeden Wissenden ist, ob er erkennt, dass sein Wissen nur eine kleine Insel im unendlichen Ozean des Unerfahrbaren ist. Das Geheimnis ist nicht bloß als Grenze zu verstehen. Die existenzielle Frage ist, ob wir mit dem Geheimnis annehmend, glaubend, liebend, anbetend umgehen können. „Wer das Geheimnis nicht liebt, kennt Gott nicht, blickt an ihm vorbei". (Gesamtausgabe der Werke K. Rahners, ab 1995, Band VII, S. 505)

Nicht nur Gott ist ein Geheimnis, auch der Mensch erfährt sich so. Wir handeln wohl in der Freiheit der Entscheidungen und Erkenntnisse, aber Gottes Freiheit umfasst uns und das ist im schweigenden Abgrund Gottes verborgen, „sodass wir uns selbst gerade dort nochmals verborgen sind, wo wir am meisten wir selbst sind", in unserer unableitbaren Entscheidungsfreiheit.

Geheimnis ist bei Rahner personal zu verstehen. Menschen sind sich oft ein Geheimnis für einander, auch im Verhältnis des Mannes zur Frau und umgekehrt. Was für Menschen gilt, das gilt auch in verstärktem Maße für das Verhältnis zu Gott. „Von Gott als Geheimnis des Menschen, der selbst Geheimnis ist, zu reden bedeutet, dass der Mensch sich selber nicht völlig durchsichtig ist und immer über sich hinaus ist, aber eingeborgen ist in Gott". (B. J. Hilberath, Karl Rahners Gottesgeheimnis, Mainz 1995, S. 35)

In diesem Zusammenhange spricht Rahner von einem „übernatürlichen Existenzial" des Menschen. Der Begriff des Existenzials stammt von Heidegger: Sorge, Dasein zum Tode, Geschichtlichkeit sind Grundverfassungen des Menschseins. (Sein und Zeit, 1963, S. 180ff, 235ff) Das übernatürliche Existenzial bei Rahner ist als Grundmerkmal des Menschen zu verstehen: als Potentieller Empfänger der Selbstmitteilung Gottes. In diesem Sinne ist der Mensch immer schon ein von Gott Begnadeter. Es ist die freie und ungeschuldete Zuwendung Gottes, die unverfügbar ist. Sie ist übernatürlicher Art, aber der Mensch kann diese Gnade empfangen als ein solcher, der in seinem natürlichen Dasein immer schon über sich hinausgreift und im Angesicht eines Absoluten sein Leben vollzieht. (ebd, S. 36)

Man ahnt den Gedankengang: Der nur empirische Aspekt des Menschlichen wird in Religionen und Philosophien ins Überempirische transzendiert – ein Grundkennzeichen des Menschseins, wie auch die kurzgefasste Phänomenologie der Religionen im 1. Kapitel zeigte. Dies hat unter der Frage nach dem Sinn des Ganzen Gesinnungen geprägt, Charaktere geformt, Gewissen gebildet und Kulturen gestaltet.

Diesem Selbsttranszendieren entspricht, dass Gott selbst mitteilt und dies ist Gnade in seiner Selbstmitteilung. „Wenn Gott sich in der Schöpfung und vor allem in der Heilsgeschichte selbst offenbart, dann kann sein Wesen nicht so verschieden von seiner Offenbarungsweise sein, dass in Frage gestellt würde, ob wir es in der Offenbarungsgeschichte überhaupt mit Gott zu tun hätten". (Hilberath, S. 37) Dass Gott in der Heilsgeschichte sich im Sohn und im Geist offenbart, sagt etwas aus über das innerste Wesen Gottes. Es ist in jedem Falle der dreieinige Gott, der den

Menschen als Adressaten seiner Selbstmitteilung geschaffen hat und immer neu erschafft.

Die Selbstmitteilung Gottes in Schöpfung und Heilsgeschichte und die Offenheit des Menschen für die Offenbarung des göttlichen Geheimnisses sucht Rahner zu unterscheiden und zugleich zusammenzuführen. Er unterscheidet im Offenbarungsbegriff einen transzendentalen und einen kategorialen Aspekt.

Die transkategoriale Offenbarung ist in den heilsgeschichtlichen Zeugnissen sprachlich greifbare Offenbarung. Die transzendentale Offenbarung ist die Offenbarung Gottes in der menschlichen Erfahrung selbst. Letztere ist die Bedingung der Möglichkeit dafür, dass die in kategorialen Zeugnissen begegnende Offenbarung als Offenbarung Gottes erkannt werden kann. Dies gilt für die Zeugnisse der Heilsgeschichte Gottes in Israel und in Christus, wie auch für Zeugnisse der Religionsgeschichte überhaupt. Dabei ist es wesentlich, dass es die transzendentale Offenbarung, die Selbstmitteilung an den Menschen nie unabhängig oder zeitlich vorgängig gibt zu diesen kategorialen Offenbarungen, sondern immer nur in ihnen und mit ihnen. (vgl. Hilberath, S. 38)

Entsprechend dem anthropologischen Grundsatz, wonach alle Glaubenswahrheit in ihrer Bedeutsamkeit für das Menschsein ausgewiesen werden muss, ist transzendentale Theologie eine solche, welche auf die Bedingungen der Möglichkeit des Verstehens und Erfahrens im menschlichen Subjekt reflektiert oder auch rekurriert. Der Mensch kann die Offenbarung Gottes erkennen als Offenbarung. Die Bedingung dessen oder die Bedingung der Möglichkeit dessen ist in der Tatsache gegeben, dass der Mensch immer über sich hinaus ist und vom Letzten, Unendlichen oder Absoluten schon geprägt ist.

Das meint doch wohl: Die Geschichte der Philosophie und die Religionsgeschichte erweisen, dass der Mensch nicht sich in den vordergründigen Erfahrungsraum eingefügt sehen will, vielmehr diesen bescheidenen Horizont durchbricht – so indirekt schon vom Absoluten her geprägt. Der Mensch ist über sich hinaus und intendiert religiöse, metaphysische Sinnvollzüge.

Wenn es wahr ist, dass der Mensch schon vom Letzen her geprägt ist in seiner Sinn- und Heilssehnsucht, dann ist das ein indirektes Zeugnis dafür, dass der Mensch vom allgemeinen Heilswillen betroffen ist, in der Sehnsucht nach dem absoluten Sinn des Daseins, in der Sehnsucht nach dem absoluten Heilsmittler – vom allgemeinen Heilswillen Gottes her.

Die urgegebene Prägung des Menschen auf Gott hin, auf das Heil in Gott – das „übernatürliche Existenzial des Menschseins", wie Rahner sagt – impliziert, dass der Mensch für eine ganzheitliche Erfüllung von IHM her offen ist. Der Mensch hält gleichsam Ausschau nach dem Heilbringer. Und da er ein geschichtliches und leibgebundenes Wesen ist, gilt sein hoffender Heilsblick auch dem, was in der Geschichte geschehen ist.

Dem entspricht Gott. Er kommt dem geschichtsorientierten Menschen entgegen – und dies in einmaliger Weise in Christus. „Gott wurde Mensch, Dir Mensch zugute", wie P. Gerhardt sagt; es ist ein einmaliges Angebot der Selbstlosigkeit Gottes. (s. Johannes 14, 9) Christus Jesus ist in einer Unmittelbarkeit zum Vater, wie wir es nie könnten. Unser Kindsein vor Gott ist durch Christus vermittelt.

Ausgehend von der ursprünglichen Prägung des Menschseins bekommen wir jetzt eine Ahnung dessen, was uns in Christus gegeben ist. Und umgekehrt gilt, dass erst die Christologie uns offenlegt, worauf „die anthropologischen Linien der menschlichen Selbsterfahrung hinauslaufen", wie Hilberath betont.

Rahner sieht das Menschsein vom siegreichen Heilswillen Gottes her, der immer bestanden hat und sich in einer prägenden Gnade zeigt. Der Mensch steht als Adressat einer ursprünglichen, offenbarenden Selbstmitteilung in geheimer und auch offener Beziehung zu IHM.

So sehr diese Gedanken in die Lehre einer Ur- oder Schöpferoffenbarung passen (Althaus) und etwas festhalten, was im theologischen Nominalismus so nicht zu finden ist (Barth) – so fragt man doch, ob nicht die hamartiologische Linie des Menschseins zu kurz kommt, die ja gewiss im Alten Testament und auch unter dem richtenden Wort des Neuen Testaments offenbar ist.

Rahner könnte darauf antworten: „Auf jeden Fall ist der Mensch derjenige, der im Voraus zu seiner Sündigkeit, seinem Widerspruch zu Gott durch die Tat seiner Freiheit schon derjenige ist, der seine Vollendung nur finden kann durch eine absolute gnadenhafte, der freien Liebe Gottes entspringende Selbstmitteilung Gottes. Dass der Mensch darüber hinaus auch noch derjenige ist, der als Sünder der Vergebung Gottes und in diesem Sinne der Erlösung bedarf, das ist noch einmal eine andere Sache, auch wenn diese Erlösungsbedürftigkeit nicht mit demselben Pathos vorgetragen werden muss, wie dies von Augustin an bis in die Zeiten der Fall war, die wirklich aus einer reformatorischen Mentalität heraus lebten, die Vergebung einer höllischen Schuld als das Leitmotiv des Christentums überhaupt empfanden."(Sämtliche Werke, Gesamtausgabe K. Rahner, Düsseldorf, Freiburg 1995, S. 242 im Band XV)

Dass Gottes Heilswille von Anfang an gegeben und also Gnade das Urwort dessen sein darf, ferner dass der Mensch als schöpfungsbedingtes Ebenbild zu Gott auf Gott und auch auf das Heil in Gott bezogen ist – das sei unbestritten. Und das sollte auch gegenüber einer nur hamartiologischen Denkweise betont werden.

Aber im Gleichgewicht darf nicht unterlassen werden, auf die götzendienerische Seite menschlichen Eigenseins zu verweisen, die unter dem richtenden Wort Gottes in die Erkenntnis dessen und in die Demut führt. Die wunderbare Aussage des bekannten Weihnachtsliedes „Welt ging verloren, Christ ist geboren“ deutet auf die Kreuzesbotschaft als frohe Botschaft hin.

In den Gesamtzusammenhang der Theologie Rahners gehört das Wort vom „anonymen Christen“. Rahner hatte dieses Wort seelsorgerisch gemeint. Er geht davon aus, dass es auch Menschen gibt, die in ihrem ethischen Verhalten überzeugend sind. Sie handeln und leben wie Christen leben sollten. Sie sind schuldlos, da sie oft vom Evangelium nicht etwas gehört haben. Aber der faktische Vollzug ihres Lebens, ihres überzeugenden Daseins wird ihnen zum Heil gereichen. Sie sind anonyme Christen, sind in einem anonymen Glauben, der ohne den gnädigen Heilswillen Gottes, das heißt des Dreieinigen Gottes, nicht denkbar ist. Der allgemeine Heilswille Gottes wirkt als Gnadenwille bei ihnen. (vgl. Schriften zur Theologie, Neuere Schriften, Band III , S. 419 bis 439)

Das bedeutet: Die Selbstmitteilung Gottes, die transzendentale Offenbarung Gottes an den Menschen, kann sich in unterschiedlicher Gestalt ereignen. In der Rahnerschen Perspektive wird man aber auf jeden Fall auch bei nicht-christlicher Kategorialisierung von einem Gnaden- und Offenbarungsgeschehen, von einer echten Gotteserfahrung sprechen müssen“. (Hilberath, Gottesgeheimnis-K. Rahner, 1995, S. 44)

„Von Gott aus gesehen sind alle geschichtlichen Voraussetzungen sogar Bedingungen der Möglichkeit, die der offenbarende Gott selber schafft und seinem offenbarenden Tun selbst voraussetzt, so dass die profane Geschichte als profanes Moment der göttlichen, Gott selbst mitteilenden Offenbarung gedacht werden muss“. (Werke, Neuere Schriften, Band IX, S. 227)

Dies bedeutet: „Die Selbstmitteilung Gottes ist nicht nur das transzendentale Moment der kirchlichen Kategorisierung der Offenbarung Gottes, sie ist vielmehr das transzendentale Moment der die ganze Menschheitsgeschichte einschließenden Geschichte, des Selbstmitteilungswillens Gottes. (Hilberath, a.a.O., S. 150)

Heilsgeschichte und Weltgeschichte sind nicht formal identisch, aber material koexistensiv. Denn der Heilswille Gottes als allgemeiner reicht so weit, wie sich die menschliche Freiheitsgeschichte erstreckt (Schriften zur Theologie, Band V, S. 117ff, S. 121f, Ausgabe 1964, Neuere Schriften) So ist der Begriff einer allgemeinen Heils- und Offenbarungsgeschichte erreicht, gründend im allgemeinen Heilswillen Gottes.

Aber Heilsgeschichte und Profangeschichte sind darum nun wiederum zu unterscheiden, weil es Gott gefallen hat, durch sein Wort ein Stück der profanen Geschichte auf ihren Heils- und Unheilscharakter zu deuten. Dies ist die biblisch angezeigte Geschichte des Heils, die sich von der andern Geschichte abhebt und zur ausdrücklichen Heilsgeschichte Gottes wird.

Die Selbstmitteilung Gottes findet in Christus ihre Krönung. „Erst in Jesus Christus ist nun eine absolute und unlösliche Einheit zwischen Göttlichem und Menschlichem erreicht, und diese Einheit in der Selbstoffenbarung Jesu auch geschichtlich anwesend, so daß diese Heilsgeschichte eindeutig und bleibend abgegrenzt ist von jeder Profangeschichte mit all dem, was aus diesem Christusereignis erfolgt und in seiner Weise an dieser Endgültigkeit und Unüberbietbarkeit des Christusereignisses und so an seiner Abgesetztheit partizipiert: Kirche, Sakramente, Schrift". (vgl. Band V, Schriften zur Theologie. Neuere Schriften Einsiedeln 1964, S. 129)

Von Christus her gesehen ist die Weltgeschichte die Voraussetzung für die Heilsgeschichte. „Die Welt und ihre Geschichte ist von vornherein auf den fleischgewordenen Logos hin entworfen. Weil Gott in seinem ewigen Wort sich selbst aussagen wollte, weil er die Liebe ist, darum ist die Welt, und zwar in ihrer Differenz von Natur und Gnade und so von Heilsgeschichte und Profangeschichte". (ebd, S. 134)

Weil Heilsgeschichte und Weltgeschichte koextensiv, ausdehnungsgleich sind, ohne dass die Heilsgeschichte mit der Weltgeschichte zusammenfällt, so ist doch der allgemeine Heilswille Gottes überall in der Geschichte präsent.

In diesem Zusammenhang hat der Begriff des anonymen Christen seinen Platz. Er ist nicht von dem her zu verstehen, was er selber zu seinem Status beiträgt, „sondern von dem her, was Gott an ihm tut oder tun will". Weil Gott den Menschen geschaffen hat und ihn als Geschöpf begnadet und zur Vollendung in der Gottesschau (Gottesgemeinschaft) berufen hat, deshalb gehört zur Definition des Menschen in dieser konkreten Welt seine Ausstattung mit dem übernatürlichen Existenzial. Allen Menschen gilt also das Angebot des Heilswillens Gottes. (Hilberath a.a.O. , S. 154)

Das „übernatürliche Existenzial" wird in je persönlicher Weise erfahren. Dieses transzendentale Moment wird dann kategorial vermittelt. Denn die sehr persönliche Geschichte des Einzelnen – das transzendentale Moment – wird in eine kollektive Geschichte eingebunden sein. Daraus folgt, dass andere Religionen und Weltanschauungen theologisch positiver zu bewerten sind als in der katholischen Theologie der Religionen bis zum Zweiten Vatikanischen Konzil – wie Hilberath betont.

Von Gott her ist jeder Mensch als schon Begnadigter qualifiziert. Der Begriff des anonymen Christen will das aussagen. Der allgemeine Heilswille begleitet ihn.

Wenn das eben Gesagte wahr ist, dann darf man fragen: Wie soll man die Situation der nicht-christlichen Religionen deuten? Von der Vorstellung des „übernatürlichen Existenzials darf im Sinne Rahners gesagt werden: „Dass in den nichtchristlichen Religionen a priori durchaus übernatürlich-gnadenhafte Momente angenommen werden können". (Schriften zur Theologie, Band V, Das Christentum und die nicht-christlichen Religionen, S. 136ff, hier S. 143 unten) Dies will in keiner Weise Momente polytheistischer Religionen und anderer religiöser, ethischer, metaphy sischer Depravationen in nicht-christlichen Religionen in Theorie und Praxis übersehen, gar verharmlosen. (ebd, S. 143f)

Jedoch: Wir gehen doch davon aus, dass es einen allgemeinen Heilswillen Gottes gibt gegenüber allen Menschen, auch innerhalb der „nachparadiesischen, erbsündigen Heilsphase" (ebd, S. 144) Gott will das Heil aller – und dieses gewollte Heil ist das Heil Christi, das Heil, „das wirklich allen Menschen zugedacht ist". (ebd, S. 145)

Und: Wenn „wir das Heil als ein spezifisch christliches begreifen, wenn es kein Heil an Christus vorbei gibt, wenn die übernatürliche Vergöttlichung des Menschen nach katholischer Lehre nie durch bloß den guten Willen des Menschen ersetzt werden kann, sondern als selber in diesem irdischen Leben Gegebenes notwendig ist, wenn aber andererseits dieses Heil Gott wirklich, wahrhaft und ernsthaft allen Menschen zugedacht hat, dann kann beides nicht anders vereint werden, als dass gesagt wird, dass jeder Mensch wahrhaft und wirklich dem Einfluss der göttlichen, übernatürlichen, eine innere Gemeinschaft mit Gott anbietenden Gnade ausgesetzt ist, mag er zu dieser Gnade im Modus der Annahme oder der Ablehnung stehen". (ebd, S. 145) Wo die Sünde schon war, da ist die Gnade im Übermaß gekommen, darum dürfen wir annehmen, dass die Gnade nicht nur außerhalb der christlichen Kirche angeboten ist, sondern auch wenigstens weithin zu einem Sieg in der von ihr erwirkten freien Annahme durch den Menschen kommt". (ebd, S. 146)

Wo und wann geschieht das? „Wir können einfach sagen: Dort, wo und insofern im Leben des einzelnen Menschen eine sittliche Entscheidung vollzogen wird, ist diese Entscheidung so denkbar, dass sie auch den Begriff des übernatürlichen erhöhten, glaubenden und so heilshaften Aktes verwirklicht und faktisch also mehr als bloß „natürliche Sittlichkeit ist". Es sind also im Leben aller Menschen „gnadenhafte Einflüsse der eigentlichen christlichen, übernatürlichen Gnade denkbar" – trotz des sündigen Zustandes des Menschen und seiner scheinbaren Gottesferne. Das kann nach Rahner gar nicht bezweifelt werden, wenn man an den allgemeinen Heilswillen Gottes in Christus für alle Menschen glaubt". (ebd, S. 147)

Von hier aus kann man nicht mehr die Religionen selbst nur als illegitim betrachten. Sie haben ihren Platz in „der Heilsprovidenz Gottes". Dies kann im Blick auf spezifische Religionen nur in einem sehr variablen Sinne gemeint sein. Dennoch: „Legitime Religion soll hier heißen: eine institutuelle Religion, deren „Benützung“ durch den Menschen zu einer bestimmten Zeit im Ganzen als positives Mittel der richtigen Beziehung zu Gott und so zur Erlangung des Heils angesehen werden kann und so in Gottes Heilsplan positiv einkalkulierbar ist“. (ebd, S. 148) Unbeschadet aller Irrtümer der konkreten Gestaltungen in ihnen, in den Religionen.

Im Alten Testament finden wir Richtiges, von Gott Gewolltes und daneben viel Falsches, Irrtümliches, Depravierendes und Depraviertes. In ihm kennen wir wohl diakritische Unterscheidungsmerkmale. Aber erst vom Neuen Testament kann es endgültige Unterscheidungen geben, die das Legitime vom Illegitimen trennen.

Analog ist es in den Religionen überhaupt. Sie sind nicht nur menschliche Gebilde – wie Barth sagt. Sie stehen insgeheim unter dem allgemeinen göttlichen Heilswillen, was nach Rahner nicht geleugnet werden kann. Dann kann es aber nicht ausbleiben, dass sich diese übernatürliche Gnadenhaftigkeit des Menschen auch bemerkbar macht. (ebd, S. 150) Dies ist dann ein Gestaltungsmerkmal des konkreten Lebens, das eine Beziehung zum Absoluten hat. (ebd.) Und das geschah und geschieht in Religionen. Soviel Depravierendes in ihnen auch sein mag – dies muss doch nicht so verstanden werden, dass echte religiöse Akte auf Gott überhaupt nicht in den Religionen gegeben seien (ebd.)

Nun muss noch weiterhin bedacht werden: „Der einzelne Mensch muß die Möglichkeit haben, einer echten, ihn rettenden Gottesbeziehung in seinem Leben in allen Zeiten und Situationen der Menschheitsgeschichte teilhaftig zu sein. Sonst kann von einem ernsthaften und auch tatsächlich wirksam werdenden Heilswillen Gottes allen Menschen aller Zeiten und Zonen gegenüber nicht die Rede sein“. (ebd, S. 151)

Da der Mensch ein soziales Wesen ist, stets gesellschaftlich gebunden, so ist es undenkbar, „dass der konkrete Mensch diese Gottesbeziehung, die er haben muss und die ihm von Gott her möglich gemacht wird und werden muss, soll er gerettet werden, konkret in einer absolut privaten innerlich und außerhalb der sich ihm anbietenden Religion seiner Umwelt habe vollziehen können. Wenn der Mensch immer und überall ein homo religiosus sein musste und konnte, damit er als solcher sich retten konnte, dann war er dieser homo religiosus in der konkreten Religion, in der „man“ leben musste, der er nicht entrinnen konnte“. (ebd.)

Das ihm von Gott heilschaffend Zugedachte erreichte ihn nach dem Willen Gottes „in der konkreten Religion“. (ebd, S. 152) Um das zu verstehen, braucht man nur an die gesellschaftlich gegebene Sittlichkeit eines Volkes und einer Kultur zu denken. Diese ist nie rein, ist immer von gesellschaftlichen Umständen her depraviert. Sie kann „darum auch immer vom Einzelnen her nach seinem Gewissen bestritten werden". „Aber sie ist dennoch in ihrer Ganzheit die Weise, in der dem einzelnen Menschen nach Gottes Willen das natürliche, göttliche Sittengesetz entgegentritt und eine konkrete Macht im Dasein des Einzelnen erhält, der nicht als Metaphysiker diese Tafeln neu konstruieren kann. Im Ganzen ist also die Sittlichkeit eines Volkes und einer Zeit die legitime und konkrete Form des göttlilichen Gesetzes". (ebd, S. 152)

Wenn jeder Mensch von der göttlichen Gnade verfolgt wird, wenn diese Gnade, auch als übernatürlich und heilshaft erhöhende, eine bewusstseinsverändernde Wirkung hat, dann kann es nicht sein, dass die konkreten Religionen in ihrem objektivierten Bestand einfach gar keine Spuren dieser Gnadenbetroffenheit aller Menschen an sich tragen. Diese mögen schwer unterscheidbar sein. Aber vorhanden müssen sie sein. Und vielleicht haben wir nur zu wenig liebevoll hingeblickt auf die nichtchristlichen Religionen, um sie wirklich zu sehen. „Es geht jedenfalls nicht, jene nur als „Konglomerat aus natürlicher theistischer Metaphysik und menschlich verkehrter Interpretation dieser „natürlichen Religion" zu sehen". (S. 153.)

Die konkreten Religionen müssen Momente übernatürlicher, gnadenhafter Art an sich tragen „und in ihrer Praxis konnte der vorchristliche Mensch die Gnade Gottes erreichen". (ebd, S. 153). Er hatte die Pflicht, seine Gottesbeziehung in der geschichtlichen Situation anzunehmen und zu leben. (ebd, S. 154)

Dem anonymen Christen ist darum – noch bevor die christliche Verkündigung ihn erreicht haben mag, schon Offenbarung geschehen, „zwar nichtgegenständlich gewusste, aber subjektiv mitbewusst". Wir haben nicht die Möglichkeit, genauer diese fides implicita nachzuweisen; es lässt sich hier nicht mehr als die „These und die Andeutung der Richtung bieten, in der der Beweis dieser These gefunden werden könnte. Es ist wahr, dass die Verkündigung des Evangeliums „einen anonymen Christen zu einem Menschen macht, der nun um dieses sein Christsein in der Tiefe weiß".

Damit ist auch mitgesagt, dass dieses Zusichselberkommen des anonymen Christentums ein Stück des Werdens dieses Christentums selbst ist. Es ergibt sich aus der inkarnatorischen und gesellschaftlichen Struktur der Gnade und des Christentums. Die Mission muss wissen, dass sie nicht auf „Nichtchristen" trifft, sondern auf solche, die als anonyme Christen schon ein Vorverständnis haben. (ebd, S. 155f)

Nun wissen wir oder ahnen es, dass der Pluralismus der Religionen sein wird bis ans Ende der Zeiten und dass der Widerspruch gegen das Evangelium nicht abnehmen, sondern zunehmen wird. Die Christenheit darf sich dessen nicht wundern. Aber sie bleibt der Vortrupp Gottes und seines Reiches in dieser Welt. Dennoch dürfen anonyme Christen wissen, dass sie der Heils- und Schöpfungsgnade nahe sind. Etwa wie Paulus das sagt: „Was ihr nicht kennt und doch verehrt, das kündige ich Euch". (Apg. 17, 23)

Von hier aus kann man tolerant, bescheiden und dennoch unerbittlich gegenüber allen nicht-christlichen Religionen sein". (ebd, S. 158)

Im Rückblick auf die Gesamtkonzeption des großen Theologen darf festgehalten werden: Das Pathos seiner transzendentalen Theologie ist die neutestamentliche Aussage, dass Gott das Heil für alle Menschen will. Er will, dass allen Menschen geholfen werde und sie zur Erkenntnis der Wahrheit kommen. (1. Tim 2, 14)

Dies ist nun aber nicht nur ein Wille, der erst im Laufe der Zeit gleichsam entstanden ist, sondern besteht seit Beginn der Schöpfung der Welt – seit Ewigkeiten.

Das heißt nun doch: Der Dreieinige Gott, der sich in einer abgesonderten Heilsgeschichte offenbart hat, ist in seiner suchenden Liebe von Beginn der Menschheit zugewandt. Von hier aus gesehen gibt es eine Heilsgeschichte Gottes seit der Schöpfung, die auch sein Liebeswerk ist.

Jene Liebesinterpretation Gottes offenbart sich indirekt und heimlich in den Religionen der Welt, der Menschheit. Es dokumentiert sich in religiös-ethischen Verhaltensweisen, die ein geheimer Abglanz der Gnade Gottes ist, die von Anfang war. Die von Rahner angewandten Begriffe des übernatürlichen Existenzials, des anonymen Christen, wollen dies zum Ausdruck bringen.

Die Religionen sind so Durchgangspunkt, Teilstationen in der Folge der Geschichte Gottes mit den Menschen. In ihnen verbirgt sich die geheime Teleologie der Liebe und Gnade Gottes, die von Anfang an war, und das Ziel allen Seins, auch des Menschseins, sein wird.

Die Exklusivität des Heils Gottes in Christus ist nicht begrenzt, gar relativiert. Die Religionen sieht Rahner doch nicht im exklusiven Sinne. Aber von dem allgemeinen Heilswillen Gottes her deutet er die Religionen in einer gewissen Inklusivität als Vorläufer , als Teilstrecken auf Christus hin.

Es bleibt die Frage, wie weit der Heilswert der Religionen reicht – ob man das überhaupt so sagen kann im Angesicht der exklusiven Heilstatt in Christus, in der Heilsgeschichte im engeren Sinne.

Im Horizont der tief bewegenden Schau Rahners gehen alle Religionen – ohne es zu wissen – dem Christentum entgegen. Aus dieser Zuordnung beziehen sie ihre begrenzte Heilkraft. Sie tragen gleichsam das Geheimnis Christi in sich und mit sich, das von Anfang an gegeben war in der heiligen Trinität. Sie haben einen gleichsam geliehenen Heilswert – so kann auch die Rettung der Menschen jenseits der Arche des Heiles in Christus erklärt werden.

Diese Gesamtschau beeindruckt, ja überwältigt und läßt etwas ahnen von der wunderbaren Gnade des Dreieinigen Gottes vom Anfang der Schöpfung und über allem Sein. Was einst in Jerusalem geschah hat eine für uns fast unfassbare Weite und Tiefe. Wennschon Fragen offen bleiben, so kann doch der große Ernst des K. Rahner in dieser Schau nur dankbar stimmen.

4. C. H. Ratschows Überlegungen zum Religionsbegriff

Will man die Überlegungen C. H. Ratschows zum Thema: „Die Religionen und das Christentum“ bedenken, so fällt auf, dass er christologische Überlegungen ausklammert. (vgl. Die Religionen und das Christentum, In: NZSThl 967, S. 88) „wir gehen in unseren Überlegungen davon aus, dass Christen die als Christologie zu reflektierenden Tatbestände stets in der Vor aussetzung ihres Christseins haben“. (ebd.) Damit ist die Bedeutung Jesu Christi nicht eingeschränkt, der Heilsbezug auf ihn nicht übersehen oder als übersehbar hingestellt. (ebd.) Man fragt sich, ob denn das Thema dies zulässt. Es geht ja beim Thema, das Ratschow sich vorgenommen hat, schließlich um die Begegnung der Religionen mit dem Gott in Christus, der zu uns gekommen ist, mit der Menschwerdung Gottes in Jesus Christus. Wird damit nicht ein wesentlicher Deutungspunkt ausgelassen?

Der Verfasser wendet sich gegen Reduktionen, die der Eigenart der Religionen nicht entsprechen können – etwa bei Troeltsch oder bei Gogarten. In dessen Christologie findet man das Modell einer eindrücklichen Entgegensetzung entwickelt. Nach Gogarten waren die Götter jeweils Weltgötter – und das heißt Repräsentanten der Welt; es geht in den außerchristlichen Religionen um das Vertrauen auf die bestehende Welt und deren Ordnungen. (Gogarten, Jesus Christus, die Wende der Welt. Grundfragen zur Christologie, Tübingen 1966, S. 77 und 89)

In den Religionen würde es um Weltdenken gehen, im Evangelium von Christus aber um die Sprengung jener Weltgebundenheit. Der von der Welt umschlossene Mensch ist der religiöse Mensch unter dem Gesetz. Ihm steht die Botschaft des Evangeliums gegenüber, in welcher die Umschlossenheit gesprengt wird.

Dagegen setzt Ratschow die Feststellung: Wir können sehr eindeutig sagen, „dass es so etwas als Religion nie gegeben hat“. Immer geht es um die Offenheit der Götter zu den Menschen und umgekehrt der Menschen zu den Göttern oder zu Gott:

An diesem Modell Gesetz-Evangelium orientiert Gogarten seine ganze Theologie. Natürlich auch an dem Gegensatz zwischen Religion und dem Christentum.

Die These, dass die Säkularisation eine legitime Folge des Christentums ist, ist aus diesem Gegensatz hervorgegangen. Aber Ratschow betont nun: Dieser Gegensatz ist falsch. (ebd, S. 94.) Er geht an den Religionen vorbei.

Der Standpunkt der Reflexionen Ratschows ist nicht ein wie immer gearteter Versuch einer sogenannten objektiven Schau, sondern er ist vom eigenen Christsein bestimmt. Aber nicht so, dass das Christentum als Konvergenzpunkt aller Religionen zu bewerten ist. (ebd, S. 96)

Die umfangreiche Interpretation Ratschows führt dann zu einem Ergebnis: „So verschiedenartig die Wege des Menschen unter der machtvollen Eindrücklichkeit ihrer Götter auch sind, es sind Wege durch den Tod in das Leben hinein. Wir haben in dieser Charakteristik die Religionen und das Christentum in ihrem Vollzug auf eine gemeinsame Formel bringen können, die alle sachlichen Unterschiede übergreift. Auf diesem Wege der mortificatio und vivifictio sind die Menschen in den Religionen wie im Christentum begriffen. Dieser Weg charakterisiert ebenso die persönliche Frömmigkeit wie den offiziellen Kult, beziehungsweise er kennzeichnet die gemeinsame Mitte bei dem Gestalten religiösen Tuns“. (ebd, S. 124)

Im Verhältnis der Religionen zum Christentum besteht nun aber ein wesentlicher Unterschied: „Die Religionen verstehen die Selbstaufgabe des Menschen als eine religiöse Anweisung oder Empfehlung, die der Mensch auszuführen hat. Durch die Ausführung der Anweisung konstituiert er sich das Leben, indem er bhakti oder Erkenntnis übt. Er hat den gewiesenen Weg auf ein Ziel hin zu gehen, das durch persönliche Frömmigkeit, durch Kult oder Ritus konstituiert wird. Das religiöse Tun begründet und erhält nicht nur die kosmische Ordnung, sondern schafft das Leben, das Leben genannt zu werden verdient. Dieser Sachverhalt ist in dieser Weise im Christentum – abgesehen von Entartungen – nicht zu finden. Das Tun des Christen als poenitentia ist dem Heil nicht konstitutiv, sondern konsekutiv. Man wird Christ durch Gottes Zuspruch seines vergebenden Wortes, ehe man zur Selbstaufgabe vor Gott kommt oder kommen kann. Die Frömmigkeit ist dem zugesprochenen Heil im Christentum konsekutiv.“

Würde dies anders sein und frommes Tun im Christentum für das Heil konstitutiv sein, dann wäre dies eine Versuchung, die vom richtigen Wege abführt. Das Christentum würde so in die Praxis der Religionen einbiegen – gewiss immer eine Versuchung. (ebd, S. 124f)

Ratschow hebt dann hervor, dass wir an dieser Stelle der Gedankenführung Verständnis für Luthers Deutung haben könnten, der die außerchristlichen Religionen als Gesetz dem Christentum als Evangelium gegenüberstellt. Im religiösen Tun sind Anweisungen maßgebend, die auch von Gott oder zu Gott kommen oder führen. Dieser Sachverhalt ist ja auch im Christentum – Anweisungen Gottes im Alten Testament wie im Neuen. Aber der Christ erfährt unter der eigenen Erfahrung gegenüber dem, was Gott fordert, dass er im Widerspruch zu Gott ist. Der Mensch bedarf aber nun „der Vorgabe“ Gottes – in Christus – in der sich Gott dem Sünder anträgt und schenkt. Dies ist die mortificatio und der Grund für das unverdiente Heil. (ebd, S. 125)

Die Vivificatio des Christen erfolgt von der Gnadentat Gottes her. Die Selbstaufgabe des Menschen ist im Christentum dem Heile konsekutiv, in den Religionen aber konstitutiv.

Das heißt, dass im Christentum der Christus cruzifixus der Grund des Heils ist. Dies trennt im unbedingten Sinne Religionen von dem Christentum. „Diese Trennung liegt darin, dass den Religionen die mortificatio konstitutiv ist – der Buddhist, Taoist befindet sich im Absterben auf das EINE hin: Tao oder Nirvana oder Brahma. Im Christentum aber ist es umgekehrt: Die vivificatio ist von Außen gegeben in Christus, der für den Sünder starb, dem sich die mortificatio anschließt – etwa in der tieferen Sündenerkenntnis, im ernsten Erfahren des simul justus et peccator.

Diese wesentliche Unterscheidung entspricht der Einteilung von Gesetz und Evangelium bei Gogarten, den Ratschow kritisierte (s.o.) Es entspricht auch der Deutung Luthers unter den Grundmerkmalen von Gesetz und Evangelium. Die Religionen sehen den Menschen unter Anweisungen, Gesetzen, um das eigene Heil in Ewigkeit zu erreichen – das Gegenteil des simul justus et peccator.

Jenen Gegensatz versucht Ratschow zu relativieren: „Innerhalb des christlichen Glaubens, nämlich unter dem Evangelium beziehungsweise der Vorgabe Gottes als großer Klammer ist das konstitutive – also das den Religionen eigene Verständnis des Verhältnisses von mortificatio und vivifikatio – auch im Christentum da“! (ebd, S. 126) „Es muss auch da sein. Der Unterschied oder Gegensatz zwischen den Religionen und dem Christentum ist also auch in dieser Hinsicht keinesfalls ausschließend“. (ebd.)

Denn: In den Religionen geht es um Gottes Hervortreten, der ansagt, was zu tun sein soll, damit der Mensch Sinnerfüllung in seinem Leben finden möchte. Weiterhin ist in den Religionen die Rede von kultureller, ritueller, tief persönlicher Frömmigkeit und Tun. Der Mensch wird von Gott angesprochen und er soll sich demgemäß verhalten, um so des Gottes Segen zu empfangen. Dies ist religionswissenschaftlich unbestritten (ebd, S. 126)

„Wenn also das Christentum und die Religionen ihre Gläubigen in einen ganz analogen Prozess von Selbstaufgabe an Gottes Wort und Gewinnung des Heils hinweisen" – so darf das theologisch so begründet werden, dass alle Menschen grundsätzlich von Gott gemeint sind. Dies ist ein universal gültiger Tatbestand, er gilt „auf Grund der Universalität Gottes allen Menschen gleichermaßen". (ebd, S. 127)

Aber diese Gemeinsamkeit bleibt formal. „Der Gott, der hervortritt, wird nur dem einsichtig, dem er begegnete. Die tiefste Unvergleichbarkeit der Religionen untereinander wie gegenüber dem Christentum kommt darin zutage". Jene Analogie formaler Art bringt nicht diese Unvergleichlichkeit zum Schweigen'! (ebd, S. 127)

Es bleibt am Ende dann doch bei der Kontradiktion im Verhältnis der Religionen zum Christentum trotz der formalen Analogie. Ich sehe das in einer Parallele zum Gesetz-Evangeliumsverständnis Luthers, wie der Orthodoxie wie auch in der Theologie unserer Tage – Beispiel Gogarten.

Dennoch steckt in der von Ratschow aufgebotenen formalen Analogie noch Wesentliches, das auch beachtet sein will: Gott will, dass allen Menschen geholfen werde und sie zur Erkenntnis der Wahrheit kommen. (1 Tim 2) Am Anfang allen Seins ist bereits der allgemeine Heilswille des Dreieinigen Gottes, gegeben und wirksam. Sollte sich das nicht in den Philosophien und Religionen auch in natürlich begrenztem Sinne indirekt widerspiegeln und im Verhalten einprägen, bei aller Differenzierung, die gewiss hier vonnöten sein mag, wie Rahner zu zeigen versuchte. Damit wäre ein über Ratschows Aspekte hinausgehender Gedanke maßgebend.

5. P. Althaus' Deutung der Religionen

Paul Althaus Deutung der Weltreligionen geschah in der grundlegenden Lehre der Uroffenbarung. Die wiederum hatte eine Voraussetzung in A. Schlatters Gedanken, die wir nicht unerwähnt lassen wollen.

Nach Schlatter steht alles Seiende zu Gott in Beziehung. (Das Christliche Dogma, 2. Aufl, Stuttgart 1923, S. 13) Im Rückblick auf seine Lebensarbeit schrieb er: „Ich erhob den Blick zu Gott so, dass ich sein Wirken an der Welt anzunehmen suchtem, und richtete den Blick auf die Weltso, dass sie mir zum Spiegel wurde, in dem mir Gottes Wirken erschien" (zit. bei H. Beintker, die Christenheit und das Recht bei Adolf Schlatter, Berlin 1957, 5, 17) Dieser Ansatz kann die Frage nicht umgehen, wie sich am Menschen das göttliche Wirken sichtbar „macht". Auch der, der mit dem Werke Jesu den Anfang macht, muß dieselbe Arbeit ebenso vollständig tun wie der, der mit der Betrachtung des Menschen beginnt. „Auch er muss sich verdeutlichen, was das Menschsein bedeutet, da er ohne dies weder das Werk Jesu noch das Erlebnis der Christenheit versteht. (ebd, S. 18)

Wir sprechen mit den Worten „Tätigkeit, Ursache, Wirkung die uns gegebene Gestalt unseres Lebens an". (ebd, S. 23.) Wir erleben uns so als Wirkende wie als Bewirkte, sind aber eine Einheit in der jeweiligen Vielheit. (ebd, S. 25) Wir wenden die Vorstellung des Wirkens und des Gewirkten beständig auf uns an. Damit ist der Gottesgedanke unvermeidlich". Keiner kann von sich glauben, er sei der erste Lebendige und der einzige Lebendige: wir müssen alle über uns hinaussehen und können nicht in uns selber bleiben als in einem Wesen, das nicht gemacht wäre". (ebd, S. 26)

Schlatter verweist auf unsere Abhängigkeit von unseren Eltern und Voreltern, von den Ahnen. (ebd.) Auch die Zuordnung von Vater und Mutter nötigt uns zur Bejahung einer über uns stehenden Macht, die beide füreinander bestimmt hat und zur Kooperation befähigt". (ebd.) Auch will beachtet sein, dass der Zeugungsvorgang von unserem Bewusstsein „gänzlich abgeschieden ist", in ein Geheimnis gehüllt; die Scham verweist auf dieses Geheimnis. Dies verwehrt uns „im Menschen den zureichenden Grund des Menschlichen Lebens zu finden"(ebd.) Es gründet das Bewusstsein der Pietät gegen die Eltern.

Die solipsistische Denkweise, „uns in uns selbst zu beglücken" misslingt immer. (ebd, S. 26) Nur in der Beziehung zum Mitmenschen gewinnen wir unser Glück, von der Ehe und Familie bis zu vielfältigen Bezügen zu anderen Menschen. Auch dies wurzelt in Gottes Wirken. Dem menschlichen Bewusstsein ist die Gewissheit der Kreatürlichkeit und so ein Wissen um Gott gegeben. Er „ist der Erzeuger von Wissen, der Erzeuger von Kraft, der Erzeuger der die Fülle umschließenden Einheit!". (ebd.) „Unser Urheber vermag, was wir nicht vermögen". (ebd, S. 27) Gott offenbart sich nach Schlatter im Menschsein.

Diesen Gedanken nimmt Althaus auf und er betont: „Es war der Theologie bis in die letzten Menschenalter hinein selbstverständlich, von einer zweifachen Offenbarung Gottes zu handeln". (Christliche Wahrheit, Band l, Gütersloh 195, S. 45ff)

Die urchristliche Missionspredigt bezieht sich auf eine Bezeugung Gottes an die Menschheit, die jederzeit ergeht, von der die Menschheit in jeder Gegenwart herkommt. Man vergleiche Acta 14, 16f, Act. 17, 23ff, Römer 2, 14f, Römer l, 19f. Paulus spricht von jener im Präsens und verwendet denselben Begriff „offenbaren", den er auch für die heilsgeschichtliche Erschließung der Gerechtigkeit Gottes anwendet. (Römer 3, 21) Auf Grund dessen hat die altprotestantische Theologie, die altprotestantische Dogmatik eine zweifache Offenbarung Gottes gelehrt. Vor der revelatio specialis, die uns durch die Heilige Schrift erreicht, steht die revelatio generalis. Sie geschieht im menschlichen Bewusstsein und in dem Weltsein, in der geschaffenen Welt.

Diese einst allgemeine Offenbarung benannte Selbstbezeugung Gottes vor und außer Christus bezeichnet Althaus mit dem Wort „Uroffenbarung". Der Begriff des „Ur" soll eine Offenbarung meinen, die unser Menschsein jederzeit begründet. Denn Gott ist nicht nur der beginnende Schöpfer und Herr des Seins, er ist auch in der Schöpfung gegenwärtig und lebendig

Im Einzelnen: Nach Römer l, 18ff sagt Paulus, wie Althaus meint: „Die Menschheit hat ursprünglich die Wahrheit, das heißt: Sie weiß um Gott als den Schöpfer und Herrn, der von seinem Geschöpf, dem Menschen, Ehrung als Gott und Dank zu erwarten hat" (Röm. l. , 21) Die Menschheit weiß darum durch eine ursprüngliche Bekundung Gottes. Die von Gott geschaffene Welt weiß um eine ursprüngliche Bekundung Gottes, die der Vernunft offenliegen mag. (Christliche Wahrheit, Band 1, 1952, 5, 46)

Im Blick auf die Aussagen des Apostels Paulus in Rom. 2, 14f betont Althaus: „Allen Völkern ist das Werk des Gesetzes in ihre Herzen geschrieben, also etwa auch das Liebesgebot, durch keinen anderen als Gott selbst". (ebd, S. 46) Die Heiden sündigen also nicht naiv, „nicht ohne Wissen um die Heiligkeit der Ordnungen, die sie zerbrechen". (ebd.)

Die so begründete Lehre von der Uroffenbarung ist von der Heilsoffenbarung zu unterscheiden. „nicht von einem Präteritum ist die Rede, sondern von einem Präsens, das aber dem Perfectum der Heilsoffenbarung wesentlich immer vorangeht „. (ebd, S. 50) Es gibt drei Gründe, die für eine systematische Behandlung jener Lehre wesentlich sind:

Der erste Grund: Das Evangelium kommt zu den Menschen als Botschaft von der Vergebung der Sünden, der Schuld. Und damit bezieht es sich auf eine ursprünglich empfangene Wahrheit, an der die Menschen schuldig geworden sind und noch immer werden. (ebd, S. 50f) Darum schließt die Anrede der Menschen als sündig und schuldig die Anrede auf Gottes ursprüngliche Selbstbezeugung unmittelbar ein. Will man sich dem entziehen, dann verliert das Wort von der Schuld „seinen strengen Sinn, mit ihm aber auch das Evangelium; es büßt seine Bestimmtheit als Wort von der Vergebung ein „. (ebd, S. 51)

Der zweite Grund: Das Evangelium nimmt die in der Uroffenbarung empfangene Wahrheit auf, es „bestätigt sie und will sich als Wahrheit an ihr bewähren". (ebd.) Die Schuld des Unglaubens ist darin begründet, „dass der Mensch, der Christus begegnet, wissen müsste, von Gott her wissen könnte, vor wem er steht, nämlich vor dem Worte Gottes, das ihn angeht". Dies verweist auf die Uroffenbarung: „Weil jeder Mensch durch ursprüngliche Bekundung an seinen Geist und sein Gewissen um Gott weiß, kann er auch für Christus nicht blind sein."(ebd, S. 52)

Althaus konzentriert diesen Gedanken noch: „Die Menschen müssen in diesem Sinne Gott in Jesus wiedererkennen". (ebd.) Daraus folgt: „Sofern jeder Mensch von der ursprünglich ihm erschlossenen Wahrheit Gottes herkommt, kann er Jesus Christus sehen ; sofern er aber von seinen eigenen, sündhaft diese Wahrheit verfälschenden Gedanken herkommt, ist er blind für Jesus". (ebd, S. 53) Das gleiche Evangelium, das den Menschen in ihrem verkehrten Sinn Torheit ist (1 Kor. 1, 18ff), appelliert „dabei doch an ihr Gewissen und bewährt sich ihm gegenüber", es ist das Wahrheitsbewusstsein, sein sittliches Bewusstsein, die Uroffenbarung. „Der Grieche musste so wenig wie der Jude alles verlernen, was er in sich trug, wenn er zu Jesus kam; der Germane auch nicht." (ebd, , S. 55) Die Wahrheit Christi begegnet der Urwahrheit: Von dem Ernste vor Gott, von Verantwortung, Schuld und Gericht. (ebd.)

Wenn es umgekehrt wäre, Jesus alles, was wir bisher kannten, zur Sünde machen würde, „dann könnten wir ihm nicht glauben" (ebd.) Aber dass er jene Urwahrheit indirekt oder dir rekt bestätigt, „das gibt ihm die Gewalt, uns im Gewissen zu überführen". (ebd.)

Der dritte Grund: „Das Evangelium will die in der Uroffenbarung begründete, wie immer entstellte, Heilserwartung erfüllen. „ Es ist Anknüpfung – nicht an die Religion jeweils in ihrer Begebenheit, wohl aber an die in ihr wirksame Ur-Offenbarung. (ebd, S. 51) Das Evangelium ist darum nicht nur die Erfüllung der Heilserwartung Israels, sondern auch der außerbiblischen Menschheit. (S. 55) „Wenn die Urchristenheit Jesus Heiland nannte, so bedeutete das einen scharfen Gegensatz zu den falschen Heilanden des Heidentums, insbesondere zum Kaiserkultus, aber eben damit in der schneidenden Antithese zugleich das Bekenntnis: Jesus erfüllt das tiefste Erlösungsverlangen auch der heidnischen Welt. Darin liegt eine positive Beziehung des Evangeliums auf die vorchristliche Religion, eine Anerkennung von Wahrheitsgehalt". (ebd, SW. 57) Darum: „Die Begriffe des Mythus hätten nicht als Gefäße für das Heil in Christus dienen könnnen, wenn sie nichts wären als verkehrte, trügerische Bilder sündiger Phantasie des Menschen, wenn sie nicht in und trotz alledem aus der Wahrheit einer ursprünglichen Gottesbeziehung stammen würden. (ebd, S. 60)

Die heilige Schrift spricht von Gott in Gleichnissen, die von der geschichtlichen Wirklichkeit des Menschseins genommen sind – also aus der so ergebenen und auch geschaffenen Menschenwelt bei allen Degrationen, die nicht verkannt werden dürfen. Gott wird benannt als „Vater", „Herr", „König", „Richter", Geist". Er wird gleich einem Mitmenschen mit der Du-Form angeredet. Es ist von seiner Liebe und Barmherzigkeit die Rede. Alle diese Worte sind Anthropomorphismen. „Sie haben ihren Grund und ihr Recht darin, dass die menschlich-geschichtliche Wirklichkeit, von der die Begriffe hergenommen sind, theomorph ist, das heißt in sich selbst von Gottes Wirklichkeit zeugt. In der irdischen Vaterschaft, in der sie durchwaltenden Norm und in ihrer empirischen Wirklichkeit (Jes. 49, 15, Matth. 7, 11) erschließt sich ein Zug des Wesens Gottes selbst. So ist die Anwendung des Vater-Gleichnisses auf Gott darin begründet, dass „von Gott jede Vaterschaft im Himmel und auf Erden ihren Namen hat". (Eph. 3, 15) „Wir sprechen auch Gott als Geist an, weil Gott in der Wirklichkeit des menschlichen Geistes selbst sich bezeugt. Die Sprache des Glaubens an den Gott in der Christus-Offenbarung weist auf die Ur-Offenbarung zurück. (Grundriss der Dogmatik, Berlin 1951, S. 20)

Nach der Darlegung der drei Gründe für die Lehre von der Ur-Offenbarung entfaltet er die Selbstbezeugung Gottes in den verschiedenen Bereichen des Welt und des Menschseins. Er spricht davon, dass wir unser selbst nicht bewusst werden können, „ohne der unbedingten Gewirktheit unseres Daseins innezuwerden". Sie gilt sowohl für unsere Umwelt, für unser Ich, für unsere Schicksale, auch für unsere innere Welt. (Christliche Wahrheit, Band l, S, 77f) Unser Sein ist schlechthin gegeben, „unverfügbar, undurchdringlich in seiner Positivität". (ebd.) Die Gewirktheit ist Bestimmung in unserem Erleben und Werden – sie ist Gewirktheit in Vererbung, Anlage, Umwelt. (ebd, S. 78) Und dieses alles kann nicht als willkürliches Geschehen verstanden werden, denn dazu ist es zu sehr geordnet. Die Erfahrung der Gewirktheit ist das erste Moment unserer Existenz, in dem sich Gott bezeugt.

Ein weiterer Gesichtspunkt ist nach Althaus der der unbedingten Beanspruchung. Wir sind von Eltern, Erziehern, Lehrern, von Vorgesetzten beansprucht. Aber darin geht jene Beanspuchung nicht auf. Sie ist auch vernehmbar, wenn kein Mensch uns fordert, ist übermenschlichen Ursprungs. (ebd, S. 81.) Indem ich jenen Anspruch in seiner Unbedingtheit vernehme, bin ich Gewissen. (ebd.) Und dies ist Urgegebenheit vor Gott. Jene Forderungen begegnen uns in Seinsverhältnissen, weisen aber auch über sie hinaus. Es geht um eine Wirklichkeit, wie sie das Gewissen versteht, „wie sie uns unbedingt angeht und bindet" , in der Ur-Offenbarung sich uns erschließt. (Christliche Wahrheit S. 81f, vgl. Grundriss der Ethik, Gütersloh 1963, S. 27f)

Der Blick in die Menschheitsgeschichte zeigt, „dass in aller Entwicklung und Besonderung ein starker consensus gentium in Grundnormen vorliegt. Und wenn das Evangelium zu den Völkern kommt, überführt es auch von seinen sittlichen

Geboten. Man kann jeden Menschen auf das Liebesgebot ansprechen als etwas, um das er im Grunde schon weiß und wovon er ja sagen muss". (Grundriss der Ethik, S. 33ff) Das gewissensmäßig bedingte Liebesgebot fordert von uns „Wahrheit, Sein füreinander, Dienst, Opfer, bis zur Hingabe des Lebens" (Christl. Wahrheit, Band l, S. 82) Dies gilt auch für das Handeln in Ordnungen, in Ehe und Familie, in der Arbeitswelt, in sozialen und politischen und noch anderen Gemeinschaften. Sie bezeugen sich als „heiliges Gesetz „. (Theologie der Ordnungen, Gütersloh 1935, S. 16f) In den Ordnungen entfaltet sich die zweite Tafel der 10 Gebote, die überall in der Welt ihre Entsprechungen haben, in allen Geschichtsräumen, Völkerschaften, Religionen. (ebd, S. 17)

Die Ämter, zu denen Gott in den Ordnungen beruft, sind theomorph. Die Berufungen in jene Ämter implizieren Begabungen, Einsatz, schenken Erfüllung und Freude. „In alledem wird der Mensch Gottes als des Gebers und Herrn des Lebens inne. Daher entsteht im Erleben der Berufung Ehrfurcht und Glaube – im Wagen auf den Ruf des Unsichtbaren". (vgl. G. Hebr. 11, 8. 27.) Also schon die Ur-Offenbarung will im Glauben ergriffen werden. Das ist nicht trügerische Anmaßung, sondern Antwort auf die Berufung Gottes. Dies ist nicht der christliche Glaube in der Tiefe, aber er ist doch als Beziehung zu „dem einen wahren Gott anzuerkennen" und darf nicht in vordergründig christlicher Weise verdächtigt werden. (Grundriss der Ethik, Dogmatik, S. 27)

Jener Glaube im Horizont der Ur-Offenbarung entfaltet sich in Gemeinschaften von Mensch zu Mensch; es ist die „Bedingung des Mitseins überhaupt als Vertrauen zum Du. Dies wird erfüllt oder erfährt auch Grenzen im Laufe der Zeit. Indirekt aber sucht unser Vertrauen zum Anderen letztlich ein DU, das uns nicht enttäuscht, Gott, den allein Treuen und Unvergänglichen. „Weil der Sinn des Vertrauens die Wirklichkeit jedes Menschen und der ganzen Menschheit überschreitet, ist das Vertrauen-Müssen Selbstbezeugung des Transzendenten in unserem Leben" (ebd, S. 26)

Was vom Vertrauen gesagt wurde, gilt analog von der Liebe. „Daran, dass wir Menschen zur Liebe berufen und ermächtigt sind, werden wir Gottes als Liebe inne. Die Wirklichkeit der Vaterliebe, Mutterliebe, ehelichen Liebe, Hirtenliebe usw. wird in der Bibel als Zeugnis und Bild der Liebe Gottes verstanden. (Ps. 103, 13; Jes. 49, 15;66, 13; Hosea 1 bis 3, Matthäus 7, 9ff, Lukas 15) „Aber auch da und dann, wenn die Wirklichkeit im Widerspruch zur Liebe steht, wo kein rechter Vater und keine rechte Mutter ist, bezeugt sich doch in unserem Wissen um die unerfüllte Norm der Vaterschaft und Mutterschaft die Liebe Gottes" (ebd, S. 26) Indem wir über alle Wirklichkeit irdischer Vaterschaft und Mutterschaft das Ideal des Vaters im

Herzen haben, es bilden, zeugen wir doch letztlich von der Norm, die alles irdische Vatertum, Muttertum durchwaltet, misst, richtet. „Diese Norm ist nicht Immanentes mehr, sondern Gegenwart des Transzendenten". (ebd, S. 26f)

Übersehen wir die Gedanken des großen Theologen: Seine Betonung des Menschlichen, Mitmenschlichen, Gemeinschaftlichen in ethischen Implikationen, Normen, Werten entspricht dem, was ich unter dem Stichwort des ethischen Lumen naturale aufzuzeigen versuchte. (vgl. Philosophie vor der Gottesfrage, Hamburg 2003, S. 87ff) Es entspricht auch dem, was Religionen aufweisen bei aller Unterschiedlichkeit im Einzelnen: Dass es ethische, allgemeingültige Bindungen gibt, die sich wie selbstverständlich unter dem religiösen Anspruch ergeben wie wir sahen. Ob im stammesreligiösen Bereich oder in monotheistischer Beziehung, ob in den Lehren vom Tao oder Tien, vom Brahma oder vom Nirvana – stets sind ethische Werterfüllungen coram Deo gefordert. (vgl. Kap. 1) Wertebindungen weisen über relative soziologische Phänomene hinaus bei allen Depravationen, die nicht verschwiegen werden dürfen. Sie haben einen theozentrischen Bezugsrahmen.

Noch mehr will ausgesagt sein: Wenn die Heilsbotschaft in Christus in ethischen Werteformulierungen auch ausgesagt werden kann und muss – Gott als Vater, Hirte, seine Liebe, seine Barmherzigkeit, wie eben im Sinne Althaus' dargestellt – dann ist es deutlich, dass es einen engen Zusammenhang zwischen der heilsgeschichtlichen Offenbarung in Christus und der Ur-Offenbarung, der Schöpfungsoffenbarung letztlich gibt.

Dieser Zusammenhang darf niemals übersehen werden: Versöhnung, Erlösung und Schöpfung gehören in Gottes Sein zusammen und zeugen von dem heilsgeschichtlichen Geschehen her von einer Panagape Gottes – dies ist das Geheimnis der Dreifaltigkeit Gottes.

Unbeschadet dessen darf auch gefragt werden, ob die Lehre von der Ur-Offenbarung Gottes so einlinig vertreten werden darf. Führt das nicht letztlich zu einem synergistischen Verständnis, geht so nicht das Bewusstsein der völligen Verlorenheit des Menschseins dahin und wird so nicht die Alleinwirksamkeit Gottes bei der Erlösung und Versöhnung aufgehoben?

Die Antwort Althaus' betont, dass. jene Lehre die Verlorenheit des Menschseins nicht aufhebt, vielmehr begründet die Lehre der Ur-Offenbarung jene erst. „Weil der Mensch kraft der Ur-Offenbarung von Gott weiß, ist er als Sünder durch dieses Wissen und mit ihm verloren und unselig". (ebd, S. 21) Nur wenn die existenzielle Grunderfahrung jener Verlorenheit unter dem richtenden Wort Gottes überspielt wird, dann verliert der Mensch sich im vordergründigen Synergismus, ja

Perfektionismus, in gesetzlichen Denkweisen. Und ich frage: Ist dies nicht auch eine Anfrage an unsere Frömmigkeit, die oft sehr werkbezogen ist – nicht fern dem Synergismus?

Von der Ur-Offenbarung her sind wir immer solche, die schuldig geworden sind, unter dem Zorn Gottes stehen. Von der Heilsbotschaft Gottes in Christus her sehen wir die Tatsache der Sünde tiefer.

Dies kann uns nicht von der Ur-Offenbarung gelehrt werden. Wir können Gottes in ihr inne werden, aber nicht des Heiles. Es bleibt Heimweh, aber dies verbürgt nicht das Heimkommen. Wir bleiben in der Ur-Offenbarung in einem letzten Zweifel, der erst in Christus, in Gottes Selbstoffenbarung aufgehoben ist.

Wenden wir uns nun der kritischen Deutung der Religionen durch Althaus zu: Einerseits kann man die Religionen als Vorläufer des Christentums bezeichnen und Teilwahrheitsaussagen bei ihnen finden. Andererseits kann man die Religionen als das schlechthin Christuswidrige verstehen, der christlichen Wahrheit entgegengesetzt.

Dem Letztgenannten steht natürlich die Religion Israels entgegen. Denn gegenüber der Religion des Alten Testaments ist die Haltung Jesu selbst vorgezeichnet. Es gibt einen engen Zusammenhang der Religion Israels und der Heilsgeschichte in Jesus Christus.

Althaus spricht von dem Wahrheitsgehalt der Religionen und von ihrer Lüge: Maßstab für beides ist das Evangelium, auch natürlich der neutestamentliche Befund, den Althaus ausführlich behandelt. (ebd, Christliche Wahrheit, Band 2, S. 162ff)

„Die Offenbarung in Jesus Christus ist das Ende der Religionen, aber zugleich ihre Erfüllung. Sie richtet die Religionen, aber knüpft auch an sie an und geht auf sie ein. Das biblische Zeugnis von der Offenbarung bedient sich vorchristlicher Begriffe der religiösen Heilserwartung, nicht nur alttestamentlicher, sondern auch parsistischer und hellenistischer, wenn es das Heil in Christus bezeugt. Das wäre nicht möglich, wenn die Religionen nur trügerische menschliche Gedanken böten und nicht auch trotz der Ohnmacht, der Verkehrung und dem Truge doch auf Grund ursprünglicher Gottesbeziehung in Frage und Ahndung des Heils Wahrheit hätten" (Grundriss der Dogmatik, 1951, S. 20)

Es ist nicht möglich, Religionen einfach als Gebilde menschlicher Phantasie der Offenbarung Gottes gegenüberzustellen. Vielmehr „weisen die Religionen, wie verkehrt immer das Gottesverhältnis in ihnen sei, auf Offenbarung zurück in der Wirklichkeit des Menschen und der Welt". (ebd.)

Wahrheit tragen die Religionen in sich, soweit sie von „Gott" reden, um das „Heilige" wissen, unterschieden von der Welt. Wie „könnten sie von Gott reden, ihn nennen, wenn Gott nicht ständig von sich selbst zu ihnen redete. Der Gottesgedanke als solcher ist Selbstbezeugung Gottes und Wahrheit. Auch die Abgötter, die Götzen, zeugen also von der Wirklichkeit des einen wahren Gottes. Der Mensch hätte keine Götzen, wenn er nicht von Gott wüsste. „0hne Gottesbewusstsein gäbe es keinen Gottesdienst. Ohne das Wissen um Gott, das Göttliche, die Götter, gäbe es keine Religion. (S. 165, Christliche Wahrheit, Band l)

Aber die Götter, Gottesgedanken der Religionen, tragen Züge des wahren Gottes mehr oder weniger, auch – unter Umständen – entstellt. Dennoch: Wahrheit ist in ihnen, wenn sie wissen, dass man Gott mehr gehorchen soll als den Menschen. Wahrheit ist in ihnen, sofern sie die Verbindlichkeit sittlicher Normen anerkennen, so Menschlichkeit üben in den Ordnungen der Ehe und Familie, in den Ordnungen des Rechtes und des Staates. (S. 166, ebd.)

Auch darf nicht vergessen werden, dass die Gottesbegriffe, Götter, indirekt auf den wahren Gott bezogen sind. ER ist es, auf den der Kult gerichtet ist. Im Buche Maleachi lesen wir: „Vom Aufgang der Sonne bis zu ihrem Niedergang ist groß unter den Völkern mein Name, und an jeder heiligen Stätte opfert man reine Gaben meinem Namen". (Mal. l, 11)

Insofern sind die Gottheiten der Religionen mehr als nur Konkurrenten des wahren Gottes. Sie sind auch indirekt und ihnen selbst unbewusst des wahren Gottes Werkzeuge, Vertreter seiner wahren Wirklichkeit. Und das durch alle Fehlsamkeiten der religiösen Praxis hindurch. Gott will die Demut, die Ehrfurcht, die vertrauende Erwartung – wie in den Religionen geübt. Er will sie in aller Gebrochenheit als ihm selbst geltend, darin haben die Religionen Elemente der Wahrheit, die erst in Christus dann bewahrt und auch umgestaltet ist. (ebd, S. 167)

Das gilt auch von der Besonderheit der religiösen Bindung; es ist nicht selbstverständlich, dass die Menschheit vor der Gottheit erscheinen darf, mit ihr umgehen darf. Dies ist nicht ein normales Verhältnis: Die Menschen müssen Opfer darbringen, Sühnopfer, um Schuld zu bedecken. „In aller ihrer Primitivität, Äußerlichkeit und Verkehrtheit drücken die Opfergedanken und Opferkulte eine Wahrheit aus, zu der das Evangelium sich bekennt: in seiner Mitte steht das Wort von dem Opfer Christi". (ebd.)

Wahrheit ist in den Religionen, soweit sie um die Verfallenheit des menschlichen Lebens wissen, um die Unreinheit, um Sinn und Widersinn des Sterbens, des Todes, um das Grauen der Welt, den Bann der Ferne des Gottes, um die Nichtigkeit.

Und das Ende dieser Wahrheit ist auch in der Erwartung des ganz Neuen, in der Sehnsucht nach Wiedergeburt, in der Hoffnung auf Erlösung des Menschseins. Die Mystik und die Mysterienkulte verkündigen, dass der Mensch nur durch Sterben hindurch das Leben hat. Er gibt sein Personsein auf in ein unendliches und ewig scheinendes Meer, wie wir auch schon bei der Deutung des Buddhismus sahen. (ebd, S. 168)

In den Religionen der Bhakti-Frömmigkeit Indiens und im Mahayana-Buddhismus Chinas und Japans hat man sogar erkannt, dass der Mensch sich nicht selbst erlösen kann, sondern dass er ganz auf den Liebeswillen Gottes, der Gottheit angewiesen ist, dem man nur im werklosen Vertrauen begegnen kann. Man hat dabei den Eindruck, dass die Richtung der Gnade geahnt wird, aus der das Heil kommen möchte.

Im Blick auf diesen Gehalt der Religionen ist es nicht möglich, sie nur als Gemächte des Menschen anzusehen, als Lüge, Irrtum, Sünde. In ihnen bekundet sich der wirkliche Gott. Gott hat sich nicht unbezeugt gelassen, weil ständig seine Ur-Offenbarung geschieht. An die aus Gottes Ur-Offenbarung, aus seiner ursprünglichen Selbstbezeugung stammende Wahrheit in den Religionen, soviel oder so wenig ihrer ist, knüpft die Verkündigung des Evangeliums an, sie nimmt sie auf macht sie frei „aus allen Entstellungen und Lähmungen". (ebd.)

Zu der Ur-Offenbarung gehören auch die Propheten der Religionen, durch welche Durchbrüche neuer Wahrheit, höhere Erkenntnis geschieht. Gott greift durch sie ein und schafft, dass es Religion gibt. Gott ist am Werke – man nehme das Beispiel Zarathustras oder auch Buddhas und anderer. In diese Reihe fügen wir nicht Christus, er ist immer mehr als Prophet. Jene Propheten brechen nicht den fehlsamen Bann der Religionen, das ist nur Christus. (ebd.)

Die andere Seite der Deutung der Religionen betrifft die Tatsache, dass sie nicht nur Wirkung der Ur-Offenbarung sind, sondern in sich fassen können: sündhafte Verkennung Gottes, Verfehlung des rechten Verhältnisses zu ihm. Der Maßstab dessen kann nur das Evangelium sein. Es stellt die persönliche Gemeinschaft Gottes mit den Menschen her, entdeckt die tiefste Not der Sünde, schenkt die entscheidende Tat der Rettung der Versöhnung in Christus. (ebd, S. 168)

Hieran gemessen sind die Religionen trügerisch. In den sogenannten Stammesreligionen ist Gott als persönlicher Wille nicht erkennbar, der Mensch ist nicht als verantwortliche Person vor Gott verstanden. Gott ist unpersonale Substanz, herrscht im Mana, das den Menschen versklavt.

In der durchaus tiefen Mystik vieler Gestaltungen wird persönliche Beziehung im Gottsein aufgehoben. Man erstrebt nur dieses Einswerden in Gott – bei totaler

Aufgabe des Personseins. Der Mensch flieht den personalen Gott, auch die Verantwortung vor Ihm.

Die Religionen reden alle von Sünde und Schuld, aber versuchen darauf eine eigenwillige Antwort zu geben im Sinne einer Selbsterlösung. Man erwartet diese durch die mystische Anstrengung oder durch intellektuelle und ethische Anspannung. Der Mensch will Gott erobern oder erzwingen. Paulus sagt dazu: „Sie eifern um Gott, aber mit Unverstand". (Röm 10, 2)

Auch in den Gnadenreligionen des Fernen Ostens ist es letztlich der Mensch selber, der sich im Vertrauen erlöst, wie in der Bhakti-Religion, wie auch im Mahayana-Buddhismus. Nicht unmittelbar, sondern mittelbar und verborgen. Die Sehnsucht der Freiheit in der Gnade verharmlost die Wirklichkeit Gottes. Man verkürzt sein Bild und erlöst sich selbst im eigenen Vertrauensbild und verkennt den Ernst vor Gott, dem Richter.

Mit ihrem Wahrheitsgehalt weisen sie in eine richtige Richtung, aber zugleich fliehen sie aus der harten Wirklichkeit der Sünde. Sola gratia und sola fide können nie für sich genommen Prinzipien des Heils sein. Erst in dem Sohn des Vaters, Jesus Christus, empfangen jene Grundaussagen ihren tiefen Sinn – ohne Selbsterlösungtendenz. So wahr Althaus' Deutung ist, und wir durchaus auch betonen wollen, dass nur in Christus das Heil zu finden ist, so darf doch nicht übersehen werden, dass auch die Christenheit immer wieder in der Versuchung der Selbsterlösung ist auf mancherlei Weise. Christliche Selbstgefälligkeit kann auch Ferne von der Gnade Christi sein – so darf ich anfügen.

Im Rückblick dürfen wir sagen: In Althaus Sicht gibt es ein doppeltes Wort über die Religionen unter dem Maßstab des Evangeliums. Sie enthalten Wahrheiten, Teilwahrheiten, auch Unwahrheiten. Sofern sie Wahrheit in sich tragen, also von der Ur-Offenbarung bestimmt sind, knüpft das Evangelium bei ihnen an. Sofern sie mit ihrem Truge sich als Verkehrung der Ur-Offenbarung erweisen, als Verfehlung der eigentlichen Wirklichkeit vor Gott, als Versuch der Selbsterlösung, ruft das Evangelium zum Bruch mit ihnen.

Es bleibt die Frage nach dem sogenannten Heilwert der Religionen offen – wie auch immer verstanden. Die Exklusivität Christi ist bei Althaus gewahrt – bei anderen Denkern nicht, wie zu zeigen ist.

6. Hicks totaler Inklusivismus

Die bisher behandelten Theologen wissen sich in einem mehr oder weniger gestalteten exklusiven Verhältnis des Christentums zu den Religionen – bei Annahme einiger Inklusionen. Bei Smith und Hick ist das anders. W.C. Smith ist calvinistischer Herkunft, wurde bekannt durch das Buch: „The meaning and end of Religion" (1963), das große Auswirkungen hatte. Er war nach Aufenthalten in Indien Professor für Weltreligionen an der Harvard-Universität und hat den Weg gewiesen zu einem Aufbruch in eine pluralistische Welt-Theologie.

Religiöse Vorstellungen müssen, wenn sie sehr relativ nur zu verstehen sind, überwunden werden. Religiöse Menschen müssen es lernen, religiöse Bewegungen in einem Gesamtkomplex zu deuten. Man muss auch sich in andersreligiöse Menschen und ihr Denken einfühlen, die Wirklichkeit auch durch andersreligiöse Augen wahrnehmen. Im tieferen Verstehen entfaltet sich nach Smith ein Glaubensverständnis, das die eigene christliche Perspektive relativiert und sie als eine andere neben anderen deutet.

Smith will eine Theologie der Religionen im Sinne des Genetivus subjektivus, wobei als universale Grundkategorie der Glaube in allen Gestaltungen religiösen Lebens vorausgesetzt wird. So könnte eine Theologie des Glaubens hervorgehen in ihren verschiedenen Manifestationen. Man erinnert sich, dass dies von Mystikern aller Religionen schon mehr oder weniger angedacht wurde.

Aber bei Smith ist der Glaube jene Macht, die vor Verzweiflung, Nihilismus, Unfreiheit, von Schuld rettet. Gott rettet im Glauben durch Partizipation an religiösen Traditionen. Erlösung kann nicht allein für Christen reserviert sein. Darum muss die eigene Tradition vor dem interreligiösen Hintergrund befragt werden, auch kritisch ausgesondert werden; es kommt allein auf die sakramentale Vermittlung der Transzendenz an – wobei die Christozentrik einer Theozentrik weichen muss. Nur dies ist im Welthorizont sinnvoll. Im Zeitalter der Globalisierung und Demokratisierung der religiösen Auffassungen und Diskurse muss man wegkommen von regionalreligiöser Denkweise. Im selben Sinne fordert J. Hick die Überwindung religiöser Selbstzentriertheit auf eine umfassende Realitätszentriertheit – im Sinne des letztlich Realen, der göttlichen Transzendenz.

Hick betont, dass das Wesen des Christentums sich nicht als Summe von festgelegten Lehren begreifen lässt. Jene sind historisch und kulturell bedingt und haben sich fortlaufend gewandelt. Das Wesen des Christentums besteht in dem besonderen Heilsweg des Jesus von Nazareth.

Dieser Weg ist auch nur relativer Natur. Sobald das Wissen um die anderen Religionen und der Kontakt mit ihnen unausweichlich wird, hat eine exklusivistische Deutung große Probleme. Diese würden sich deutlich zeigen in einem Widerspruch zwischen der christlichen Verkündigung Gottes als Liebe und der Tatsache, dass der überwiegende Teil der Menschheit aufgrund biographischer Zufälligkeiten niemals das Heil erlangen kann, wenn er niemals mit der christlichen Botschaft konfrontiert wurde. (vgl. Hick, God and the Universe of Faiths, London 1973, S. 122f). Hick scheidet den exklusivischen Ansatz aus, auch den Gedanken eines nur begrenzten Inklusivismus, der teilweise den exklusiven christozentrischen Ansatz belässt. (Rahner, Küng)

Der totale Inklusivismus führt zum religionstheologischen Pluralismus, der einer „kopernikanischen Revolution" gleichkommt. Gewiss kann der ptolmäische Standpunkt von jeder Religion und Position eingenommen werden. Aber dieser ptolmäische Standpunkt hängt ab von „den accidents of cultural geography" bei den meisten Menschen, und der ist relativ. (Siehe ebd, S. 37f und 132) Hinzu kommt, dass die Zahl der Christen sinkt, durchschlagende Missionserfolge nicht zu erwarten sind. Gebet, Andacht, Gottesdienst sind in allen Religionen gegeben bei Variabilität im Einzelnen. Von hier aus verbietet sich jede Superiorität.

Darum bleibt nichts anderes übrig als ein totaler Paradigmenwechsel, dass die gesamte Religionsgeschichte der Reflex der gesamten göttlichen Selbstoffenbarung an die Menschheit ist. (vgl. Kreiner, Das Ende der Wahrheit, 1922–1992, S. 450) In der Geschichte der Religionen ereignet sich „Heilsgeschichte und die Vielzahl der Religionen, manifestiert die göttliche Offenbarung. (ebd.) Die Weisen der konzeptionellen Gotteserfahrungen sind kulturell bedingt – dies erklärt nach Hick die Pluriformität der Religionen. Der Gottesbegriff selbst wird noch weiter formalisiert, ist theistisch kaum fassbar. Denn in einem weiteren Schritt spricht Hick nur noch von Gott als „Eternal One", „Ultimate Reality" oder als „the Real". (Problems of Religious Pluralismus, London 1985, S. 39)

Dahinter steht eine teilweise pragmatische Denkweise, wonach die Bedeutung einer Überzeugung in ihren handlungsrelevanten Konsequenzen liegt. (Kreiner a.a.O., S. 452) Aber noch wesentlicher als diese Funktionalisierung der religiösen Inhalte ist der kantische Ansatz bei Hick. Der große Philosoph unterschied einst zwischen dem Phainomenon und dem Noumenon. Wir sind an unsere apriorischen Voraussetzungen gebunden, alle Erkenntnis ist nur „Erscheinung". Wir können nie die letzte Wirklichkeit in sich selbst erfassen, nur ihr Erscheinen in unserer Weise des Wahrnehmens und der apriorischen Disponierung. Alles von uns Erkannte kommt niemals zur Realität. Dieser Ansatz wird bei Hick zum Ausgangspunkt jener kopernikanischen Wendung: Jede Identifizierung eines homo religiosus in einem absoluten Sinne ist so verhindert. Jesus ist auch nur einer der religiösen Genies; eine andere Deutung wäre ein Rückfall in die übliche Mythologie. Das Absolute oder den Absoluten in der Geschichte kann es nicht geben, nur Modelle, Ideale, die auf das Letzte, auf das Ding an sich (Kant) ausgerichtet sind, das nicht erfasst werden kann. Gott bleibt Geheimnis.

Damit verliert die Kirche ihre eigentliche Bedeutung im geistlichen Sinne, ihre Unbedingtheit. Sie ist relative Vermittlerin, es gibt eine für alle gültige Wahrheit nicht mehr. Das Eigene absolut zu setzen ist nichts als Mythologie, die in unsere Zeit nicht passt. Die Erfahrungen des Göttlichen, des Transzendenten als Jahwe, Allah, Brahma usw gründen in der unfassbaren nooumenalen Realität des „Real", das in keiner Tradition erreicht wird auf adaequate oder analoge Weise.

Der Angelpunkt seiner pluralistischen Überlegungen ist die Unterscheidung zwischen dem phainomenon und dem nooumenon im Sinne Kants. Dieser Unterscheidung liegt bekanntlich die Rede von der Unerkennbarkeit des transzendenten Ding an sich zugrunde, die zweifelhaft ist. (vgl. Philosophie vor der Gottesfrage, Hamburg, 2003, S. 138ff) Es gibt eine Folge von ontologischen Hinweisen, welche jenen Grundaspekt aufheben. Nicht zuletzt hebt eine konsequente Aufnahme des kantischen Ansatzes den Wahrheitsbegriff auf oder behandelt ihn restriktiv.

In diesem Sinne wird die Möglichkeit von Aussagen über die noumenale Welt und über Gott ausgeschlossen – und dies dann konsequent auf Aussagen religiöser Tradition angewandt. Keine religiöse Tradition darf absolute Ansprüche erheben. Dies muß in jedem Falle verhindert werden.

Konsequent verfolgt Hick die Unterscheidung zwischen wörtlicher oder eigentlicher und der mythologischen Wahrheit. Die wörtliche Wahrheit besteht in der Übereinstimmung mit der behaupteten Tatsache. Die mythologische Wahrheit besteht nicht in dieser Tatsache, sondern in der Angemessenheit der Handlungsdispositionen, „die sie gegenüber ihrem Aussagegegenstand beim Hörer hervorruft." (vgl. Kreiner, Das Ende der Wahrheit, 1992, S. 454) Mythologische Aussagen lassen sich unterteilen in solche, die grundsätzlich in nicht-mythologische Aussageformen übersetzt werden können und in solche, bei denen dies nicht möglich ist. Die Aussagen über die transzendente Realität Gottes entziehen sich allerdings sämtlichen menschlichen Erkenntnisfähigkeiten. (ebd.). Sie ist unvorstellbar, unbegreifbar – sie ist Geheimnis.

Werden die Aussagen über Gott, über das „Real", wörtlich als wahr genommen, so entstehen Konflikte und Widersprüche. Diese lösen sich auf, sofern sie pragmatisch-mythologisch verstanden werden. Bei religiösen Texten bedeutet dies für Hick nichts anderes als die soteriologische Effizienz. Er geht davon aus, dass alle religiösen Traditionen ähnliche soteriologische Anliegen haben. Auch bei konkurrierenden Aussagen lassen sich unter dieser pragmatischen Sinnstellung Analogien entdecken. (God and the Universe of Faiths, S. 177ff)

Dass unter diesen Voraussetzungen noch eine angemessene Christologie gewagt werden kann, ist zweifelhaft. Bis heute sei es nicht gelungen, dass erkennbar ist, dass ein begrenztes menschliches Wesen zugleich der unbegrenzte, ewige, allwissende und allmächtige Gott sein soll. (ebd., vgl. Pannenberg, Religion und Religionen, in: Dialog aus der Mitte christlicher Theologie, S. 179ff, Mödling 1987)

Die Tendenz des totalen Relativismus bei Hick, die Begrenzung religiöser Aussagen im pragmatischen, und das heißt im anthropozentrischen Sinne, im bloß Existenziellen erinnert an Bultmann und andere. Bei Hick ist die transzendente Wirklichkeit Gottes im Geheimnis entschwunden, im „Real".Es ist eine Rücknahme der Christologie, eine Auflösung des transzendenten Wirklichkeitsbezuges religiöser Aussagen. Die relativistische Auflösung des Christentums, auch der Ekklesiologie, wird bei Hick indirekt zu einem zentralen Gebot. Denn der Glaube an die Göttlichkeit in dem Menschen Jesus führt zum Fanatismus, zum Partikularismus, zur Lieblosigkeit gegenüber Andersgläubigen. Dieser Fundamentalismus muss überwunden werden im Dialog der Religionen, die Missionierungen exkludieren.

Jener Dialog könne nur entstehen unter der Zielgabe der Gleichrangigkeit und in der Intention zur Kooperation und Integration der Religionen. Für die christliche Theologie bedeutet das die relativistische Auflösung schlechthin.

7. Lessings Maßstab der Religionsdeutung

Wenn wir Lessings Maßstab aufnehmen, den er den Religionen zuspricht, dann ist das durch jenes Leitbild der Toleranz begründet, das den heutigen Zeitgeist beherrscht: Religionen müssen sich tolerieren, interreligiöses Verstehen fördern.

Dabei ist es nicht zu leugnen, dass „der Reformator der deutschen Nationalliteratur" die christlich-jüdische Offenbarung für grundsätzlich überholt hielt. Sie ist nicht das Endgültige. Sie ist wohl ein Elementarbuch, das auf das Endgültige vorbereiten muss.

Allerdings denkt Lessing nicht daran, sich am Angriff auf Kirche und Christentum zu beteiligen. Man kann das Elementarbuch noch nicht abschaffen. Mit ihm ist eine Stufe der Erziehung des Menschengeschlechts erreicht, die aber auf eine höhere

Stufe verweist. Es kommt darauf an, historisch übergebene Wahrheiten in Vernunftwahrheiten zu verwandeln. Dies ist die geheime Zielrichtung des Erziehungsprozesses Gottes am Menschengeschlecht. Es wird auf eine Vollendung hin erzogen, die nicht ausbleiben wird. „Sie wird gewiss kommen, die Zeit eines neuen, ewigen Evangeliums, die uns selbst in den Elementarbüchern des Neuen Testaments versprochen wird." (Erziehung des Menschengeschlechts, Cottasche Ausgabe der Werke, Band 18, S. 25ff) Der Weise kann das abwarten und überläßt alles der Vorsehung.

Die Religionen sind nicht zu verstehen ohne Erkenntnis der Tatsache, dass sie Teil der göttlichen Pädagogik der Menschheit und für sie sind. Sie bilden Entwicklungsstufen im ethischen Gesamtprozess Gottes. Die auf Offenbarung sich berufenden Religionen haben eine höhere Entwicklungsstufe erreicht gegenüber den primitiven, naturgebundenen Stammesreligionen. Alle Religionen sind für Lessing gleich wahr und echt.

Geschichtswahrheiten haben als solche keine Wahrheit für sich. Sie sind zufälliger Art, können aber im Geiste zu Vernunftwahrheiten werden und innere Kraft entlassen. Es kommt alles auf den „Beweis des Geistes und der Kraft" an. (Lessings Werke, Cottasche Ausgabe der Werke, Band 18, S. 26ff)

Damit ist die Mitte, der Zentralpunkt der Argumentation, die Subjektivität. Es kommt alles auf das „Fühlen", Erfahren", auf das „Herz" an. (Barth, Die protestantische Theologie im 19. Jahrhundert, 1961, Berlin, S. 226) Durch Erfahrung und innerliche Kraft wird das Christentum selbst beweiskräftig, was aber für jede Religion gilt. „Für die Gegenwart kann den Anhängern aller Religionen nur der Rat gegeben werden, die angebliche Wunderkraft je ihres besonderen Glaubens als wirklich anzunehmen und ihr in der geeigneten Weise zu Hilfe zu kommen, d. h. von sich aus „mit Sanftmut, mit herzlicher Verträglichkeit, mit Wohltun, mit innigster Ergebenheit in Gott das zu sein, was Menschen, die im Besitz jener Wunderkraft sind, sein müssen." (Barth a.a.O., S. 230)

Alle Religionen sind Durchgangsstationen der Frömmigkeit und der Sittlichkeit. Sie sind „zufällige Geschichtstatsachen", Ihr Ziel ist ein absolutes. Das ewige Evangelium, in dem das Gute um des Guten willen getan wird.

Hier haben wir den Ansatz des Denkens in der Neuzeit: in der Subjektivität. Alle Religionen sind nur Teilstrecken, unterschiedliche Wege angesichts eines Endzieles in einem höheren Bewusstsein der Vollendung. Auf dem Wege dorthin müssen Religionen und ihre Anhänger es lernen, Toleranz zu üben.

In der Ringparabel des Nathan fallen zwei Momente auf: Einmal hören wir ausdrücklich den Gedanken: Welche der drei Religionen es auch sei – Christentum, Jüdische Religion, der Islam – es wird in jedem Falle eine Erfahrung moralischer

Art sein. Der von Gott im Menschheitsprozess erstrebte Mensch wird ein von Tugenden gezierter Mensch sein.

Die zweite Aussage: Eine von den drei genannten positiven Religionen wird sich durch den Beweis des Geistes und der Kraft als die rechte erweisen und als solche auch allgemein beurteilt werden.

Die Lösung des Nathan: Es solle ein jeder mit seinem ererbten Ring, mit seiner Religion so leben, als ob er der echte Ring sei. Das Zutrauen zur eigenen Religion solle nicht Schaden nehmen.

Aber es ist doch offenbar: Der Grad der Wahrheit der Religionen wird durch den Grad der Verwandlung eines Menschen in ethischer Hinsicht ersetzt. Der Mensch ist in seinem Verhalten das Kriterium für das Wahre und Echte der Religion.

Der Weg der ethischen Gestaltung und Entwicklung in den Religionen kann immer nur zu Teilzielen führen und ist zugleich immer wieder der neue Versuch, sich damit nicht zufrieden zu geben. Nicht die Wahrheit, in der ein Mensch ist oder zu sein meint, sondern die aufrichtige Mühe, die er aufgewandt hat, hinter und in die Wahrheit zu kommen, macht den Wert des Menschen aus. Der Besitz macht träge, aber im Streben nach Wahrheit erweitern sich die Kräfte. (vgl. Barth a.a.O., S. 236, Bürkle a.a.O., S. 62, Thielicke, Glauben und Denken in der Neuzeit, 1983, S. 133, siehe Cottasche Ausgabe der Werke, Band 18, S. 42)

Im Rückblick dürfen wir sagen: Lessings Gedanken enthalten viel Weisheit und verweisen zur Erziehung auf das ethische Lumen naturale. Lessing verbleibt im Rahmen dessen, was Althaus die Uroffenbarung genannt hat – ohne die theozentrische Bezogenheit dieses Aspektes schlechthin aufzunehmen. Der Hauptpunkt und Mittelpunkt seiner Argumentation ist der einzelne Mensch, die einzelne Vernunft in ihrem ethischen Vollzug.

Der Heilsbegriff wird von dorther gewertet. Es wird im Blick auf das Christentum verkannt, dass Gott und sein Heilswerk in Christus „Weg, Wahrheit und Leben" ist. Der Mensch ist so ein empfangender, nicht ein stiftender. Er ist als Sünder von Gottes vergebender Liebe umfangen, beschenkt. Die existenzielle Verwirklichung dessen folgt dann.

Bei Lessing ist die Heilsgeschichte in Christus ausgeschlossen, sie ist eine zufällige Religionsgeschichte. Alle in sich gleichwertigen Religionen sind relativ. Maßgebend ist die in ihnen relevante ethische Teleologie. Diese allgemeine Offenbarung – theologisch gesprochen – ist die Mitte des Denkens des großen Meisters, der den theologischen Relativismus so gefördert hat, welcher in unseren Zeiten aktuell zu sein scheint – und ein anderer Denker im 20. Jahrhundert wesentlich auch gefördert hat: Troeltsch.

8. Die philosophische Interpretation der Religion bei Th. Rentsch

Philosophie im 20. Jahrhundert steht unter dem Schatten der einst von D. Hume im 18. Jahrhundert inaugurierten nachmetaphysischen Denkweise. Metaphysik, philosophische Theologie schienen überholt zu sein; es gab Ausnahmen im deutschsprachigen Raum: etwa K. Jaspers, G. Jacoby, Krüger, Scheler, auch im Ansatz Horkheimer und Heidegger, nicht zuletzt W. Weischedel mit seinem großen Werk „Der Gott der Philosophen“ (vgl. mein Buch: Philosophie vor der Gottesfrage, Hamburg 2003, S. 17fff)

Nun ist es Th. Rentsch, der in seinem Buch „Gott“ die Gottesfrage erneut aufnimmt und gründlich behandelt. Unter dem vorherrschenden Einfluss des postmetaphysischen Denkens macht nach Rentsch die Philosophie den Eindruck von Reduktionismus und Beliebigkeit, den es zu überwinden gilt. Von Aspekten Kants, Kierkegaards, Wittgensteins herkommend möchte er, „dass die Dimension eines geklärten Gottesverständnisses wieder in den Reflexionshorizont von Philosophie eingeholt werden kann.“ (Gott, Berlin 2005, S. 171)

Zwei Voraussetzungen dessen sind bei ihm: einmal die irreduzible Unbedingtheit der Sinn- und Geltungsansprüche der Orientierung an Gott, wie sie bei Kant und Wittgenstein zu finden sind. Sodann die irreduzible Perspektive der „existenziellen Totalität“ in ihrer Einsamkeit. (Kierkegaard)

Dem steht nach Rentsch der Fundamentalismus entgegen, wie er in vielen religiösen Bewegungen zu finden ist. Demgegenüber hält sich Rentsch an Kant und Wittgenstein. Beide eint der Gedanke der Unerkennbarkeit, Unsagbarkeit Gottes. Es eint sie ferner der Primat der Praxis im verantwortlichen Lebensvollzug. (ebd, Gott, S. 163)

Rentsch betont: Nachdem Platonismus, Christentum, die Dimension der Transzendenz einer radikalen Destruktion unterworfen wurden, dies bei Schopenhauer zur Identifikation des kantschen Dings an sich im Weltwillen führte, kam dies bei Nietzsche in naturalistischer und darwinistischer Reduktion zur Verkündigung des Todes Gottes. (ebd, S. 177)

Aber zugleich gab es bei ihm eine ideologische Ersatzbildung im Mythos vom Übermenschen, wie von der ewigen Wiederkehr des Gleichen. So entstanden Surrogate, Substitute. (ebd.) Dies zeigte ein Doppeltes: einerseits die Verbundenheit der Philosophien mit dem metaphysischen und theologischen Erbe, andererseits verbleibt die Chance der Erkenntnis im Relativismus und Nihilismus.

Beides ist auch deutlich in der Philosophie Wittgensteins: Im Tractatus tritt an die Stelle Gottes das „Schweigen“, das „Unsagbare“. Dennoch ist nach Rentschs Meinung der Bereich des Theologischen so etwas wie die geheime Mitte seines Denkens, (ebd, S. 180) nicht zuletzt in jenen Substituten.

Analoges finden wir bei Heidegger, so beim späten Heidegger mit den Aussagen vom Sein – im Verfolgen eines neuen Denkens in einem existenziellen Sprung. Jenes entbirgt sich und verbirgt sich. Es ist uns deutlich und im Schweigen, es spricht an und versagt sich. Es gibt ein „Andenken“ des Seins, ohne dass Heidegger den „Fehl“ der Gotteserkenntnis je bestreiten könnte unter dem Vorschatten Nietzsches. Sein bei Heidegger ist ein Substitutum für Gott – so ist der Meister von der Metaphysik indirekt abhängig. (ebd, S. 181)

Ich darf anfügen, dass Heidegger im Angesicht der Vorherrschaft der Technik mit ihren großen Gefährdungen in einem Gespräch mit Augstein deutlich sagt: Nur ein Gott kann uns helfen, retten vor jenen Gefährdungen. (Gespräch mit Augstein, Spiegel Nr. 46, 2002, 1966)

Nach Rentsch ist bei Adorno Ähnliches festzustellen: Die Dimension des begrifflich Unfaßbaren, das das Zentrum aller Wirklichkeit bildet. Es soll nach Adorno „der Ort des Eigentlichen sein und das Telos des wahren Lebens“. (ebd, S. 182) In Kunstwerken sieht Adorno „die gewaltlose Einheit des Vielen in einem versöhnten Zusammenhang alles Lebendigen“. Hier ist die wahre Sprache der Erlösung. Auch dies ist nach Rentsch ein Substitutum, der krypto-metaphysische Hintergrund.

Ein analoges Substitut findet Rentsch im Begriff der Differenz in verschiedenen Texten, die von Spuren Gottes zeugen. Analoges ist bei Habermas: Sein Begriff des kommunikatorischen Handelns setzt die sogenannt „ideale Sprachsituation „voraus, womit er indirekt ethische Werte anspricht – indirekt ein Substitut des Gottesbegriffs. (Rentsch, S. 183f, vgl. Vernunft und Glaube von mir, 2007, S. 22)

Aus den Beispielen folgert Rentsch: Die Ersatzbildungen (Das Sein, das Unsagbare, die ideale Kommunikation) sind nicht religiös, metaphysisch, theologisch im traditionellen Sinne zu verstehen. Aber sie sind nicht denkbar ohne den geschichtlichen, kulturellen Kontext von Mystik, Metaphysik, Religion, Christentum. Jenen Substituten eignet starke Negativität: Unsagbarkeit, Verborgenheit, Verdecktheit. So werden sie in ihrer Bedeutung schnell übersehen. Und das hat unheilvolle Folgen.

Nach Rentsch kommt ihnen in Wahrheit ein erhabener Status zu, ein Ausnahmestatus, der von herausragender Bedeutung ist. „Es gilt die mit jenen Substituten angesprochene Dimension zu begreifen, das ist die wahre, rettende Einsicht“.

Ein grundlegendes Defizit jener Substitute ist ihre moralische Unterbestimmung. Es muss von praktischer Seite die jeweilige Grundkategorie negativer Dialektik präzisiert werden. (Gott, S. 187)

Von hier aus rät der Verfasser deutlicher, an die Tradition der Religion, Metaphysik, Theologie anzuknüpfen. Statt sie parasitär zu beerben, gilt es, ihren Wahrheitsanspruch für das Welt- und Menschenverständnis herauszuarbeiten. Absolute Verdikte über die Unmöglichkeit metaphysischer Sinnsprüche, über totale Fehlentwicklungen des okzidentalen Denkens sollte es nicht mehr geben – auch angesichts der Spätmoderne, die sich in puren Irrationalismus pseudoreligiöser Art flüchtet.

Die überaus wesentlichen Aspekte Rentschs möchte ich ergänzen: Man müsste die Frage stellen nach dem Grund solcher Substitute in der Philosophie; es scheint so, dass zur Erkenntnis philosophischer Art indirekt oder auch deutlicher die Einsicht oder Ahnung gegeben ist eines Quasi-Absoluten, eines Schwebenden. Ohne das Sein Heideggers, ohne das Unfassbare Adornos, ohne das Schweigen Wittgensteins, ohne die ideale Sprechsituation Habermas, ohne diese Substitute geht es nicht. Sie sind geheime Absoluta, ohne dass man es merkt. Selbst dann, wenn man nicht mehr nach dem Ding an sich fragen will, im Relativen verbleiben will, so ist es doch verdächtig, dass man Substitute einsetzt: Man kann ein Letztes nicht übergehen, wie Rentsch auch zeigt.

Das bedeutet, dass philosophische Fragestellungen, die nach den Bedingungen der Wirklichkeit (der Erkenntnis, des Seins, der Gemeinschaft, des Menschseins, der Kommunikation) fragen, nicht in einem nur empirischen Denken übergangen werden dürfen, wobei Grundphänomene des Welt- und des Menschseins – etwa die Kontingenz, die Teleologie, das ethische Lumen naturale, die theozentrische Begründung desselben ausgeklammert bleiben. Philosophische Fragen sind Sinnfragen, die in die letzte Fragestellung münden können: Warum ist Sein, warum ist nicht das Nichts?

Eine Antwort darauf könnten von den Religionen, von den metaphysischen Grundlegungen im Hinweis auf die gründende und geistige göttliche Urmacht gegeben werden: genannt Tien oder Tao, Brahma oder Nirvana, Logos oder Idee des Guten, auf Jahwe, auf den Vater Jesu Christi: Auf die Aseität Gottes. Dies könnte auch Rentsch gemeint haben, wenn er betont: Der so angesprochenen Dimension komme ein besonderer Status zu, der von herausragender Bedeutung ist. (ebd, S. 187)

Rentsch sprach auch von der „moralischen Unterbestimmtheit" (ebd.) jener Substitute, und das lässt aufhorchen. Immerhin darf darauf verwiesen werden, dass das Bewusstsein ethischer Allgemeingültigkeit im historischen Blickfang in der jeweiligen hintergründigen geistigen und göttlichen Macht begründet ist: im Tao und Tien, im Brahma und Nirvana, im Logos und in der Idee des Guten in der altchinesischen, altindischen und altgriechischen Philosophie. (vgl. Philosophie vor der Gottesfrage, von mir, 2003, S. 87ff) Rentsch verweist auf diese Voraussetzung von Philosophie und Religion indirekt und sieht zu Recht jene „moralische Unterbestimmtheit „ der von ihm herausgestellten Substitute der Philosophie in unseren Zeiten; es gibt eine Wahrheit ethischer Werte, ein ethisches Lumen naturale, das metaphysisch verankert ist. Und als solches die Bedingung der Möglichkeit des personalen Menschseins und aller Gemeinschaftlichkeit ist. Es darf unter soziologischen und anderen Aspekten nicht verdeckt werden.

Blicken wir auf die von Rentsch benannten Substitute, so dürfen sie gewiss auch in einem theologischen Zusammenhang gedeutet werden. Der Mensch ist als schöpfungsbedingtes Ebenbild zu Gott verpflichtet zur Verantwortung vor IHM. Das heißt in Luthers Deutung im Katechismus: Aus dem Vertrauen zu Gott zu leben. Diese Grundsituation impliziert eine Konsequenz: Gott und Glaube gehören zusammen. Das heißt: Jeder Mensch hat einen Glauben, ein Vertrauen auf ein Letztes das ihm Sinn gibt in seinem Dasein. Das kann ein Geschaffenes sein. Es gibt nichts, was der Mensch nicht zu seinem Abgott oder Götzen machen kann: Sich selbst, seine Arbeit, sein Kapital, die Wissenschaft, die Kunst, eine Ideologie, einen Menschen. Es kann aber auch Gott selbst sein in seinen Verheißungen in Christus.

Die Agnostiker irren sich, denn auch sie haben unbewusst oder ganz bewusst einen absoluten Inhalt ihres Lebens, ein geheimes Absolutum. Dem entspricht in Gesinnung und Haltung, ein künstliches Sichfestsaugen an der Erscheinungsseite der Gegebenheiten. Und die metaphysische Angst steigert noch jenes Sichfestsetzen an der Oberfläche des Lebens. Immer neue Absoluta kann dies gebären; es ist der tragische Zirkel des religiös indifferenten Bewusstseins. Hinter den Substituten der Philosophen, die Rentsch heraushob, steckt auch jene geheime Relation Gottes zum Menschen, die nicht aufhebbar ist. Sie ist wesentlicher als meist angenommen wird.

Rentsch geht es um die ganze Sinnbreite religiöser Aussagen des Gottesverständnisses, welche er in den Raum philosophischer Reflexion zurückgewinnen will. (ebd, S. 171) Dabei geht es um die „irreduzible Unbedingtheit“ der Orientierung an Gott, wie man es bei Kant, Kierkegaard und Wittgenstein findet. Der von daher aufgenommene Transzendenzbegriff umschließt religiöse, ethische Aussagen von „irreduzibler Unbedingtheit“. Dem entspricht die „existenzielle Unbedingtheit“ in ihrer Einmaligkeit, wie sie Kierkegaard betont hat. Dieser Ansatz des philosophischen Denkens versteht sich vom Erbe der Geschichte der Philosophie her, sieht sich im Gegensatz zur nachmetaphysischen Philosophie, die die Letztfragen überdeckt. Und er sieht sich auch im Gegensatz zum religiösen Fundamentalismus – wie immer man das verstehen mag.

Wenn ich es recht sehe, so handelt es sich um eine Existenzdialektik. Zu den Grundbegriffen der Transzendenz und der Existenz kommt noch der Gesichtspunkt der sogenannten negativen Theologie. Gott darf nicht mit unseren Weltvokabeln analog identifiziert werden.

Transzendenz ist nicht pure Diesseitigkeit, auch nicht pure Jenseitigkeit, sondern bezeichnet ein dynamisches Geschehen des Hineingehens der Transzendenz in die Immanenz. Letztere ist ohne die Transzendenz nicht zu verstehen. (ebd, S. 79) Es geht um die Einzigkeit des Transzendenzgeschehens, wie sie im Buddhismus, in der Mystik, bei Kant in lebendiger Praxis zu entdecken ist. Es ist als Geschehen nie zu begreifen – und doch hat es in sich eine Einheit. (ebd, S. 81) Diese Einheit ist unsagbar, mit Wittgenstein und Heidegger gesprochen.

Diese Einheit ist in je individualen Bezügen, in singulärer Ganzheit und ist unaussprechlich. (ebd, S. 82). Diese irreversible Einzigkeit trägt unsere alltägliche Praxis unter Einschluss unserer ethischen und unethischen Haltungen. (ebd.)

Die vorgängige Einheit in der Sinneröffnung der Transzendenz nannte die Tradition Gott. In IHM finden wir uns in geheimnisvoller Einheit von Sein, Sprache, Existenz. (ebd, S. 85) Dankbarkeit, kreative Weitergabe von Liebe im Alltag kennzeichnet sie. ln diesen Zusammenhang gehören die Worte wie Gottes Schutz, Liebe, Hilfe, das Lob Gottes, Dank gegen Gott. Aber diese Worte gewinnen Gewicht, wenn das Leben sich im Transzendenz-Prozessgeschehen im Hic et Nunc bewährt.

Der Gottesbegriff ist einzigartig. Er bezeichnet das DAS des Seins, das DAS der Sprache und das DAS unserer Existenz. Er meint das Wunder des Seins, etwas Unerklärliches. (ebd, S. 88) Demgegenüber sind Aussagen über Gott mit antromorphen Vorstellungen nicht erlaubt, sie führen zu Missverständnissen. Gott meint das Sein, den Ursprung von allem, das Universum bis zum letzten Augenblick. (ebd.) Aber diesen Gottesnamen können wir nur aussagen unter Maßgabe einer negativen Theologie. Gott darf nicht mit Geschaffenem verwechselt werden. Dann aber können unter Voraussetzung der negativen Theologie Eminenztraditionen aufgenommen werden.

Es bleibt bei Rentsch offen, wann schließlich Eminenzaussagen über Gott im Sinne der analogia entis erlaubt sind und wann nicht. Sind Eminenzaussagen Chiffren im Sinne der Deutung Jaspers, nur Symbolausaagen. Man fragt sich bei aller Anerkennung des antiatheistischen Ansatzes bei Rentsch nun doch: Wenn die negative Theologie wesentliches Kriterium ist, was für ein Wahrheitsgewicht haben dann die Eminenztraditionen des religiösen Bewusstseins. Und es bleibt auch offen, wie es kommt, dass der Mensch einen Sinnbezug zur Transzendenz bekommt?

Es will aber anerkannt sein, dass der Verfasser Religion nicht als überflüssige Spekulation bewertet, ihre Bedeutung anerkennt, auch die Ethik der Wahrheitssuche, der Gerechtigkeit, der Mitmenschlichkeit aus religiösen Quellen beachtet und aufnimmt. (ebd, S. 91)

In diesen Zusammenhang ordnet Rentsch auch heilsgeschichtliche Aussagen des Neuen Testaments ein, so auch die Lehre von der Menschwerdung Gottes, die „vernünftig" eingefügt werden kann „was die christliche Tradition narrativ, kultisch-sakramental vergegenwärtigt: Der Opfertod Christi aus Liebe zu den Menschen, der zur Auferstehung führt, ist der authentische, unüberbietbare Ausdruck für die praktische Einsicht, dass Leiden und Schmerzen den unbedingten Sinn des bewußten, einzigartigen Lebens jedes Menschen nicht berühren oder gar tilgen können. Gotteserkenntnis als wahre Selbsterkenntnis kann aber, das wird aus diesen Überlegungen deutlich, weder bedeuten, dass „Mensch" Gott ist oder wird – oder dass Gott eine Projektion des Menschen ist. „Nicht wir ermöglichen uns, sondern „absolute Transzendenz ermöglicht und und setzt unser Transzendieren frei." (S. 93, Gott) Gott ist unverfügbar. (ebd.)

Das heißt doch wohl: Wir stehen in der geheimen Sinnkonstante, im Transzendenzprozess – aber er ist uns nicht verfügbar. Dies entspricht dem hermeneutischen Schwergewicht von der negativen Theologie her, aber wird theologisch nicht dem Aussagegehalt von Johannes l, 1ff gerecht. Die Menschwerdung meint etwas Exklusives – Gott gibt das Heil in die Geschichte hinein für die Menschen. Dies wird hier anthropologisch eingeebnet. Eigentlich von dem her gesehen, was man Uroffenbarung (Althaus) oder Schöpfungsoffenbarung nennen darf etwa im Sinne von Römer l, 18f.

Rentsch verweist auf Joh. l, 1ff und betont: „In diesem Prolog sind die von mir ausgewiesenen Transzendenzaspekte der Sprache und des Sinnes, des Lebens und der Welt in ihrem Ursprung bezeugt. Das „Licht" ist die wahre Einsicht in den unverfügbaren Sinngrund, begriffen als die Liebe Gottes. Die unlösliche Verbindung von Transzendenz und Immanenz inkarniert sich in Jesus Christus, dem Bringer des Lichtes. Dieses Licht erleuchtet jeden Menschen – es geht um eine universale Wahrheit. (ebd, S. 106)

Es geht um eine universale Wahrheit – hier an der Grenze „philosophischer Vernunfterkenntnis", beginnt das Verstehen der großen monotheistischen Weltreligionen und ihres authentischen, irreduziblen Wahrheitsgehaltes. „ (ebd, S. 106ff) Diese Aussage verweist in die Richtung einer allgemeinen Offenbarung, Uroffenbarung Gottes – in diesem Sinne ist die Relation Transzendenz – Existenz verständlich und umfasst viel Wesentliches. Der Philosoph weist die Beliebigkeit der nachmetaphysischen Philosophie in Schranken und betont, dass Existenz und Transzendenz, die Vernunft umfasst, zusammengehören und Sinngaben implizieren. Die Entzweiung sollte ausgeschlossen sein. Es käme auf ein produktives Ergänzungsverhältnis an zwischen philosophischen und religiös-theologischen Aussagen.

Es bleibt die Frage, ob und wie ein solches Verhältnis zwischen philosophischer und christlicher Aussage her möglich ist. Die Probe aufs Exempel könnte die Aussage über die Ewigkeit Gottes sein.

Nach Rentsch lässt sich von seinen philosophsichen Voraussetzungen eine Deutung des ewigen Lebens gewinnen. (ebd, S. 111) Der Prozess der Transzendenz reicht als Geschehen in einzigartige Augenblicke hinein. Das Geschehen ist in lebendiger Gegenwart vertikal und ekstatisch. Selbstbewusstsein und Freiheit werden immer wieder „neu möglich und wirklich". Es werden Sätze wahr, Handlungen gut, neue Sinnperspektiven eröffnet. (ebd, S. 112) Universale Aspekte werden uns erschlossen in Augenblicken. Platonische Ideen umschließen konkrete Handlungsanweisungen zu Mitmenschlichkeit, Kooperation und Solidarität. So sind und leben wir bewusst oder unbewusst „in Gott". (ebd.) Dies geschieht in Alltäglichkeit, die lebensschaffend, zukunftseröffnend in „interexistenzieller Praxis" ist. (ebd.) Die Gottesorientierung ist zeitüberlegen und endlichkeitsüberwindend.

Bekehrungen im religiösen Sinne sind umstürzend als Hereinbruch der Transzendenz in die Immanenz. Im Horizont der Ewigkeit gilt unser Streben im Sinne von Wahrheit, Liebe und Freiheit, und dies erschließt auch „die zeitüberlegene Dimension", durch die wir zu uns selbst kommen, die Grenzen eigener Befangenheit durchbrechen. (ebd, S. 114) Die Suche nach dem Unbedingten gehört zum Grundbestand auch der philosophischen Reflexion. Die „Behauptung einer absoluten Vergänglichkeit muss vor diesem Hintergrund noch als dogmatisch erscheinen". (ebd.)

Der Mensch bleibt im religiösen Erlebnis in der Deutung Rentschs vertikal offen, empfängt von der Transzendenz her Sinnfügungen, ethische Maßgaben. Er öffnet sich im stillen Innehalten, in der Ehrfurcht vor dem Letzten, Jenseitigen. Mit diesen Ausführungen bleibt der Verfasser im Raum philosophischer Überlegung, auch Lebensführung – und doch greift er über analoge Gedanken bei Jaspers, Jacoby, Krüger, Scheler hinaus, da er konkrete Weisheitsfolgen religiöser und ethischer, auch philosophischer praxis pietatis in weitem Rahmen aufnimmt und nicht gar zu formal nur bedenkt, wie sonst im philosophischen Raum. (vgl. Philosophie vor der Gottesfrage, 2003, S. 26ff) Diese Deutungen setzen die ewige Gegenwart des Göttlichen voraus, die wir nur hier und da in Augenblicken, in „Chiffren" entdecken können. In einer Zeit, in der Gedanken dieser Art wenig zu finden sind, naturalistische Aspekte überwiegen, man nur die Todesmacht vor sich sieht, sie zugleich verdrängt, sind jene Hinweise auf praxis pietatis wichtig, weil in ihnen die Würde des gottesebenbildlichen Menschen, worin auch seine ethische Autonomie wurzelt, bewahrt ist. Wenn dies philosophische Reflexion erreicht, so ist das von theologischer Seite nur zu begrüßen.

Es bleibt offen das, was man die Wirklichkeit der Ewigkeit nennen darf. Hier sind uns ontologische Aussagen verwehrt im Einzelnen, wennschon man doch die Ewigkeit Gottes nur im Sinne des objektiven Idealismus sehen darf – als hintergründige geistige Macht, worin monotheistische und religiöse wie philosophische Deutungen uns belehren.

Das hat Kant deutlicher erfasst: Für ihn ist Gott als Schöpfer der Welt, als Erhalter des Menschengeschlechts, als gütiger Regierer, als gerechter Richter im Horizont der praktischen Vernunft fassbar. Bezüglich seines Gottesglaubens sagt Kant: Dieser Glaube „enthält eigentlich kein Geheimnis, weil er lediglich das moralische Verhalten Gottes zum menschlichen Geschlechte ausdrückt; auch bietet er sich aller Menschlichen Vernunft von selbst dar in der Religion der meisten Völker". (Religion innerhalb der Grenzen der bloßen Vernunft, Ausgabe Vorländer, Leipzig 1950, 5. Aufl., S. 156) Der große Philosoph betont, dass die Gesinnung Gottes nicht anders sein kann denn moralischer Natur, die er ja auch von uns als seinen Geschöpfen erwartet. In Gottes Gesinnung ist keine Dunkelheit, sie ist eindeutig.

Nun kann es sein, dass das so wichtige Kriterium der negativen Theologie, das auch Jacoby, Jaspers, Krüger aufbieten, das auch Rentsch aufnimmt – als Kehrseite der Eminenzaussagen – sich so auswirkt, dass man die schlichten Aussagen Kants so nicht aufnehmen will. Die ungeheuerlichen Erfahrungen der Unmenschlichkeit in total sein wollenden Staaten, die alle scheiterten, mögen gewiss Abgründe des Nihilismus eröffnet haben, die sich auswirken in Lebenserfahrungen, die Menschen bitter werden ließen.

Dennoch liegt in den philosophischen Aussagen über die Transzendenz – und nicht nur bei Rentsch – so etwas wie eine Hoffnung auf eine Wirklichkeit anderer Art, auf eine ewige Zukunft der Erfüllung, eine Hoffnung eigener Art, die gewiss nur im Sprung des Glaubens, in der existenziellen Hingabe und Erfahrung erreichbar ist.

Davon künden insbesondere die monotheistischen Religionen. Sie alle verweisen auf das ewige Sein bei Gott, das nur in innerer Umkehr erreichbar ist. Jene Ewigkeit ist Ziel- und Sinnpunkt der praxis pietatis. Ob Ewigkeit nun mit dem klassischen Judentum als „Auferweckung", mit dem Islam als „Paradies „, mit dem Buddhismus als „Nirvana", im Taoismus als „Tao", im Tien als Himmel und also samt und sonders als hintergründiges Sein gedeutet wird – in jedem Fall sind es Sinnangebote über den Tod hinaus.

Das gilt auch für das Christentum: Gott wurde in Christus Mensch als Ausdruck seiner suchenden und ewigen Liebe. Er stellte sich in Jesus an die Seite eines jeden Menschen – und tut es heute noch, weil jeder Mensch Bruder und Schwester seines Sohnes ist. Dieser Grundaspekt schafft eine neue Sicht auf den Menschen und das Menschsein. Und jeder Mensch darf nun auch in den unübersteigbaren Grenzsituationen seines Daseins wissen, dass er nicht verlassen ist, Halt und Trost genug hat. So wie der Vater beim Sohn blieb in der Passion und in der Auferstehung Christi. In der Beziehung auf den Dreieinigen Gott leben wir in der Hoffnung auf eine Ewigkeit, die über Begreifen geht. Dies ist nun eine ergänzende Aussage von christlich-theologischer Warte, die über philosophische und religiös-monotheistische Horizonte hinausweist und in dem Zusammenhang nicht verschwiegen werden sollte – aber eigentlich nur in großer Demut gesagt werden kann.

Ein weiteres Thema, das den Verfasser beschäftigt: Die Theodizeefrage, Katastrophen, moralische Übel kann man nicht wegerklären, eigenmächtig in Dienst nehmen und Gott als Mittel zum Zweck degradieren. Umgekehrt ist es, wie Rentsch betont: „Weil ich unbedingten Sinn bereits erfahre, darum darf ich und kann ich auch hoffen, angesichts der vielen Übel, des Bösen und der eigenen Fehlbarkeit, absolut und definitiv betrachtet, zu bestehen". (ebd, S. 114f)

Wir leben „letztlich von ungeschuldetem, unverfügbarem Sinn". Die einzigartige, prozesshafte Existenz des Kosmos, des Universums unter Einschluss der Menschheit und jedes Einzelnen wird uns selbst bewusst". Dieses Wunder bleibt; Pessimismus ist nicht angebracht und ist der unbedingten Sinndimension humanen Lebens unangemessen. (ebd, S. 115)

Wenn wir das Böse, die Fehlbarkeit des Menschen bewusst wahrnehmen, dann ist der Schritt zum Mitleid, zu Solidarität schon vollzogen und bereits eine Antizipation von Hilfe, von Leidensverminderung, auch des Lernens von und aus Verfehlung. (ebd.)

Dabei darf nie übersehen werden, dass die Boshaftigkeit tief in uns angelegt ist. Davon künden die Leidensanalysen im Buddhismus, bei Schopenhauer, in der christlichen Tradition, bei Kant. Der Mensch ist fragil, verletzlich, wovon die Bibel, Tragödien, Dichtungen künden. Jeder Handelnde weiß auch um das Scheitern. Ohne das Wissen um Schuld, Schicksal, Gewissensangst, Zweifel, ist Moralität nicht zu begreifen

Da ein unbedingter Sinn in seiner bergenden Bedeutung vernünftig zugänglich ist, ebenso wie Freiheit und Wahrheit – ist das Böse bereits nur scheinhaft mächtig, ist durchschaubar und so innerlich überwunden, mag sich das Böse auch noch in der Wirklichkeit aufspreizen. (ebd, S.117)

Die Greuel, das Böse, lässt sich auf praktische und vernünftige Weise überwinden. Trost kommt aus der tätigen Hilfe, Solidarität und Nächstenliebe Und auch im Aufblick auf den Schöpfer, wie Hiob erkannte. Den „vernünftigen“ Argumenten seiner Freunde antwortete er: „Wer mit dem Allmächtigen rechnet, kann der ihm etwas vorschreiben?“ IHM dürfen wir auch das Unverstandene übergeben im Sinne eigener Ergebung. Unter diesem Horizont jener eigentlichen Wirklichkeit ist das Böse nur scheinhaft mächtig. (S. 117, Mitte ebd.)

Dieses Sich-Ergeben in Gottes Hand umfasst doch im Letzten einen personalen Gottesbegriff – die Gewissheit, dass ER im Regimente ist und alles in Händen hält – wie es auch des Hiob Trost war. Im Angesicht der Problemlagen der Theodizeefragen kann nur das Bewusstsein eines alles tragenden DU trösten und helfen. Menschenliebe kann lindern, beistehen und verstehen im Zuhören und Wirken. Aber im Eigentlichen nicht trösten. Geborgenheit und Trost schenkt uns der Vater Jesu, der in seinem Sohn in diese Welt kam und uns Leidende, Suchende trösten will in einer Liebe, die über Begreifen ist. Hier ist ein Punkt der Ergänzung mit der Kreuzestheologie uns anvertraut – eine Hilfe übernatürlicher Art, die man nur demütig annehmen kann.

Wenn es ein Ergänzungsverhältnis zwischen Philosophie und Theologie geben kann, wie Rentsch es auch ansagt, und also philosophische Aspekte transzendiert werden dürfen und auch vielleicht müssen, so sei die eben angesprochene Kreuzestheologie eine theologische Antwort, die nicht in bevormundender Weise gedacht ist. Mir scheint: Nur ein DU kann hier trösten und helfen in der Tiefe.

In diesem Sinne scheint ein Leserbrief aus der Prawda vom Jahre 1988 beachtenswert, ein klagender Ruf nach dem sinneröffenenden DU: „Wenn mein Leben hier auf Erden sich erfüllt mit Verstand und Empfindungen und das alles so einfach verschwinden soll, dann ist dieses Leben eine unerhörte Absurdität. Wofür soll dann der Mensch seinen Verstand ausbilden und seine Empfindungen entfalten, wenn er selbst aus dem Nichts entstanden ist und er selbst wieder in das Nichts zurückgeht? Wozu soll ich ein vergängliches Bewusstsein meines Daseins haben, wenn ich lernte zu addieren und zu dividieren, Höhe und Abgrund zu erleben, mich an der Schönheit zu erfreuen, mich am Schöpferischen zu berauschen – wofür war das alles mir gegeben, wenn ich nicht ewig bin, sondern wenn ich schon im nächsten Augenblick ins Nichts zerfalle. Wofür das alles?“

Blicken wir zurück, so dürfen wir dankbar den Versuch Rentschs zur Kenntnis nehmen, die Vernunft nicht bloß im nachmetaphysischen Sinne zu verstehen, Grenzen positivistischen Denkens zu überwinden. Vernunft weiß um sinnkonstitutive Grenzen, die praktische Einsicht in sie führt zu der „ekstatischen Vernunft“, die ihren Transzendenzbezug nicht abspaltet, sondern ihn praktisch zu verstehen versucht. Der Inbegriff dessen ist im Wort „Gott“ ausgesprochen. Von diesem Ansatz her „erschließt sich der philosophischen Reflexion die genuin religiöse Vernunft", die eine Sache der geschichtlichen, religiösen Lebenspraxis ist. In der religiösen Praxis wird der wahrhaftige Transzendenzbezug „zu einer spirituellen Realität eigenen Rechts".

Philosophie kann so hinführen, dass sie dieses Eigenrecht der religiösen Erfahrung begreiflich und in der Irreduzibilität deutlich werden lässt. Philosophie ergänzt Theologie in gewissem Maße, versucht das Geheimnis dessen im Rahmen der Möglichkeiten zu verstehen, was nur immer in Grenzen möglich sein mag.

Rentschs Analyse hat den Vorzug der Orientierung auf die Praxis religiöser Gestaltung und Vernunft, die in Feier und Dankbarkeit, im Beten, Singen, Loben, Hören sich entfaltet, in tätiger Nächstenliebe wirksam ist, auch im Vergeben, im Trösten im Angesicht der Grenzsituationen des Daseins. So kann philosophische Reflexion authentische Formen der Religionen deuten und indirekt rechtfertigen. Philosophie ergänzt Theologie, wie es auch teilweise die Tendenz philosophischer Theologie bei Jaspers, Krüger, Jacoby, Weischedel, Scheler, Horkheimer war. (Vernunft und Glaube von mir, 2003, S. 37ff) Auch H. Jonas ist hier zu nennen. (ebd, S. 57ff) Vernunft und Glaube gehören eng zusammen. (ebd, S. 137ff)

Philosophische Reflexion kann gerade vom eigenen Transzendenzbezug her die Verabsolutierung des jeweils Relativen, wie sie für unsere Zeiten charakteristisch war, kritisieren und die darin gefangene Knechtschaft der autonomen Vernunft überwinden, ihre Praxis freisetzen. (Rentsch, S. 208) Dies ist nicht unwesentlich und kann bewahren vor Irrwegen des Denkens, des Glaubens und des gesellschaftlichen Handelns.

Dennoch: Die Gottesgabe der Vernunft ist auch selbst unter Umständen nicht frei von einer Art von Eigenverabsolutierung des je Gedachten und von Werken. Dem kann nur das Gottvertrauen wehren und die Tiefe der eigenen Verlorenheit anzeigen, auf dass Vernunft und Glaube sich vereinen in einer praxis pietatis auf den hin, der sie geschaffen hat.

Diese wechselseitige Ergänzung, Bereicherung von Philosophie und Theologie, Religion im Werk Rentschs, ist ein Gewinn und sollte in Dialogen fortgesetzt werden, ohne das je eigene Proprium aufzugeben.

III. Eckpunkte einer Theologie der Religionen

1. Zur Lehre von der Schöpfungsoffenbarung

Die jeweils prägenden Religionen, die wir im ersten Kapitel relativ begrenzt nur darstellen konnten, könnten zu jener Konsequenz überleiten, einer Relativierung des Religiösen, etwa in dem vordergründigen Urteil: Im Kern seien alle Religionen – und natürlich auch das Christentum – letztlich gleich. Man könnte von einem religiösen Weltbürgertum sprechen, das gewiss die Zugehörigkeit zu einer Religionsprovinz nicht ausschließt. Ein Wechsel der Religionen ist von diesem Aspekt her erwünscht, aber jegliche Mission ist unerwünscht und gilt als „Fundamentalismus".

Dabei schwingt ein Weiteres mit: Die Religionen erscheinen als Kosmos gleichberechtigter Symbole. Im Einzelnen meinen jene Differentes, aber im Grunde meinen alle doch dasselbe. In unserer Zeit, die auf Toleranz angewiesen ist, ist den Religionen die Aufgabe gestellt, ihre tiefgründige Einheit zu entdecken. Wenn dies geschehen würde, dann käme man zu einer Einheit der Religionen ohne die Aufhebung der Vielheit. Dies ist die angebliche Verheißung, die gerade religiös Denkende als wesentliche Zukunftshoffnung vor sich zu sehen meinen.

Hier ist ein Zeuge zu nennen, dem man gewiss die gute Absicht und die humanitäre Einstellung nicht absprechen kann, der Inder Radhakrishnan. Sein Spiritismus und Symbolismus bestreitet jeglichen religiösen Absolutheitsanspruch. Und er überlässt die Letztgültigkeit religiöser Aussagen allein der niemals adäquat zu sagenden geistlichen Erfahrung, die verschieden, auch abgestuft sein kann. (Siehe „Die Gemeinschaft des Geistes", 1952). So münden seine Überlegungen in den Ausblick auf eine kommende Religion des Geistes bei aller Differenzierung im Einzelnen. Er schlägt ein Religionsparlament vor.

Jenes Parlament würde gleichberechtigte Religionen in Harmonie und Toleranz zusammenführen – wie es in Indien ja auch im Ansatz ist. Es gibt in Indien kein gemeinsames Glaubensbekenntnis, sondern ein gemeinsames Suchen nach der Wahrheit. Der umfassende und auf Synthese eingestellte Geist des Hinduismus bietet die Lösung. Allerdings nur so, dass die in den Religionen wirksame Mystik die geheime, wahrste Religionsart ist, welche erstrebt werden muss. Man fragt sich dann, ob die Mystik im Blick auf das Ganze der religiösen Gestaltungen und ihrer sozialen Bezüge im besten Falle eine Randerscheinung ist – und das Parlament der Religionen wäre ein schöner Traum, ein sehnsüchtiges Denken der Relativierungen des Religiösen. (vgl. Kraemer, a. a. 0, Religion und christlicher Glaube, 1952, S. 130f) Mit dieser Tendenz der Relativierung sind wir bei einer nur pragmatischen Denkweise, beim nur anthropozentrischen Ansatz, die auch die Theologen Hick und Smith erstreben (s. o.) Bei ihnen ist die Rücknahme der Christologie selbstverständlich. An die Stelle der Mission muss der Dialog der Religionen treten, sie müssen sich tolerieren, wie es auch einst Lessing gefordert hatte. Die Wahrheitsfrage bleibt ausgeklammert.

Diese pluralistische Position bricht mit dem Glauben, dass das Heil Gottes nur in Christus zu finden ist. Man ist der Meinung, dass der Pluralismus selbst von Gott gewollt ist und dass darum alle Religionen auch Heilswege sind oder wenigstens sein können, wobei im einzelnen Christus durchaus eine hervorragende Stellung zuerkannt wird, aber keine exklusive Stellung mehr zugesprochen werden kann.

Dies steht im Gegensatz zu einer exklusivistischen Deutung, die sich vom biblischen Grundverständnis her leiten lässt. Nur der Glaube an Gott in Christus errettet, schenkt das Heil, die Religionen sind insgesamt keine Heilswege, wie K. Barth immer wieder betont hat. Dabei muss beachtet werden, dass Barth nicht das Christentum als geschichtliche Gestalt im Sinne einer absoluten Religion versteht und alle anderen Religionen dagegen stellt. Vielmehr unterscheidet er zwischen dem Glauben an Gott in Christus und den Religionen. Die Religionen sind für ihn ein Geflecht menschlicher Haltungen, durch die der Mensch zu Gott aufzusteigen versucht. In den Religionen wird den Menschen ein Heil vorgegaukelt, das es in Wirklichkeit nicht gibt. Religion ist werkgerecht und so heilswidrig.

Mit diesem Denken wird Barth einer prophetischen Geisteslinie gerecht im Alten Testament. Man denke an die Kritik an den eigengemachten Lügengeistern, an den Götzen. Man erinnere sich des immer wieder aktuellen Abfalls Israels von dem lebendigen Gott hin zu den Baalsgeistern.

Die Offenbarung in Christus knüpft niemals bei diesen seltsamen religiösen Vorstellungen an, sondern widerspricht ihnen und hebt sie auf. Der Glaube kann nicht anknüpfen an den Falschglauben. (Kirchliche Dogmatik, I, 2, §17, S. 330ff) So kann es nach Barth nicht zwei verschiedene Wege theologischer Deutung im Verhältnis zur heilsgeschichtlichen Offenbarung geben – eine mehr inklusive und eine exklusive. Nur die Kontradiktion zählt: Religion ist und bleibt Unglaube im Verhältnis zu Gottes Selbst- und Heilsdarbietung. Unsere Rechtfertigung und Heiligung ist ein für alle Mal geschehen in Jesus Christus. (ebd, S. 336)

Dieser vom Zentrum der Rechtfertigungslehre her vollzogene Angriff scheint vom Totalanspruch Gottes in Christus verständlich und entspricht in gewissem Sinne dem reformatorischen Ansatz bei Luther. Und es ist gewiss auch nicht zu leugnen, dass in allem menschlichen Gestalten, auch im religiösen, die Selbstrechtfertigung in Werken coram Deo ihr böses Spiel treiben kann oder treibt. Und auch im christlichen Glaubensvollzug ist dies niemals ganz ausgeschlossen – trotz der einmal im Kreuz Christi vollzogenen und beschenkenden Versöhnung. Das darf über den Ausführungen Barths nicht vergessen werden – im Sinne des „simul iustus et peccator" Luthers.

Demgegenüber betonten einst Schlatter und Althaus, dass es der Theologie bis in die letzten Menschenalter hinein selbstverständlich war, von einer zweifachen Offenbarung Gottes zu handeln. (Christliche Wahrheit, Band l, S. 45ff; bei Schlatter, Dogma, 1923, S. 13ff)

Nach Althaus und Schlatter bezieht sich die urchristliche Missionspredigt direkt und auch indirekt auf eine Bezeugung Gottes an die Menschheit, die jederzeit ergeht, von der die Menschheit in jeder Gegenwart herkommt. Man vergleiche Apg. 14, 16f, 17, 23ff, Römer 2, 14f, Römer 1, 19f. Paulus spricht in jener im Präsens und verwendet denselben Begriff „"offenbaren", den er auch für die heilsgeschichtliche Erschließung der Gerechtigkeit Gottes aufwendet. (Römer 3, 12ff) Auf Grund dessen hat die altprotestantische Theologie eine zweifache Offenbarung Gottes gelehrt. Vor der revelatio specialis, die uns durch die Heilige Schrift erreicht, steht die revelatio generalis. Sie geschieht im menschlichen Bewusstsein, Personsein, wie auch im geschaffenen Weltsein. Althaus nennt jene Bezeugung Gottes im Welt- und Menschsein die Uroffenbarung. Die Silbe „Ur" soll bezeugen, dass die von Gott geschaffene Welt um eine ursprüngliche Bekundung Gottes in seiner Schöpfung, im je eigenen Erkennen und Erfassen des Bewusstseins des Menschen weiß..

Wenn dieser Aspekt außer Acht gelassen wird trotz des eindeutigen Zeugnisses des Neuen Testamentes, dann mag man annehmen, dass der eigentliche Grund dafür nicht eine theologische Nötigung ist, sondern dass dem eine philosophisch-weltanschauliche Haltung zugrunde liegt: Nämlich die Aufnahme des modernen Relativismus und Skeptizismus, der keine Relation mehr zum Unbedingten knüpfen möchte in der Wirklichkeit unseres Daseins und Lebens. Barths Angriff gegen die allgemeine Offenbarung, gegen natürliche Theologie, ist nicht bloß von einem radikal verstandenen Evangelium erfolgt, sondern wesentlich auch von jenem Relativismus her, von einer totalen theologischen Säkularisierung allen menschlichen Lebens, auch aller Religionen – in Parallele zu Feuerbachs Intention. Nirgends ist im Mensch- und Weltsein von Bekundung Gottes die Rede; es gibt außerhalb der Begegnung Gottes in der Heilsoffenbarung in Israel und in Christus keine wirkliche Bekundung Gottes. Alles ist Werk des Menschen. „Die säkularistische, skeptizistische, relativistische Theorie wird als Pädagoge hin zu Christus bemüht und in Dienst gestellt". (Christliche Wahrheit von Althaus, Band 1, S. 68)

Die bekannten neutestamentlichen Stellen werden umgedeutet, die Theologie der Reformatoren, welche eine Schöpfungsoffenbarung annahmen, werden von Barth gerügt. (vgl. bei Althaus, Band 1, S. 69ff) Demgegenüber darf mit Lütgert gesagt werden: Durch die Lehre von der Schöpfungsoffenbarung „soll verstanden werden, dass das Wort, die Offenbarung Gottes, nur deshalb Gewissheit Gottes in uns erzeugt, weil Gott selbst in der Welt, in der Natur und in unserem Bewusstsein gegenwärtig ist". (Schöpfung und Offenbarung, 1934, S. 115, vgl. auch S. 135ff) Schlatter hat im selben Sinne betont, dass in dem uns gestaltenden Wirken Gottes „Gott sich uns erkennbar macht". (Die philosophische Arbeit, seit Cartesius, 1906, S. 177) Alles Seiende steht in Beziehung zu Gott, auch und erst recht der Mensch als schöpfungsgegebenes Gottesebenbild, kündet von Gott. (Dogma, S. 13f)

Dies steht nun wiederum im Widerspruch zur heute vorherrschenden nachmetaphysischen Philosophie, wie sie unter anderen von Habermas und Popper vertreten wird. (vgl. Vernunft und Glaube in Philosophie und Theologie, 2007, S. 15ff, 27ff) In jener Philosophie wird die Anwendung der rationalen Gegebenheit, des Satzes vom Grunde auf den empirischen Bereich vollzogen. Jegliche auf das Ganze des Seins orientierte Denkweise wird abgelehnt, die Anwendung der Kategorie der Kausalität im überempirischen Sinne fällt aus. Letztfragen werden nicht gestellt. Relativierung und Säkularisierung sind angesagt. Mit einer solchen gelähmten Vernunft ist das Gespräch mit der christlichen Theologie schwierig, kaum möglich.

Dies war in der Situation der Entstehung des Christentums anders, da die griechische Philosophie die letzten Sinnfragen aufgeworfen hatte und auch beantwortet hatte im Deuten einer hintergründigen göttlichen Macht als Logos, Idee des Guten, als erster Beweger, als geistige Macht. Dies ergab unter Umständen mögliche Konvergenzen zwischen der christlichen Theologie und dem „idealistischen" philosophischen Zeitgeist.

Die sogenannte Hellenisierung hatte bereits vor dem Christusereignis eingesetzt, wovon indirekt das Alte Testament zeugt: Der endgültige Durchbruch zum Monotheismus im Exil Israels, das Ringen um eine neue Basis des Ethos wie des Glaubens, wovon das Buch Hiob zeugt, wie schließlich die Kritik an den Tieropfern des Tempels, die Suche nach einem Gott angemessenen, ihm gemäßen Verständnis des Opfers – das waren Entwicklungen, in denen sich die Berührung mit dem hellenistischen Geiste, mit der griechischen Philosophie fast von selbst ergab. Die Septuaginta ist ein Zeugnis dieses Geschehens, wie auch die Sprüche und die Weisheit Salomons.

Die ersten christlichen Theologen, die Aussagen des Neuen Testaments mit der griechischen Philosophie in gewissen Einklang brachten, waren die Apologeten.

Sie gewannen zwei wesentliche Aspekte: Sie betonen die Vernunftbezogenheit des christlichen Glaubens. Dieser ist für Justin „die einzig zuverlässige Philosophie". (Dialog 8, 1)

Philosophie und Theologie, christlicher Glaube, sind nicht geschieden. Der weitere Aspekt: Das Wesen Jesu Christi wird mit dem philosophischen Weltlogos identifiziert; damit verlagert sich der christologische Schwerpunkt in den Raum der Präexistenz.

Das alles bedeutet: Dass nicht nur die Propheten des Alten Bundes, sondern auch die griechischen Philosophen, überhaupt alle Menschen, die Anteil am ewigen Logos haben, Christen sind. Dies impliziert nun wiederum, dass das Christentum nur scheinbar eine neue Religion ist. In Wahrheit ist es uralt, älter als Mose und Platon. In Christus, dem Logos Gottes, ist die Wahrheit des Christentums mit dem Ursprung der Welt verbunden, wie es jetzt im geschichtlichen Jesus Christus offenbar geworden ist.

Dies war eine erhebliche Herausforderung an das antike und philosophische Wahrheitsverständnis. Denn es ist das Wahrheitsverständnis durch eine gedachte, rational begründete und geistige Größe bestimmt, eine ordnende und tragende Weltvernunft, die meist unpersönlich gedacht wurde. Jedoch war es niemals durch eine bestimmte Person charakterisiert und identifiziert. Die Apologeten durften sich in gewisser Weise vom Evangelium des Johannes bestätigt fühlen. So näherten sie den philosophischen Wahrheitsbegriff dem auf Jesus Christus bezogenen Wahrheitsverständnis an. Dies ist eine Wende geistesgeschichtlicher und theologischer Art, die ihre Auswirkungen in Variationen in einer langen Geschichte bis heute hatte.

Das Christentum hat seine Vorläufer und seine innere Vorbereitung in der philosophischen Aufklärung, in der griechischen Philosophie. Und nicht im Kranz der polytheistischen Religionen damaliger Zeit, deren mythische Bilder und Ahnungen ihre Rechtfertigung in der politischen Nützlichkeit hatten. Demgegenüber beziehen sich die Apologeten auf das Gottgegebene in der Wirklichkeit des Welt- und Menschseins – wie es analog die griechischen Philosophen gelehrt haben, von Platon, Aristoteles bis zur Stoa.

Augustin folgt dieser Denkrichtung: In der Lehre von der lex aeterna, die sich in der lex naturalis in sittlichen Normen spezifiziert. Jene lex aeterna ist göttliche Providenz, Weltvernunft, vermag Böses in Gutes zu verwandeln, Unordnung in Ordnung zu fügen. Der Glaube, der sich ihr unterwirft, befähigt zur steten Erfüllung ethischer Normen. Auch für Augustin ist christliche Wirklichkeitserkenntnis auf Gott bezogen. Der christliche Glaube verehrt jenes Sein, das allem Existierenden zugrunde liegt. Das Christentum ist nicht nur wahre Religion, sondern auch „vera philosophia". Dieser Gedanke beherrscht die mittelalterliche Philosophie – von Augustinus zu Bonaventura, zu Thomas, und ist jene philosophia perennis, die griechisches und christliches Denken zusammenfügt. (vgl. Schubert, Augustinus lex aeterna-Lehre, Beiträge zur Geschichte der Philosophie des Mittelalters, XX, IV, 2, Münster 1924, S. 12ff, 1924)

Auch Luther und Melanchthon übernahmen diese Lehre, wie auch die lutherische Orthodoxie. Barths Rügen dessen ist von seinen Voraussetzungen her verständlich. Es bleibt die Frage, ob Gott sich nicht doch auch in seiner Schöpfung offenbart, bezeigt, mitgeteilt hat. Dies ist allerdings die Auffassung der lutherischen Orthodoxie, wie Luthers selbst – unter Voraussetzung der neutestamentlichen Kardinalstellen: Römer l, 18f, 2, 14f, Apg. 16f, 17, 22f, 28.

Auch im AltenTestament: Psalm 8, Psalm 139, 1 Mosex 1, 27. (Zu Luther vgl. „Vernunft und Glaube in Philosophie und Theologie 2003, von mir, S. 83ff)

Die Lehre von der Ur-Offenbarung bei Althaus – auch unter den Begriffen als Allgemeine oder Schöpfungsoffenbarung – ist von der Heilsoffenbarung zu unterscheiden. Von einem Präsens darf gesprochen werden, das dem Perfectum der Heilsoffenbarung wesentlich immer vorangeht. Drei Gründe sind nach Althaus zu beachten:

Der erste Grund: Das Evangelium kommt zu den Menschen als Botschaft von der Vergebung der Sünden. Damit bezieht es sich auf eine ursprünglich empfangene Wahrheit, an der Menschen schuldig geworden sind und immer wieder schuldig werden. Die Anrede des Menschen als schuldig und sündig impliziert eine ursprüngliche Selbstbezeugung Gottes in seiner Schöpfung. Will man sich dem entziehen, dann verliert das Wort von der eigenen Schuld seinen strengen

Sinn, es büßt das Gewicht des Wortes von der Vergebung ein. (Christliche Wahrheit, Band 1, S. 50ff)

Der zweite Grund: Das Evangelium nimmt die in der Ur-Offenbarung empfangene Wahrheit auf, es bestätigt sie und will sich als Wahrheit an ihr bewähren. (ebd.) Die Schuld des Unglaubens besteht darin, dass der Mensch, der Christus begegnet, wissen müsste, von Gott her wissen könnte, vor wem er steht, nämlich vor dem Worte Gottes, das ihn angeht. Dies verweist auf die Ur- Offenbarung. Denn jeder Mensch weiß durch ursprüngliche Bekundung an seinen Geist und an sein Gewissen um Gott. So kann er auch nicht für Christus blind sein. (ebd, S. 52)

Althaus konzentriert noch diesen Gedanken: „Die Mensehen müssen in diesem Sinne Gott in Jesus wiedererkennen" (ebd, S. 52) Das bedeutet: Sofern der Mensch von der ursprünglich ihm erschlossenen Wahrheit Gottes in der Ur-Offenbarung herkommt, kann er Jesus Christus sehen. Anders wäre es, wenn er von seinen eigenen sündhaft verkehrten Gedanken herkommt, die ursprüngliche Wahrheit der Ur-Offenbarung übergeht. Dann ist er blind für Jesus. (ebd, S. 53)

Das gleiche Evangelium, das den Menschen in ihrem verkehrten Sinn Torheit ist, appelliert dabei doch an ihr Gewissen und bewährt sich ihm gegenüber. (1. Kor, 1, 18ff) Es ist die Wahrheit der Ur-Offenbarung. „Der Grieche musste so wenig wie der Jude alles verlernen, was er in sich trug, wenn er zu Jesus kam; der Germane auch nicht." Die Wahrheit Christi begegnet der Urwahrheit: von dem Ernste vor Gott, von Verantwortung, Schuld und Gericht. (ebd.)

Wenn es umgekehrt wäre, Jesus alles, was wir bisher kannten, zur Sünde machen würde, „dann könnten wir ihm nicht glauben. Dass Jesus jene Urwahrheit bestätigt und auf nimmt, das gibt ihm die Gewalt, uns im Gewissen zu überführen (ebd.)

Der dritte Grund: Das Evangelium ist Anknüpfung, nicht an die wie immer entstellte Heilserwartung der Religionen, wohl aber an die in jenen relevante Ur-Offenbarung. (ebd, S. 51) Das Evangelium ist darum nicht bloß die Erfüllung der Heilserwartung Israels, sondern auch der außerbiblischen Menschheit. (ebd, S. 55) Wenn die Urchristenheit Jesus Heiland nannte, so bedeutete das einen scharfen Gegensatz zu den Heilanden des Heidentums, insbesondere zum Kaiserkultus. Aber in dieser scharfen Antithese liegt zugleich das Bekenntnis: Jesus erfüllt das tiefste Erlösungsverlangen auch der heidnischen Welt. Darin gründet eine positive Beziehung des Evangeliums auf die vorchristliche Religion, eine Anerkennung von Wahrheit. (ebd, S. 57)

So ist es verständlich, dass die Begriffe des Mythos nicht nur zu verstehen sind als trügerische Bilder sündhafter Phantasie des Menschen. Sie entstammen indirekt einer Urwahrheit, einer ursprünglichen Gottesbeziehung. Nur von dorther ist es verständlich, dass sie fähig waren als Gefäße des Evangeliums, des Heils zu dienen. (ebd, S. 60)

Die Heilige Schrift spricht von Gott in Gleichnissen, die von der geschichtlichen Wirklichkeit des Menschseins genommen sind, aus der so gegebenen und geschaffenen Menschenwelt bei allen Degrationen, die nicht verkannt werden dürfen. Gott wird benannt als „König", „Vater", ‚Richter" als „Geist", als „Herr". Er wird gleich dem Mitmenschen in der Du-Form angeredet. Es ist von seiner Liebe und Barmherzigkeit die Rede. Alle diese Worte sind Anthropomorphismen. Sie haben ihren Grund und ihr Recht darin, dass die menschlich-geschichtliche Wirklichkeit, von der die Begriffe hergenommen sind, theomorph ist, das heißt in sich selbst von Gottes Wirklichkeit zeugt. In der irdischen Vaterschaft, in der sie durchwaltenden

Norm und in ihrer empirischen Wirklichkeit, erschließt sich ein Zug des Wesens Gottes selbst. So ist die Anwendung des Vater-Gleichnisses auf Gott darin begründet, dass von Gott jene Vaterschaft im Himmel und auf Erden ihren Namen hat. (Eph. 3, 15) Wir sprechen Gott als Geist an, weil Gott in der Wirklichkeit des Menschlichen Geistes sich bezeugt. Die Sprache des Glaubens an den Gott in der Christus-Offenbarung weist auf die Ur-Offenbarung oder Schöpfungsoffenbarung zurück. (Althaus, Grundriß der Dogmatik, S. 20, Berlin 1951)

Es ist offenbar, dass es einen inneren Zusammenhang zwischen der Heilsoffenbarung in Christus und in Israel mit der Schöpfungsoffenbarung gibt. Dieser Zusammenhang darf niemals übergangen werden. Versöhnung, Erlösung und Schöpfung in Gott gehören zusammen und zeugen letztlich von einer Panagape Gottes her – das Geheimnis ist groß.

Unbeschadet jener eben aufgezeigten inneren Tiefe des Zusammenhanges von Schöpfung, Erlösung und Versöhnung in Gottes Liebe – so darf doch nun auch gefragt werden, ob die schöpfungstheologische Linienführung nicht unvermeidlich zu einem synergistischen Verständnis anleitet. Wird so nicht die Verlorenheit des Menschseins in der Sünde überdeckt?

Die Antwort darf sagen, dass die Ur-Offenbarung oder Schöpfungsoffenbarung die völlige Verlorenheit des Menschen so wenig aufhebt, dass sie jene vielmehr erst begründet. Weil der Mensch kraft der Schöpfungsoffenbarung von Gott weiß, ist er als Sünder verloren. Die geistige Substanz des Menschseins ist die Voraussetzung zum Verständnis des Sünderseins. Nur wenn die existenzielle Grunderfahrung unter dem richtenden Wort Gottes jene Verlorenheit – „es ist all unser Tun umsonst, auch in dem besten Leben" – nicht entdeckt, ja überdeckt ist im werkgerechten Sinne, verliert der Mensch sich im Synergismus, im ethischen Perfektionismus, in einer gesetzlichen Denkweise, der die Demut fehlt.

Von der Schöpfungsoffenbarung herkommend sind wir immer solche, die schuldig geworden sind – heillos sind. Wir stehen unter jener Offenbarung zugleich unter dem Zorne Gottes wegen der Verleugnung der Urwahrheit. Jeder Mensch ist ganz und gar Sünder vor Gott. Und dieser Mangel an Gottesfurcht darf nicht partial gedeutet werden; wir stehen im Widerspruch zum Schöpfer in Gedanken, Worten und Werken. Die Sünde ist nach dem Fall unvermeidlich. (E. Schlink, Theologie der Bekenntnisschriften, S. 46, Berlin 1954) (vgl. CA, II, 1) Fehlt die Liebe zu Gott, so auch zum Mitmenschen. (Ps. 116, 11) Aber das Andere gilt auch und darf nicht exmittiert werden: Die Offenbarung des Schöpfers in seiner Schöpfung. Alles ist sein Werk, darum ist das Geschaffensein ein wesentliches Merkmal des Weltseins und des Menschseins. „Weil Gott einst Schöpfer war und täglich Schöpfer ist, aber nicht nur ist, sondern einst schuf und täglich als Schöpfer handelt, sind im Wort „Schöpfer“ die creatio ex nihilo seu immediata zu Anfang der Welt und die creatio continua Tag für Tag zusammengefasst und geeint. Die Schöpfung heute ist nicht weniger wunderbar als die „Schöpfung zu Anfang.“ (ebd, S. 44 Schlink) Davon zeugen die Bekenntnisschriften, insbesondere der große und der kleine Katechismus. Gottes Schaffen und Erhalten werden immer zusammen gesehen. Und der Mensch als Sünder ist immer sein ebenbildliches Geschöpf und wird so bewahrt. Keine Funktion des Menschseins ist da ausgeschlossen. (Großer Katechismus II, 13) Mit Loben und Danken preist Luther dieses Handeln Gottes. Schon auf Erden spüren wir Gottes väterliche Güte. (Gr. Kat. II, 23)

Im Horizont der lutherischen Lehre ist der Mensch Sünder in Gedanken, Worten und Werken und auch ebenbildliches Geschöpf in Gedanken und Worten und Werken. Beides darf nicht aus diesem Totalaspekt her ausgehöhlt werden und partial gedeutet werden. Die Kategorie der Quantität würde das nahelegen. Demgegenüber sei betont: Es gibt weder einen Rest in der einen Denkrichtung noch in der anderen, sei es der Unversehrtheit oder der Sünde“. Beides sollte nicht quantifiziert werden, in gleichem Gewicht bedacht werden in einer methodisch ganzheitlichen Schau jenseits einer vordergründigen Anwendung der Kontradiktion, des Widerspruchsprinzips – in einem gewiss überrationalen Sinne. Diese Weite muss bewahrt sein im theologischen Denken. Auch und gerade wenn es um die weitere theologische Deutung der Religionen geht.

2. Schöpfungsoffenbarung und Religionen

In der Darlegung der verschiedenen Religionsdeutungen im 2. Kapitel konnten wir eine dreifache Richtung der Einsicht feststellen: Einerseits der exklusive Grundaspekt Barths: Der Glaube an Gott in Christus ist der wahre und einzige Heilsweg. Religionen sind Versuche des Menschen zu Gott aufzusteigen, geboren letztlich aus dem Unglauben des adamitischen Wesens.

Andererseits gab und gibt es die pluralistische Position bei Smith und Hick: Für sie ist gewiss, dass der Pluralismus von Gott gewollt ist, sie sind jeweilige Heilswege. Christus kann noch eine herausgehobene Position zugesprochen werden, aber keine exklusive wie bei Barth. Analog dachten Troeltsch und Lessing in der Konsequenz ihrer Ansätze. In pluralistischen Deutungen wird eindeutig mit dem Glauben gebrochen, dass allein von Christus her das Heil kommt.

Althaus (mit ihm Brunner, Schlatter, Lütgert und andere) versucht die Exklusivität des Handelns Gottes in Christus zu verbinden mit einem Inklusivismus, welcher die Religionen nicht allein hamartiologisch zu verstehen versucht – analog auch Rahner, dem wir im nächsten Abschnitt begegnen werden.

Auf dem Vermittlungswege zum Verständnis der Religionen kann uns M. Scheler mit seiner Deutung der religiösen Aktte weiterhelfen. Es ist beachtenswert, ja staunenswert, dass es religiöse Akte überhaupt gibt. Denn der Mensch ist ja natürlicher Weise ein Erfahrungswesen, den Relativitäten des Tages und des Menschlichen überhaupt, wie des Weltseins unterworfen, er ist von Natur aus Pragmatiker, dem Hier und Jetzt ausgeliefert im Versuch, dem Jeweiligen standzuhalten, den je eigenen Nutzen zu suchen, auch den der Familie und des Stammes.

Im religiösen Akt geschieht etwas Überraschendes: In ihm sind alle Dinge, Geschehnisse in ein Ganzes zusammengefasst als Welt, es ist ein Transzendieren als ein Hinübermeinen über den eigenen Erlebnisstand im Menschsein, in den Relativitäten. Erst wo dieses Transzendieren die Welt als Ganzes meint, kann von einem religiösen Akt gesprochen werden. (Das Ewige im Menschen, 5. Aufl., Bern 1954, S. 244)

Aber nun darf man fragen, wie es denn möglich ist, dass der Mensch in diesem Akt des Transzendierens über alle Erfahrung hinaus, über alle Relativität hinaus denken und sprechen kann. Denn das Eigenartige ist nun, dass religiöse Akte in der Welt unerfüllt bleiben. Kein Ding oder Ereignis, kein irdisches Glück, kein äußerer Fortschritt kann religiöse Akte befriedigen. In ihm ist eine Ehrfurcht lebendig, die empirisch grundlos ist. Im religiösen Hoffen und Danken beziehen wir uns auf ein Etwas, das wir nicht in der Welt haben. Im Danken und Hoffen, im Anklagen, in der Vergebung, in der Ehrfurcht überschreitet unser Geist den Wesensbegriff endlicher Dinge überhaupt.

Der religiöse Akt fordert einen Antwortgeber, einen Gegenakt in einer Offenbarung. Die geschieht von oben her in den konstanten Wesenstatsachen der Innen- und Außenwelt, in der Natur, in der Geschichte, in religiösen Urgestalten, durch Tun und Sprechen. Offenbarung in diesem Sinne ist die dem Wesen des religiösen Aktes streng korrelate Gegebenheit (ebd, S. 249) „Soweit sich das Göttliche selbst darstellt und aufweist in Sachen, Ereignissen, Ordnungen", die für jeden zugänglich sind, reden wir von einer natürlichen Offenbarung.

Wesentlich ist, dass es sich um eine natürliche, für jeden prinzipiell zugängliche Erfahrung handelt. (vgl. Ebd, S. 157, 249) ln diesem urnatürlichen Geschehen kennt man auch Dank, Hoffnung, Glück. Hier ist der Sitz religiöser Erkenntnis, religiöser Akte. Sie sind sui generis, weder vom Denken noch vom Willen allein bestimmt. (ebd, S. 11, 130, 262) Jene Akte sind die „wurzeltiefsten, einfachsten, persönlichsten Grundakte" des menschlichen Geistes, sind Mitgift der Seele. (ebd, S. 241, 260ff)

Scheler konnte sich für seine Analysen auf die religiöse Erfahrung der Menschheit berufen, die so weit reicht wie die Menschheit selbst ist – wie uns die Religionsgeschichte bezeugt. Dies ist eine Erfahrungsgegebenheit mit einem hohen Maß an Wahrscheinlichkeit

Wenn man davon ausgehen muss, dass menschliches Leben und seine Entwicklung etwas Sinnvolles, teleologisch Gerichtetes ist, dann ist die Feststellung, dass in allen uns bekannten Menschengemeinschaften in unüberesehbarer Weite und Tiefe religiöse Akte und Gestaltungen zu finden sind, richtig, dann kann im Ernst der Sache nur ein Realbezug dem entsprechen. Die Skepsis hätte dann in jedem Falle die Last zu tragen, jene sogenannte religiöse Täuschung zu begründen, was gewiss fast abenteuerlich sein dürfte.

Nun verweist Scheler aber auch auf ein „Wesensgesetz": Jeder Mensch glaubt entweder an den lebendigen Gott oder an einen Götzen. Der religiöse Akt kann sich auf eine Wirklichkeit beziehen, die ihm heilig erscheint – oder er glaubt an ein Ideenkonglomerat, das der Sphäre der endlichen Güter angehört. (ebd, S. 261) Scheler sieht jene religiösen Akte im theologischen Doppelaspekt von Schöpfungsgabe und Sünde. Die widersprüchliche und bruchstückhafte Situation wird bei ihm nicht verkannt.

In diesem kritischen Sinne spricht Althaus ebenfalls von der Doppelgestalt der Religionen in seiner Theologie der Religionen: Sie haben Wahrheitsgehalte und implizieren indirekt Lügen. (Christl. Wahrheit, Band 1, S. 162ff) Maßstab für beides ist das Evangelium.

Von ihm herkommend erscheinen Religionen zum Ziel gekommen – Christus ist das Ende der Religionen. Zugleich ist er ihre Erfüllung. Das Evangelium richtet die Religionen, knüpft aber auch bei ihnen an und geht auf die Religionen ein.

Bezeichnend ist ja die Tatsache, dass das biblische Zeugnis von der Heilsoffenbarung Gottes sich vorchristlicher Begriffe der religiösen Heilserwartung bedient – nicht nur alttestamentlicher Begriffe, auch hellenistischer und parsistischer. Das wäre ja gewiss nicht möglich, wenn die Religionen nur trügerische und menschlich – allzu menschliche Gedanken böten und nicht auch trotz der Ohnmacht, trotz der Verkehrung und der Lüge doch auf Grund der vorherigen Gottesbeziehung in der Ur-Offenbarung, in der Schöpfungsoffenbarung, in Fragen und in Ahndungen Wahrheiten des Heiles hätten.

Es ist darum eigentlich nicht möglich, Religionen nur als Gebilde menschlicher Phantasie der allein wahren Offenbarung Gottes in Christus gegenüberzustellen, wie der große K. Barth dies tat. (s.o.) Vielmehr weisen die Religionen, wie verkehrt das Gottesverhältnis bei ihnen auch sei, auf die Offenbarung Gottes in der Wirklichkeit seiner Schöpfung zurück – im Menschsein und im Weltsein.

Wahrheit enthalten Religionen, soweit sie um die Heiligkeit Gottes wissen, um das Heilige im Unterschied zur Welt. Damit verbunden ist die Erfahrung, dass unser Leben nicht so aufgeht, wie wir es mit unseren Sinnen erfahren. Die Wirklichkeit unseres Daseins kennt eine Dimension, die mit unserer Sinneserfahrung nicht abgedeckt ist. Um unser Menschsein zu erfüllen, müssen wir den Blick auf diese Dimension offen halten, auf das Heilige, auf Gott – auf Tien, Tao, Brahma, Logos. Die Religionen können von Gott reden, ihn benennen, aber doch nur, weil ER zu ihnen von sich selbst geredet hat. Der Gottesgedanke selber ist Selbstbezeugung Gottes und Wahrheit. Auch die Abgötter, Götzen, zeugen von der Wirklichkeit des wahren Gottes. Der Mensch hätte keine Götzen, wenn er nicht von Gott wüßte. Ohne Gottesbewusstsein gäbe es keinen Gottesdienst.

Die Gottesgedanken der Religionen tragen Züge des wahren Gottes in allen Entstellungen und Depravationen. In ihnen ist Wahrheit, wenn sie wissen, dass man Gott mehr gehorchen soll als den Menschen und Mächten. Nur in der Relation zur Gottheit Tien, Tao, Brahma, Nirvana, zum Krsna gewinnt der Mensch eine sinnvolle Relation, die ihm Halt gibt und ihn zugleich fordert.

Wahrheit ist in den Religionen, sofern sie das Bewusstsein allgemeingültiger Werte pflegen, sittliche Normen als gültige anerkennen. In den Lehren vom Tao und Tien im alten China wird bedacht, dass die göttliche Macht die ethische Grundhaltung bestimmt, Eigenständigkeit gewährt, als solche ethisches Lumen naturale ist. (vgl. Philosophie vor der Gottesfrage, 2003, S. 99, von mir) Beide Lehren und Religionen gründen im Bewusstsein der göttlichen Allmacht und entfalten als geltende Normen die Werte der Redlichkeit, Bescheidenheit, Selbstzucht, Nächstenliebe, Mitmenschlichkeit. Beide lassen dem Menschen die Freiheit der Entscheidung.

In der Lehre vom Brahma im altindlischen Denken wird die Freiheit vom Karma, von dem Weltlichen erstrebt und die Richtung auf ein mystisches Erleben gewiesen. Aber dies impliziert vorher eine ethische Grundhaltung der totalen Redlichkeit des Brahmanen. Erst sie überwindet die Weltverstricktheit, Karmagebundenheit und befreit die Seele vom Kreislauf der Seelenwanderungen.

Der Buddhismus aller Schattierungen ist ohne eine Ethik allgemeingültiger Werte sittlicher Art undenkbar. Um des ewigen Zieles muss der Buddha-Jünger Selbstbescheidung, Redlichkeit lernen. Nur unter dieser Voraussetzung kann man dem Kreislauf der Wiedergeburten der Seelen entgehen und das Nirvana erreichen.

Auch in der Religion Zarathustras spielen ethische Werte als Normen eine wesentliche Rolle. Das Gute ist vom Bösen streng geschieden. Das Gute kann aber erfüllt werden, was im Jüngsten Gericht dann sich herausstellen wird.

Wahrheit ist in den Religionen, sofern es um allgemeingültige sittliche Werte geht und deren Verbindlichkeit monotheistisch, von Gott her verstanden wird. Das ethische Lumen naturale ist gegeben – selbst in Ansätzen in den Stammesreligionen, wennschon die Normen vom stammesgegebenen Relativum gebrochen sein können und das Wissen um die Autonomie des Menschen fehlt.

Da die aufgewandten Gottesbegriffe in den Religionen indirekt auf den wahren Gott bezogen sind, auf IHN wissend unwissend hinweisen, sind die Gottheiten der Religionen mehr als nur Konkurrenten des wahren Gottes. Sie sind auch ihnen unbewusst Werkzeuge Gottes und seiner Wahrheit. Und das durch alle Fehlsamkeiten, Depravationen der religiösen Praxis hindurch. Gott will die Demut, die Ehrfurcht, die vertrauende Erwartung, wie in den Religionen geübt. Er will sie in aller Gebrochenheit als IHM selbst geltend. Darin haben Religionen Wahrheit in sich, die erst in Christus bestätigt und umgestaltet wird. Religionen sind so indirekte Anzeiger des wahren Gottes in Christus.

Das gilt auch von der Selbstverständlichkeit, mit der Religionen in den Opferriten mit Gott gleichsam handeln. Dies ist ein letztlich nicht normales Verhältnis: Menschen müssen Opfer, Sühneopfer darbringen, um Schuld zu bedecken. Das Geschöpf handelt mit seinem Schöpfer – wie kann das sein? Die Tatsache selbst erweist, dass der Mensch in der Schuldsituation über sich hinausweist und augenscheinlich des Gottes bedarf.

Aber in aller Primitivität und Äußerlichkeit und auch Verkehrtheit jener Geschehnisse ist eine Wahrheit indirekt offenbar: In Sachen des Gewissens ist man auf Gott angewiesen, man bedarf seiner. Im Evangelium ist es dann der Mensch und Sohn des Vaters Christus, der sich für uns und alle Schuld hingegeben hat. Gott hat sich selbst in seiner Liebe in Christus für uns geopfert. Und so finden alle werkgerechten Opfergestaltungen der religiösen Welt ihr Ziel. Und ihre Vollendung.

In den Religionen ist Wahrheit, soweit sie um die Verfallenheit des menschlichen Lebens wissen, um Sinn und Widersinngeschichtlichen und unmenschlichen Geschehens. Auch können sie Auskunft geben über die Unreinheit des Menschseins, um das Grauen in der Welt. Sie wissen um die Not des Sterbens und Leidens, auch um den Bann der Ferne der Gottheit, um die Nichtigkeit der Welt und ihrer Strebungen. Und das wissen die Religionen intensiver und tiefer als sogenannte Weltanschauungen, die dem Menschen stets mehr zutrauen als es von der Wirklichkeit legitimitiert wäre. Und so sind sie dann bald am Ende ihrer rationalen Möglichkeiten und verbessern doch nicht die Grundlage des Menschseins.

Wahrheit ist in den Religionen aber auch in der Erwartung des ganz Neuen, in der Sehnsucht nach der Wiedergeburt, in der Hoffnung der Erlösung. Insbesondere die Mystik und auch Mysterienkulte verkündigen, dass der Mensch nur durch Sterben hindurch das Leben hat. Er gibt dann sein Personsein auf in ein unendliches und ewig scheinendes Meer. Der Taoist will nichts als Tao sein, der Buddhist will nichts als beim Amida-Buddha im Nirvana sein. Der Brahmane will nichts als Brahma sein. Dort ist jeweils Leben und eigens Sein im Unendlichen und Schuld und Tod sind dahinter, bleiben zurück.

In den Religionen der Bhakti-Frömmigkeit Indiens und im Mahayana-Buddhismus Chinas und Japans hat man sogar erkannt, dass der Mensch sich nicht mit Werken erlösen kann, wie wir sahen. Der Mensch ist ganz auf den Liebeswillen Gottes, der Gottheit angewiesen, dem er im Vertrauen begegnen darf. Gottes Gnade ist nahe: Trotz aller Zwiespältigkeit der Menschenwerke. Es fehlt das reine Tun.

Unter dem Blickfang der Wahrheit in Religionen ist es nur schwer verständlich, sie nur als Lüge, Unsinn, Irrtum, Sünde zu deuten. In den Religionen bekundet sich der wirkliche Gott, der sich nicht unbezeugt gelassen hat, weil ständig sein In-Sein in der Schöpfung geschieht, die auch sein Offenbarungsort ist. An jene Wahrheitsgehalte der Religionen, soviel oder so wenig ihrer sein mögen, knüpft die Verkündigung des Evangeliums an und befreit sie zugleich von den Lähmungen und Entstellungen.

Zur Gestalt der Schöpfungsoffenbarungen Gottes gehören auch Menschen mit prophetischem Sinn und neuen Einsichten. Gott greift durch sie ein und fügt Neues. Man denke an Konfuzius, Lao-tse, Buddha und Zarathustra. Man könnte auch andere nennen. In diese Reihe gehört Christus nicht, er ist mehr als ein Prophet und bricht den auch fehlsamen Bann der Religionen.

Und damit bin ich nun auch schon bei der anderen Seite der Religionen. Sie sind Wirkung der Ur-Selbstbezeugung Gottes – aber auch indirekt oder gar direkt das Gottesfeindliche, die sündhafte Verkennung Gottes, die Verfehlung des richtigen Verhältnisses zu IHM. Davon künden Propheten des Alten Testaments, etwa Jesaia im 44. Kapitel. Dies wird erst unter dem göttlichen Maßstab der heilsgeschichtlichen Offenbarung, unter dem richtenden Wort Gottes, erfasst.

Hieran gemessen sind die Religionen trügerisch. In den sogenannten Stammesreligionen ist der personale Wille Gottes kaum erkennbar, die Autonomie des Einzelnen ist nicht gewahrt, auch nicht die Eigenverantwortung coram Deo. Die Götter sind Mächtigkeiten impersonaler Art, wennschon auch in Mythen, die sich wandeln, dargestellt. In vielgestaltigen Tabus beherrschen sie das Menschsein.

In der auch durchaus tieferen Mystik Alt-Indiens und Alt-Chinas ist wohl das personale Eigensein aufgehoben und zugleich in eine Relation der Mystik gefügt: Das Ziel ist das Einswerden im Sein Gottes, im Tao, Brahma, Nirvana. Es ist eine Flucht in das Einerlei eines unendlichen Eigenseins. Die Vorstellung Gottes als des Richters und Herrn ist abgetan.

Die Religionen reden alle von Schuld und Sünde. Aber sie versuchen darauf eine eigenwillige Antwort zu geben, die auch wesentlich auf eine Selbsterlösung hinausläuft. Sie kann geschehen durch intellektuelle Anstrengung, durch mystische Selbstaufgabe, auch durch ethische Anspannung. Der Mensch will Gott erreichen. „Sie eifern um Gott, aber mit Unverstand", wie Paulus sagt. (Röm. 10, 2) Werkgerechtigkeit ist angesagt.

Demgegenüber erfahren wir unter dem richtenden Wort Gottes in Christus das Geheimnis des Scheiterns. Wir sind durch Gottes Liebestat seines Sohnes am Kreuz gerecht gesprochen. „Mir ist Erbarmung widerfahren, Erbarmung, deren ich nicht wert".

Diese Vorstellung einer Wirklichkeit Gottes, der selbst sich opfert und uns so den Weg zum Vaterherzen Gottes frei legt, liegt letztlich auch den fernöstlichen Gnadenreligionen fern; es ist auch dort der Mensch, der sich selber im Vertrauenseinsatz erlöst, wie in der Bhakti-Religion, wie im Mahayana-Buddhismus. Dies geschieht nicht unmittelbar, sondern mittelbar und verborgen. Die Sehnsucht der Freiheit in der Gnade verharmlost die Wirklichkeit Gottes. Man verkürzt sein Bild und erlöst sich selbst im eigenen Vertrauensbild und verkennt so den Ernst vor Gott, dem Richter.

Mit ihrem relativen Wahrheitsgehalt weisen die Religionen in die richtige Richtung – aber zugleich fliehen sie aus der harten Wirklichkeit der Sünde und ihren Konsequenzen. Sola gratia und sola fide können niemals für sich genommen Prinzip des Heils sein. Menschliche Prinzipien helfen nicht weiter. Erst in der Wirklichkeit Gottes in seinem Sohn Christus in Kreuz und Auferstehung wird die Einsicht reifen, dass wir angewiesen sind auf Gottes Gnade allein – ohne indirekte oder direkte Selbsterlösungstendenz.

Aber diese Überlegungen kann man nur recht beachten, wenn man auch bedenkt, wie sehr die Christenheit in ihrer Geschichte und auch in der Gegenwart nicht frei von indirekten Selbsterlösungstendenzen auf mancherlei Weise ist. Christliche Selbstgerechtigkeit und Selbstgefälligkeit in Geschichte und Gegenwart kann auch ein inneres Fernsein von Christus anzeigen.

Die Deutung der Religionen unter dem Doppelaspekt von Sünde und Schöpfungsoffenbarung enthält eine wesentliche Wahrheitsaussage unter dem Maßstab des Evangeliums. Jene enthalten Wahrheiten, Teilwahrheiten, auch Unwahrheiten. Sofern die Religionen Wahrheiten in sich tragen, also von der ursprünglichen Schöpfungsoffenbarung her bestimmt sind, kann das Evangelium bei ihnen anknüpfen. Sofern sie in ihrem Truge sich als Verkehrung der Schöpfungsoffenbarung erweisen, als Verfehlung, als Selbsterlösung, ruft das Evangelium zum Bruch mit ihnen.

Es bleibt die Frage: Ist das alles, was wir vom Evangelium zu den Religionen zu sagen haben, haben jene etwa einen Heilswert trotz allem?

3. Der allgemeine Heilswille Gottes und die Religionen

Die Doppelschau der Religionen in hamartiologischer und schöpfungstheologischer Hinsicht bedarf noch einer wesentlichen Ergänzung. Die Lehre von der Schöpfungsoffenbarung könnte die Frage offen lassen, wer denn dieser Gott sein mag, der sich in seiner Schöpfung entfaltet in Gestaltungen und sich doch auch wiederum verbirgt. Immerhin kann der Begriff der Schöpfungsoffenbarung doch nur so verstanden werden, dass Gott selbst sich mitteilt. Der Grundgedanke der Selbstmitteilung ist in K. Rahners Konzeption maßgebend und entspricht meinem bescheidenen Versuch.

„Wenn Gott sich in der Schöpfung offenbart, dann kann sein Wesen nicht so verschieden von seiner Offenbarungsweise sein, dass in Frage gestellt würde, ob wir es in der Offenbarungsgeschichte überhaupt mit Gott zu tun hätten". (B. J. Hilberath, Karl Rahners Gottesgeheimnis, Mainz 1985, S. 35, S. 37) In jedem Falle ist es der Dreieinige Gott, der den Menschen als Adressaten seiner Selbstmitteilung geschaffen hat und immer neu erschafft.

Dem entspricht in Rahners Schau der Begriff des „übernatürlichen Existenzials". Dies ist als Grundmerkmal zu verstehen. Der Mensch ist ein potentieller Empfänger der Selbstmitteilung Gottes. Dies ist die freie, ungeschuldete Zuwendung Gottes, die unverfügbar und übernatürlicher Art ist. Der Mensch kann dieses Geschenk als ein Begnadeter empfangen. Er ist als solcher in seinem natürlichen Dasein immer schon über sich hinaus und vollzieht sein Leben – bewusst oder unbewusst – immer schon im Aspekt eines Absoluten. (vgl. Hilberath a.a.O., S. 36)

Dieser Gedanke meint doch wohl, dass der Mensch nicht in seinem jeweiligen Dasein und Sosein relativer Art verharrt, im nur Empirischen verbleibt, sondern diesen bescheidenen Horizont durchbricht zu einer Wirklichkeit, die letzte Sinnbezüge beantwortet. Dies geschah und geschieht in Religionen und Philosophien, welche Gesinnungen geprägt, Charaktere geformt, Gewissen gebildet und Kulturen gestaltet haben. Der Mensch ist für eine ganzheitliche Erfüllung von der Transzendenz her offen, hält gleichsam Ausschau nach dem Heilbringer.

Dem entspricht Gott, er kommt dem geschichtsorientierten Menschen entgegen und dies in einmaliger Weise in Christus, die der Beweis der göttlichen Selbstlosigkeit ist. (s. Johannes 14, 9) Christus ist in einer Unmittelbarkeit zum Vater, wie wir es nie sein können. Unser Kindsein vor Gott ist durch Christus vermittelt.

Menschliches Leben ist auf ursprüngliche Weise auf die Transzendenz, auf Gott hin geprägt. Und umgekehrt gilt, dass erst die Christologie uns offen legt, worauf „die anthropologischen Linien der menschlichen Selbsterfahrung hinauslaufen". (vgl. Hilberath, S. 36)

Rahner sieht das Menschsein vom siegreichen Heilswillen Gottes her, der immer ist, und das heißt: Von Anfang an bestanden hat. Gott wollte und will in seiner Liebe nichts anderes als das Heil aller Menschen. Gott will, „dass allen Menschen geholfen werde und sie zur Erkenntnis der Wahrheit kommen." (1. Tim. 2, 4)

Dieser Gesichtpunkt Rahners entspricht auch den Ausführungen K. Barths über den Dreieinigen Gott. Wir lesen:

„Der eine Gott offenbart sich nach der Schrift als der Schöpfer, d.h. als der Herr unseres Daseins. Er ist als solcher Gott unser Vater, weil er es als der Vater Gottes des Sohnes zuvor in sich selber ist". (Kirchliche Dogmatik, Band I, 2, S. 404) Hier liegt der Schwerpunkt der Argumentation. Und Barth wiederholt: „Gott kann als Vater Jesu Christi darum unser Vater sein, weil er schon zuvor, abgesehen davon, dass er sich uns als solcher offenbart, der ist, als der er sich offenbart. Er kann es sein, weil er in sich selber Vater ist, weil Vaterschaft eine ewige Seinsweise des göttlichen Wesens ist." (ebd, S. 411) Gott ist also der ewige Vater des ewigen Sohnes. Dies ist das Erste und sein Schöpfertun ist dann das Zweite.

Ich denke, dass man diese Gedanken Barths so deuten kann, dass die Vaterliebe Gottes das Erste ist – sein allgemeiner Heilswille ist das Wesentliche und Allererste! Die Schöpfung ist dann als proprium, als spezifisches Werk gerade dem Vater zuzuschreiben. Der eine Gott ist der Versöhner mitten in aller menschlichen Feindschaft und trotz ihrer – und das von Anfang an – so unfasslich auch letztlich und nur symbolisch der Ausdruck „Anfang" hier aufgenommen werden kann.

In diesem Sinne sieht Rahner alles Menschsein von dem siegreichen Heils- und Liebeswillen Gottes des Vaters und des Sohnes im Heiligen Geist her, von der ewigen Trinität. Der Mensch hat das „übernatürliche Existenzial", ist auf ein Absolutes orientiert, wie es eine Geschichte der Philosophie und Religion erweist.

Dies alles will aber bedacht sein von der ewigen Wesenstrinität, von der ewigen Vaterliebe Gottes her. Er hat die Menschheit und die Christenheit erwählt, „ehe der Welt Grund gelegt war." (Epheser 1,4)

Mit diesem Gedanken ist die Lehre der Schöpfungsoffenbarung von einem geistlichen Mehrwert her bestimmt, der augenscheinlich über Althaus' Aspekte hinausgeht – jedenfalls im Zusammenhang seiner Lehre von der Ur-Offenbarung. Wenn es wahr ist, dass der Mensch im „übernatürlichen Existenzial" im überempirischen Sinne bestimmt ist und indirekt oder direkt auf ein Absolutes verweist, vom Letzten her geprägt ist, dann ist das ein indirektes Zeugnis dafür, dass der Mensch vom ursprünglichen und allgemeinen Heilswillen des Dreieinigen Gottes betroffen ist in der Sehnsucht nach dem absoluten Heilsmittler, nach dem eigentlichen Sein. Der Mensch hält gleichsam Ausschau nach dem Heilbringer, nach dem Eigentlichen und Wirklichen schlechthin.

Dieser Gedanke ist bei Rahner im Rahmen einer transzendental orientierten Theologie auf genommen, die das subjektive Grundelement aufnimmt, nach den Bedingungen der Möglichkeit jeweils fragt – was bei Barth vom Ansatz her fehlen muss. Bei der Selbstmitteilung Gottes in Schöpfung und Heilsgeschichte, für die der Mensch auf seine Weise offen ist, unterscheidet Rahner den transzendentalen vom kategorialen Aspekt. Letzterer meint die kategorial fassbare jeweilige Offenbarung Gottes in Religionen, in der Heilsgeschichte Gottes in Israel und in Christus und in den Zeugnissen der Religionsgeschichte überhaupt.

Der transzendentale Aspekt meint die Offenbarung Gottes in der menschlichen Erfahrung selbst. Diese ist die Grundvoraussetzung aller religiösen Institutionen, der „kategorialen Religionen" überhaupt.

Diese Religionen sind trotz aller Depravierungen in der Geschichte letztlich im „übernatürlichen Existenzial" gegründet von Gott her. Das bedeutet für die nichtchristlichen Religionen, dass in ihnen „a priori durchaus übernatürlich-gnadenhafte Momente angenommen werden dürfen, können". (Schriften zur Theologie, Band V, Das Christentum und die nicht-christlichen Religionen, S. 143, überhaupt ab S. 136ff) Dies will in keiner Weise Momente religiöser, ethischer Depravationen in nicht-christlichen Religionen übersehen, gar verharmlosen. (ebd, S. 145)

Wenn man also einerseits weiß, dass kein Heil an Christus vorbeigegeben sein kann, und wenn man andererseits weiß, dass Gott dieses Heil wirklich und ernsthaft allen Menschen zugedacht hat, dann können beide Aspekte nicht anders verbunden werden als in dem Gedanken, dass jeder Mensch wahrhaft und wirklich dem Einfluss der göttlichen Gnade ausgesetzt ist – mag er selbst dazu im Einzelnen stehen, wie er wolle. (ebd, S. 145) Das bedeutet, dass die Gnade Gottes „nicht nur außerhalb der christlichen Kirche angeboten ist, sondern auch wenigstens weithin zu einem Sieg in der von ihr erwirkten freien Annahme durch den Menschen kommt". (ebd, S. 146)

Und wo und wie geschieht das? Dort, wo im Leben eines Menschen eine sittliche Entscheidung vollzogen wird. In solchem Falle dürfen wir einen gnadenhaften Einfluss voraussetzen. (ebd, S. 147) Im lumen naturale, im sittlichen Wertbewusstsein, ist übernatürliche Gnade wirksam. In ihm wird der Begriff „des übernatürlichen, erhöhten, glaubenden und so heilshaften Aktes verwirklicht", da ist mehr als nur natürliche Ethik. (ebd.)

Religionen sind von hier aus nicht bloß ein Gemächte des Menschen, sie sind nicht nur Depravationen, sie gehören vielmehr in „die Heilsprovinz Gottes". Gewiss kann das im Blick auf die Religionen nur sehr variabel gesagt werden. Dennoch: Religion als Institution des Menschen in bestimmter Zeit ist im Ganzen ein positives Mittel der richtigen Beziehung zu Gott und so zur Erlangung des Heils, ist so in Gottes Heilsplan eingeordnet, (ebd, S. 148) und das unbeschadet aller Irrtümer der konkreten Gestaltung, aller Depravationen in ihnen, in den Religionen.

Man nehme als Beispiel das Alte Tesatment. Dort finden wir Richtiges, von Gott Gewolltes, und daneben auch Irrtümer, Falsches, Herabziehendes, Depravierendes. Wir müssen unterscheiden, vom Neuen Testament her und abgrenzen.

Ebenso ist es in den Religionen überhaupt. Sie stehen insgeheim unter dem allgemeinen, göttlichen Liebes- und Heilswillen von Anfang an. Dann kann es nicht ausbleiben, dass sich diese übernatürliche Gnadenhaftigkeit am Menschen auch bemerkbar macht. (ebd, S. 100, S. 150). Dies ist dann ein Gestaltungsmerkmal des konkreten Lebens, welches eine Beziehung zum Absoluten hat. Man kann bei allen Fehlsamkeiten in den Religionsräumen doch nicht davon ausgehen, dass echte religiöse Akte auf Gott überhaupt nicht in den Religionen gegeben seien. (ebd.)

Es kann nach Rahner von einem allgemeinen Heilswillen nicht gesprochen werden, wenn der einzelne Mensch nicht die Möglichkeit hat einer ihn rettenden Gottesbeziehung.

Es kann dann nicht ausbleiben, dass diese Gnadenhaftigkeit sich auch bemerkbar macht. (Werke, V. B. Das Christentum und die anderen Religionen, die nicht-christlichen Religionen, S. 136ff, hier S. 150). Dies ist dann ein Gestaltungsmerkmal des konkreten Lebens, das eine Beziehung zum Absoluten hat. (ebd.) Trotz aller Depravierungen in Religionen darf dies nicht so verstanden werden, dass echte religiöse Akte auf Gott überhaupt nicht in Religionen gegeben seien. (ebd.) Wo die Sünde war, da ist die Gnade noch mächtiger und im Übermaß. (ebd, S. 145f) Dies wird insbesondere in sittlichen Entscheidungen und Haltungen deutlich, wie oben schon gesagt.

Im Wissen um unbedingte ethische Normen ist die göttliche Gnade spurhaft deutlich und wirksam, wenn auch gesellschaftliche Umstände, auch Deformationen einwirken können, fehlleiten können, ohne dass der ethische Impuls auszulöschen wäre, gründend in Gottes Gnadenhaftigkeit. (S. 153)

Man beachte auch, dass es nicht wenige Völker gibt, die vom Heil Gottes in Christus nie gehört haben. Oder man denke an vorchristliche Religionen, die nichts von jenem Heilswillen Gottes wissen konnten. Sind jene nun verworfen?

Umgekehrt wird man sagen müssen: Jedem Menschen ist, bevor er von der christlichen Verkündigung erreicht wird, bereits Offenbarung geschehen – wohl nicht gegenständliche gewusste, aber subjektiv mitbewusste. Wir haben nicht die Möglichkeit, diese fides implicita nachzuweisen, es lässt sich hier nur die Richtung andeutend weisen. Dies ist ein „anonymes Christsein". Die Mission muss wissen, dass sie nicht auf Nichtchristen trifft, sondern schon auf solche, die ein Vorverständnis haben. (ebd, S. 155) Sie sind der Heilsgnade nahe – wie der Apostel sagt: „Was ihr nicht kennt und doch verehrt, das verkündige ich Euch". (Apg. 17, 23) Von hier aus kann man tolerant, bescheiden sein.

Es ist doch überraschend, dass Jesus im Gerichtsgemälde im Evangelium des Matthäus als Richter der Menschheit auftritt und als die Maßgabe nicht eine besondere Glaubensbeziehung zu IHM ausschlaggebend ist. Jesus verweist darauf, dass ER sich in den Hungrigen, die gesättigt wurden, in den Gefangenen im Gefängnis, in den Gästen, die Aufnahme empfingen, in den Kranken und Nackten, die bekleidet wurden, verborgen hat. Die Gerechten fragen aber nun, wieso Er in jenen verborgen war. Sie wissen um eigenes ethisches Wirken, aber fragen nun (Vers 40): Wann sahen wir Dich krank oder im Gefängnis, wann warst Du unser Gast, wann warst Du nackend und wir bekleideten Dich. (V. 38f) Der König antwortete: „Was Ihr getan habt einem unter diesen meinen geringsten Brüdern, das habt Ihr mir getan!" (V. 40) Jesus spricht im Gleichnis von „diesen meinen geringsten Brüdern" – die Gefangenen, die Gäste, die Kranken, die Hungrigen, die Nackten. Christus verbirgt sich in jenen.

Dies impliziert doch eine geheimnisvolle Teleologie Gottes vom allgemeinen Heilswillen her – seine Heilsliebe gilt gerade denen, die am Rande stehen und die Leidenden genannt werden dürfen. Darum verbirgt sich sein Sohn in und bei ihnen. Es liegt so etwas wie ein übernatürliches Existenzial über ihnen. Sie sind vom Heil nicht ausgeschlossen.

Von hier aus wird die Forderung der Nächstenliebe, die Jesus verkündigt, sinnvoll, bis hin zur Feindesliebe der Bergpredigt. Weil Jesus Verkünder und Täter der Liebe ist und in diesem Sinne seine Jünger in Pflicht nimmt, darum anerkennt Er die Menschenliebe überall, wo sie geschieht. „Wo immer ein Mensch in erbarmender Liebe dem Mitmenschen begegnet, begegnet er Jesus, der dem, der der Barmherzigkeit bedarf, sich als Bruder verbunden hat. Aus seiner Lehre und aus seinem Leben, aus seinem Wirken nimmt er den Maßstab des letzten Urteils" (Das Evangelium des Matthäus, Grundmann, Berlin 1968, S. 528) Das Geheimnis des Menschensohnes, das Geheimnis der Liebe Gottes in Christus erweist sich in der Tatsache, dass Er sich mit den Menschen verbindet, mit den Barmherzigen, Helfenden, ethisch Guten. Und das in allen Völkern, Kulturen, Religionen – mit den Menschen schlechthin.

Überschauen wir die Ausführungen Rahners, so setzt sein Gedankengang die einzige Heilszusage Gottes in Christus als Voraussetzung fest. Sie ist endgültig und wirklich. Von ihr her ist es legitim, einen allgemeinen Heilswillen Gottes anzunehmen, etwa im Sinne von Johannes 3, 16: Gott steht so mit allen Menschen im Bunde. Die Vaterliebe Gottes ist das schlechthin Erste, wie Barth es sagte. (s.o.)

Im selben Sinn kann der Papst Benedikt XVI. sagen, dass der Bundesschluss mit Noah (Gen. 8, 20 bis 9, 17) die geheime Wahrheit der mythischen Religionen bestätigt „Im Stirb und Werde" des Kosmos vollzieht sich das Walten des treuen Gottes, der nicht nur mit Abraham und den Seinen, sondern mit allen Menschen im Bunde steht. (Glaube, Wahrheit, Toleranz, Das Christentum und die Weltreligionen, 4. Aufl., Freiburg 2005, S. 17) Und haben nicht auch die Magier durch ihre Religion den Weg zu Christus gefunden (Matth. 2, 1ff)? „Hat nicht gleichsam ihre Religion in ihnen vor Christus gekniet, sich als wahrhaft vorläufig oder besser zuläufig auf Christus hin erwiesen?" (ebd, S. 18)

Rahner betont den positiven Rang der Religionen. Sie sind unbewusst unter dem allgemeinen Heilswillen Gottes, der sie indirekt prägt. So ist gleichsam das Christentum in allen Religionen indirekt gegenwärtig. Oder anders formuliert: Alle Religionen gehen ihm entgegen. Aus dieser Zuordnung beziehen sie ihre Sinnfolge und Heilskraft – so weit wir das sagen können. Sie haben einen gleichsam indirekten, geliehenen Heilswert.

Was die Religionen freilich nur ungenau, unter dunklen Chiffren und auch in Entstellungen, Depravationen darbieten, das ist in Christus offenbar. Erst er reinigt die Religionen und führt sie zu ihrem eigenen Wesen zurück, ihrer eigentlichen Sehnsucht entsprechend.

Die Religionen sind gleichsam Durchgangsstationen, Teilstationen in der Folge der Geschichte Gottes mit den Menschen. In ihnen verbirgt sich eine geheime Teleologie der Gnade und Liebe Gottes, des dreieinigen Gottes, die von Anfang an gewesen ist und bleibt. Diese in Christus offenbare Exklusivität des göttlichen Heils ist nicht relativiert. Und Religionen sind Vorläufer, Teilstrecken auf Christus hin, der sie von den Depravationen reinigt. Ohne es zu wissen gehen alle Religionen dem Christentum entgegen.

In den Religionen ist auch Wahrheit in mehrfacher Weise: Im Gottesbegriff, der Selbstbezeugung Gottes ist. In ihm ist Wahrheit, wenn Religionen wissen, dass man Gott mehr gehorchen soll als den Menschen. Bei allen Entstellungen und Depravationen gewinnen Menschen in der theozentrischen Bezogenheit Sinnvollzüge – in Relation zum Brahma, Nirvana, Tao, Tien, Krsna, die Halt und Richtung weisen. Das Bewusstsein allgemeingültiger Werte wächst im theozentrischen Bezug, das ethische lumen naturale.

In den Religionen ist Wahrheit, sofern sie um die Gefallenheit und Gebrochenheit menschlichen Wesens wissen, um Sinn und um Widersinn geschichtlichen Geschehens. Sie wissen um das Grauen des menschlichen Daseins, um die Not des Sterbens und Leidens, um den Bann der Gottesferne, um alle Nichtigkeit des Daseins. Dies alles kennen sie tiefer und gründlicher als Weltanschauungen, die dem Menschen immer wieder mehr zutrauen, als er zu leisten vermag. Sie sind bald am Ende ihrer rationalen Möglichkeiten

Religionen wissen um Schuld, darum opfern sie den Göttern, dem Gott. Menschen müssen Opfer darbringen, um Schuld zu bedecken. Das Geschöpf wirkt im Sinne des Do, ut Des. Die Tatsache der Schuldverstricktheit weist über sich hinaus ins Transzendente. In Sachen des anklagenden Gewissens ist man auf Gott angewiesen, man bedarf seiner. Erst im Evangelium der vergebenden Liebe des Vaters im Sohne am Kreuz kommt jeglicher Gesetzesdienst des Opferns zu Ziel und Vollendung.

Wahrheit ist in den Religionen in der Erwartung des ganz Neuen, in der Sehnsucht nach Wiedergeburt, in der Hoffnung der Erlösung. Die Mystik verkündet, dass der Mensch nur durch Sterben hindurch wahres Leben hat. Die Eigenständigkeit des Personseins geht in ein Meer der Unendlichkeit und Ewigkeit. Schuld und Tod bleiben dahinten.

Religionen sind Teilstrecken auf Christus hin und darum mehr als Lüge, Depravation, Entstellung. In ihnen bekundet sich der Wirkliche Gott im Insein in der Schöpfung und letztlich in seiner suchenden Liebe, die von Anfang an war und gleichsam als Teleologie wirksam ist – erkannt oder unerkannt. An jene „Teilwahrheiten der Religionen knüpft die Verkündigung des Evangeliums an und befreit von Lähmungen und Entstellungen und verweist zugleich auf den helfenden Dreieinigen Gott, der da war und ist und bleiben wird. Hier gibt es eine Koinzidenz zwischen den Ansätzen Althaus' und Rahners: Im Gedanken der Ur-Offenbarung und des allgemeinen Heilswillens des Dreieinigen Gottes „von Anfang an".

Religionen sprechen von der Selbstbezeugung Gottes, indirekt überstrahlt von der ewigen Gnade – und doch ist das nicht alles, was man sagen muss. Es gibt auch das Gottfeindliche, die sündhafte Verkehrung Gottes, die Verfehlung der Beziehung zu IHM durch Entstellung. Davon künden die prophetischen Rufe alttestamentlicher Propheten, die Gottes richtendes Wort nicht auslassen.

Hieran gemessen können die Religionen trügerisch sein. In den sogenannten Stammesreligionen ist der personale Wille Gottes kaum erkennbar, die personale Autonomie ist nicht gewahrt. Die Götter sind Mächtigkeiten, wennschon sie in Mythen dargestellt sind, die auch das sittliche Empfinden beleidigen können. In vielgestaltigen Tabus beherrschen die Götter Menschen und entwürdigen sie unter Umständen.

In der durchaus auch tiefen Mystik Alt-Indiens und Alt-Chinas ist das personale Eigensein aufgehoben. Das Ziel ist das Eingehen in die Unendlichkeit des Ewigen im Tao, Brahma, Nirvana. Es ist auch eine Flucht in das Einerlei eines Unendlichen Eigenseins. Die Vorstellung Gottes als des Richters und Herrn ist abgetan.

Die Religionen reden von Sünde und Schuld. Aber sie geben darauf eine eigenwillige Antwort, die auf eine Art der Selbsterlösung hinausläuft durch intellektuelle Anstrengung, durch mystische Selbstaufgabe, durch ethische Anspannung. Sie eifern um Gott, sagte Paulus, aber mit Unverstand. (Römer 12, 2) Werkgerechtigkeit ist angesagt. Es fehlt die Erfahrung des Scheiterns unter dem richtenden Wort Gottes in Christus. Es fehlt die Gewissheit, durch Gottes Liebestat am Kreuz gerecht gesprochen zu sein, angenommen zu sein – das Leben aus dem Erbarmen Gottes, dessen wir nie wert sein können.

Da mit religiösen Formen und Inhalten auch vorgegebene Absolutheitsansprüche verbunden sein können, stehen Religionen in einem Konkurrenzkampf, auch in Feindschaften.

Es gibt auf dem Felde der christlichen Missionen nicht bloß die friedliche und fast nur kognitive Beziehung der religiösen Vorstellungen, die durch Christus gereinigt werden müssen. Dies kann das Bild einer Harmonie provozieren. Die Wirklichkeit der Mission lehrt ein Anderes: Die religiösen Götter stehen im Kampf gegen den Gott in Christus, im Widerspruch, es gibt eine Märtyrerstrecke der christlichen Mission seit Jahrhunderten, da konnte es sein, dass Missionare im malariaverseuchten Raum Afrikas bei den Menschen blieben, obschon sie nur Widerspruch und Kampf erlebten und erst in Jahrzehnten die ersten christlichen Taufen erleben durften. Andere Missionare starben in den Silen, obschon sie mit viel Einsatz ihren Dienst getan hatten und ohne das Erlebnis einer Taufgemeinde. Andere kehrten dankbar heim, aber nicht unbeeindruckt von dem heidnischen Widerstand. So könnte man im Begriff der Selbsterlösungstendenz, der Selbstgerechtigkeit den Fehlweg der Religionen kennzeichnen. Das ist nicht falsch. Und doch darf gefragt werden: Heidnische Religionen mögen wir kritisch unter dem Stigma des Unglaubens zu deuten versuchen. Aber uns selbst nicht? Haben wir Christen und Theologen nicht auch den Anruf Gottes in seiner Schöpfung – man denke an Römer l, 18f – und auch im Evangelium Christi in der kirchlichen Praxis vergessen? Haben wir nicht Gottes Anruf auch veruntreut?

Das Wort Christi, Gottes Wort ist gewiss markanter als der Anruf in den Religionen – und doch haben wir ihn übersehen, übergangen, überhört. Oft genug haben Christen die Flagge der Kapitulation gehisst, wenn es Widerspruch von Mächten, von gesellschaftlichen und politischen Mächten gegeben hatte. Wir waren dann auf einen Frieden aus, der keiner war, auf Kompromisse, die Jesu‘ Anspruch längst hinter sich gelassen hatten. Wir haben uns als Christen oft genug zu Bütteln des Zeitgeistes gemacht. Und wir sind dann das wahre Wort des Herrn den anderen schuldig geblieben. Auch in einseitigen theologischen Deutungen, wie etwa im Sinne von „Thron und Altar“ oder von der „Kirche im Sozialismus“ oder gar in der seltsamen „Theologie nach dem Tode Gottes“, die indirekt Nietzsches Zeugnis zum systematischen Kernpunkt machte. Avantgardistische Theologie ist publikumswirksam – aber hat sie nicht oft genug den Grundaspekt des Heilshandelns Gottes auf Golgatha und den Gesichtspunkt der uns suchenden und liebenden trinitarischen Gottheit, des Vaters Jesu überdunkelt? War das nicht auch Veruntreuung des Rufes Gottes?

Wir kennen solche Veruntreuungen aus der Geschichte der Christenheit: so wurde der 2. Artikel unseres Glaubensbekenntnisses missbraucht im Sinne von Aktionen politischer Art, ökonomischer Art, welche Gewalt entließen. Man denke an die sogenannten Kreuzzüge, an christliche Zwangsgerichte, an christliche Ordnungen, die die Freiheit des Einzelnen einschränkten, ganz aufhoben. So konnte Christus selbst von Christen missbraucht werden. Sein Leidens- und Liebesweg wurde verkannt, die Botschaft der Barmherzigkeit des ewigen Vaters, seine Feindesliebe ausgelassen. Der Herrschaftsweg der etablierten Kirche missbrauchte die eigentliche Botschaft Jesu. Der Aspekt auf die Weltreligionen und ihre negativen Potenzen unter der Maßgabe des Evangeliums darf nicht unmenschliche, depravierende Gestaltungen in heidnischen Welten auslassen. Darüber durften und dürfen aber auch nicht die Fehlwege sehr menschlicher, kirchlicher Entscheidungen vergessen werden.

Es sei in diesem Zusammenhang nicht unerwähnt, dass aus Veruntreuungen des Wortes Gottes christlicher Antisemitismus erwachsen ist. In Zeiten, in denen Christentum und politische Macht sich verbunden hatten, wurden Andersdenkende, insbesondere Juden, diskriminiert, zur Taufe genötigt, auch grausam verfolgt. Dies wurde gerechtfertigt durch eine Theologie, welche christologische Aussagen zu einer Waffe gegen Juden verkehrte, daraus einen Freibrief zur Aufhebung der Rechte der Andersdenkenden, der Juden, ableitete. Das Leiden konnte dann als von Gott gewollt gedeutet werden. In Jahrhunderten geprägte Denk- und Handlungsweisen des Antisemitismus wirken nach bis in unsere Zeit. Es darf die Schuld der Christenheit nicht verdeckt werden – auch wenn Auschwitz aus anderen Quellen genährt wurde, vom Sozialdarwinismus, vom rassistischen Denken, das die Ebenbildlichkeit des Menschseins zu Gott bewusst überdeckte mit allen Folgen, die uns heute noch belasten.

4. Ergebnisse und Folgerungen

Im Folgenden möchte ich so etwas wie ein Ergebnis formulieren, das sich aus den verschiedenen Gesichtspunkten ergeben mag. Wir finden einen gemeinsamen Ansatz in dem Gedanken des allgemeinen Heilswillens Gottes, der von der heilsgeschichtlichen Offenbarung in Christus gewiss eindeutig ist.

So sieht Ratschow dies in den Formulierungen: „Wenn also das Christentum und die Religionen ihre Gläubigen in einen analogen Prozess der Selbstaufgabe an Gottes Wort und Gewinnung des Heils hinweisen, so darf das theologisch so begründet werden, dass alle Menschen grundsätzlich von Gott gemeint sind".

Dies ist ein universal gültiger Tatbestand „auf Grund der Universalität Gottes allen Menschen gegenüber „ (ebd, Die Religionen und das Christentum, NZSTH, 1967, S. 127) Aber diese Gemeinsamkeit bleibt bei ihm formal und bringt nicht die bestehende Unvergleichbarkeit zum Christentum zum Schweigen. (ebd.)

Diese pure Formalität besagt nicht so sehr viel. Man darf fragen, ob nicht hinter jener formalen Gleichheit sich auch eine materiale verbirgt – bei aller Unvergleichbarkeit, die nicht bestritten werden darf zwischen den Religionen und dem Christentum.

Althaus hat dann diesen Gedanken in der Lehre von der Ur-Offenbarung aufgenommen. Gott offenbart sich in der Schöpfung: in den sittlichen Werten, in der natürlichen Schulderfahrung, im Wissen, dass in der Relation zur hintergründigen Macht geistiger Art, Gottes, die Sinnerfüllung des Lebens gegeben ist. Endlich setzt die Botschaft des Evangeliums jene Gestalten der Ur-Offenbarung voraus, knüpft an sie an – wie wir im Einzelnen in der Darstellung seiner Lehre sahen...

Religionen waren und sind von hier aus teilweise Wahrheitsträger – sofern sie wissen, dass in jener Relation zu Gott die volle Sinnerfüllung gegeben ist. Man muss Gott mehr gehorchen als den Menschen. Religionen könnten nicht von Gott reden, wenn ER nicht auch zu ihnen sprechen würde, sittliches Verhalten fordern würde, Trost schenken könnte.

Religionen enthalten auch Lügen, Entstellungen, die vom Evangelium her abzulehnen sind. Selbsterlösungstendenzen, die in eine falsche Richtung weisen können.

Die Offenbarung Gottes in Jesus Christus ist das Ende der Religionen, zugleich ihre Erfüllung, weshalb das Evangelium bei ihnen anknüpfen kann. Sie bedient sich vorchristlicher Begriffe parsistischer, hellenistischer, alttestamentlicher Art, wenn sie das Heil in Christus bezeugt. Das wäre nicht möglich, wenn Religionen nur das Gemächte der Menschen wären, nur trügerische Gedanken bieten würden. So geschieht in Religionen teilweise Ur-Offenbarung Gottes, Wahrheitseinsicht. Bei Althaus ist der Gedanke des allgemeinen Heilswillens Gottes gewiss vorausgesetzt, ohne dass er diesen Ur-Willen Gottes, die Heilserwählung Gottes gegenüber der Menschheit vor aller Schöpfung im Sinne von Epheser 1,4 besonders heraushebt.

Dies macht bekanntlich Barth: Gott ist Vater in ewiger Seinsweise. (Kirchliche Dogmatik, ST, 2. S. 404ff, S. 411) Gott ist der ewige Vater des ewigen Sohnes Jesus Christus vor seinem Schöpfertum, vor aller Schöpfung.

Ich denke, dass man diesen tiefen Gedanken so deuten kann, dass die Vaterliebe Gottes das Erste ist. In ihm gründet der allgemeine Heilswille Gottes vor aller Schöpfung. Diese ist als proprium dem Vater zuzuschreiben. Gott ist so der Versöhner mitten in aller menschlichen Feindschaft – und das „von Anfang an" – so unfassbar uns auch dieser Ausdruck, der indirekt Zeitliches anzeigt und nur symbolisch angewandt werden darf, in diesem Zusammenhang erscheint.

Unter diesem Aspekt sieht Rahner alles Menschsein. Es steht „von Anfang an" unter dem Heils- und Siegeswillen Gottes, des Vaters und des Sohnes und des Heiligen Geistes, von der ewigen Trinität her. Aber dies ist nicht ein nur kontingenter Einfall Gottes, sondern das ist sein ewiger Wille, etwas, worauf man sich verlassen kann.

In diesen Zusammenhang rückt Rahner seine Lehre vom „übernatürlichen Existenzial". Denn Gottes ewige Vaterliebe ist nicht nur formaler Art gleichsam, wie Ratschow meint, sondern hat Auswirkungen indirekter Art. Das „übernatürliche Existenzial" ist gleichsam eine Abschattung jenes Heils- und Liebeswillens Gottes.

In der Schöpfung selbst prägt sich jenes Geheimnis in Strukturen indirekt ein. Wie und auf welche Weise? Wenn es wahr ist, dass der Mensch im „übernatürlichen Existenzial" geprägt ist, also im überempirischen Sinne indirekt bestimmt ist und so auch auf ein Absolutes jeweils verweist, vom Letzten her gezeichnet, dann ist dies ein indirektes Zeugnis dafür, dass der Mensch vom ursprünglichen und allgemeinen Heilswillen Gottes des Vaters, des Dreieinigen Gottes, betroffen ist. Darum ist er ein Heilssucher und sucht den Heilsmittler, das eigentliche Sein. Der Mensch hält Ausschau nach dem Eigentlichen und Wirklichen, nach dem Heil.

Dieser Gedanke setzt nun wiederum voraus, dass Gott ein ursprünglich Mitteilender ist. Die Selbstmitteilung Gottes in Schöpfung und besonderer Heilsgeschichte geschieht und der Mensch ist dafür offen in transzendentaler Erfahrung, die die Grundlage aller religiöser Gestaltungen ist, der „kategorialen Religionen überhaupt".

Das bedeutet, dass auch alle Religionen trotz aller Depravierungen in ihnen und trotz aller Entstellungen in der Geschichte letztlich „im übernatürlichen Existenzial" gründen – von Gott her. Darum sind in Religionen durchaus übernatürliche gnadenhafte Momente. (Schriften zur Theologie, Band V, Das Christentum und die nicht-christlichen Religionen, S. 143, überhaupt ab S.138ff)

Wenn wir gewiss daran festhalten, dass kein Heil ohne Christus sein kann, und wenn man nun auch andererseits wissen darf, dass Gott dieses Heil von Anfang an allen Menschen zugedacht hat, dann können beide Aspekte kaum anders verbunden werden als in dem Gedanken, dass jeder Mensch indirekt dem Einfluss der göttlichen Gnade ausgesetzt ist – völlig unabhängig davon, wie er sich verhält. (ebd, S. 145) Dies bewirkt es, dass der Mensch trotz aller Depravierungen in Religionen und Ethiken indirekt von Glottes Gnadenwirken weiß oder wissen kann – und auch entsprechend Siege erringen kann.

Wo und wann geschieht dies? Die geheime Gnade Gottes in der Schöpfung kann dort geschehen, wo ein Mensch sittliche Entscheidungen und ethisches Verhalten wagt – in Religionen, auch außerhalb ihrer im Mitmenschlichen.

Wir können auch nicht davon ausgehen, dass religiöse Akte in den Religionen nichtchristlicher Art nur unter hamartiologischem Aspekt zu deuten sind. Es gibt echte Religiosität und tiefe Erkenntnis in ihnen. Sie fördern Weisheit und Kulturentfaltungen, die wir teilweise nur staunend zur Kenntnis nehmen können – sei es im Buddhismus oder im Hinduismus, im Taoismus und auch in der Ethik und Religion des Konfuzius, wovon im ersten Kapitel die Rede war.

In den religiösen Gestaltungen und Ethiken kann die göttliche Gnade spurhaft deutlich und wirksam sein in gesellschaftlichen und personalen Vollzügen. Das Bewusstsein der ethischen Allgemeingültigkeit gründet in einem ethischen lumen naturale, das zugleich in Gottes Gnadenhaftigkeit wurzelt und so ein „übernatürliches Existenzial" ist. Bei allen Depravationen gewinnen die Menschen in der theozentrischen Bezogenheit zum Brahma, zum Nirvana, zum Tao, zum Tien, zum Krsna, zu Allah Halt und Richtung. Dies lehrt sie auch, das Grauen eines Lebens ohne Halt in Gott, in der Gottesferne zu deuten, auch um die Not des Sterbens zu wissen, um die Nichtigkeit des Daseins in der Gottesferne. Religionen wissen um Schuld vor Gott und den Menschen. In Sachen des anklagenden Gewissens ist man auf das Transzendente angewiesen und versucht, dem in Opferkulten zu entsprechen – ohne es letztlich ganz zu können. Wahrheit ist in den Religionen auch in der Hoffnung auf das Ewige, auf die Erlösung und Wiedergeburt. Die Mystik weiß, dass der Mensch nur durch Sterben hindurch wahres Leben empfängt.

Die Religionen geschehen in Teilstrecken, sind Durchgangsstationen in der Folge der geheimen Heilsgeschichte Gottes mit den Menschen. In ihnen verbirgt sich schon die Zielbestimmung, die geheime Teleologie der Gnade und Liebe Gottes, die von Anfang gewesen ist – die Gnade des Dreieinigen Gottes.

Aber nun darf jene andere schon im vorigen Denkabschnitt angesprochene hamartiologische Linienführung nicht übergangen werden: Es gibt auch Unwahrheit in Religionen, Entstellungen, sündhafte Verkehrungen, Trug und Schein. In der Mystik entdecken wir schnell die Flucht in das Einerlei einer impersonalen Unendlichkeit, die Gott als Herrn und Richter und das dann personale Gegenüber aufgegeben hat. Der Mensch ist impersonal entlaufen. Arten der Selbsterlösung sind selbstverständlich und werden von der Selbstgerechtigkeit bestimmt. Religiöse Absolutheitsansprüche können Feindschaft gegen Andersglaubende begründen und indirekt Märtyrerstrecken bewirken. Relativierungen des Ethischen können nicht aufzuhalten sein.

So könnte man von zwei widersprüchlichen Grundgegebenheiten der Religionen reden, ohne dass man in jeglicher Hinsicht hier Grenzen so oder so gleich setzen könnte. Wahrheit und Unwahrheit sind ineinander gewoben!

Aber ist das so unbekannt? Haben wir nicht auch als Kirchen und Christen oft versagt? Im vorigen Abschnitt habe ich Verschiedenes benannt – bis hin zum Zerstören der Tempel Andersgläubiger und bis hin zum Antisemitismus christlicher Provenienz!

Die Geschichte der Christenheit war und ist nicht bloß Segensgeschichte gewesen und ist es noch – sondern auch Unsegensgeschichte mit allen Konsequenzen, kalten und heißen Kriegen, mit Unterdrückungen und Freiheitsberaubungen, mit

Trennungen, Abgrenzungen, die bis heute die Ökumene belasten. Das alles war und ist nicht vorbildlich. Wie sollte im Angesicht dieser Phänomene die Heidenwelt schließlich in der Tiefe das Geheimnis des unter Gottes Wort und Sakrament lebendigen Reiches Gottes sinnvoll erfassen? Könnte es nicht sein, dass die Schuld der Christenheit unter den Augen Gottes schwerer wiegt als die der Heiden? Und also auch der nichtchristlichen Religionen? Christen wussten und wissen um die der ganzen Welt, allen Menschen geltenden Liebe Gottes, um seine Vaterliebe – und haben sie dennoch nicht angemessen gelebt!

Gewiss kann man auch das Gegenteil sagen. Es gibt einen Kranz der Märtyrer im Glauben, eine Vielzahl von Liebestätern im Glauben an Christus in Jahrhunderten, in Jahrtausenden. Auf ihren Spuren wächst die Kraft zum Guten – von Franz von Assissi bis zu Bodelschwingh, von Theresa von Avila bis zur Mutter Teresa in Indien, von Luther bis Bonhoeffer als Beispiele. Es gibt genügend Vorbilder des Glaubens und der Liebe – auch in unseren Tagen. Gottes Heiliger Geist erweckt immer neu in Generationen. DEM HERRN SEI DANK.

Von hier aus gesehen gibt es letztlich eine tiefe Solidarität von Christen und Nicht-Christen. Beide sind schöpfungsbedingte Ebenbilder Gottes und beide stehen unter der unfassbaren Gnade und Barmherzigkeit der göttlichen Vaterliebe.

Aber beide sind auch unter dem Unsegen der Selbstgerechtigkeit, der geheimen Selbsterlösung, ja des Götzendienstes. In Sachen der Schuld vor Gott gibt es eine geheime Solidarität von Christen und Nicht-Christen. Da gibt es in der Tiefe keine Unterschiede. Man sollte auch nicht hier künstliche Linien ziehen wollen. Christen haben nur den Vorzug, erwählt zu sein im Glauben, im Aufblick auf das Vaterherz Gottes. Aber das ist niemals ein Verdienst, sondern Gabe des Heiligen Geistes.

Die angesprochene Grundsituation der geheimen Solidarität von Christen und Nicht-Christen in Sünde und unter dem Heil führt in die Demut, welche mit Kierkegaard bekennt: Es ist der Vorzug des Menschen, auf Gott angewiesen zu sein, seiner zu bedürfen.

5. Die Relativierung der Religionen und die christliche Wahrheit

Ein wesentliches Phänomen aller Religionen, die Weltreligionen sein wollen, ist der jeweilige Absolutheitsanspruch. Diese Situation scheint in der Konsequenz nun doch eine Lessingsche Lösung zu fordern: „der wahre Ring ging verloren“; wir haben es mit jeweiligen religiösen Ansprüchen zu tun, der aber vor der Warte des heute üblichen Pluralismus nicht bestehen kann. Absolutheitsansprüche sind zu relativieren. Nun gibt es augenscheinlich keine richterliche Instanz, die zwischen den Absolutheitsansprüchen entscheiden könnte oder müsste, es bleibt auch die Frage offen, was denn das Besondere des Christentums ist oder sein könnte.

Troeltschs Versuch einer Lösung der Fragesstellung nach der Absolutheit des Christentums orientiert sich in Abwendung von den idealistischen Identitätssystemen, an der Geschichte selbst. Kein allgemeiner Begriff soll an die Stelle der mannigfachen geschichtlichen Erscheinungsformen und Wandlungsprozesse treten.

Hegel hatte einst den christlichen Absolutheitsanspruch so begründet: Alle geschichtlich gewachsenen Religionen kommen niemals zu der Kongruenz mit „DER RELIGION": Keine der anderen Religionen spiegelt das Werden des göttlichen Weltgeistes unverzerrt wider, sie haben alle Fremd-und Störungselemente in sich. Das Christentum aber ragt nach Hegel aus dieser Welt der verzerrten Religionen einsam hervor. Hier sei die Gestaltung der Religion völlig kongruent mit der Idee der Religion. So kommt ihm der Rang der Absolutheit zu. Alle religiösen Teilwahrheiten sind so im Christentum aufgehoben.

In Hegels Deutung tritt nach Troeltsch ein allgemeiner Begriff als Maßstab auf, der der historischen Erscheinung des Christentums nicht gerecht werden kann. Nur der historische Blickfang führt nach Troeltsch hier weiter. Wie Hegels Deutung so abgelehnt wird, analog auch Schleiermachers Bestimmung des Christentums; sie sei „die vollkommenste unter den am meisten entwickelten Religionsformen". Oder auch Harmacks Deutung des Wesens des Christentums, das den anderen Religionen gegenübergestellt werden könnte. Es ist und bleibt der Grundgedanke bei Troeltsch, dass das Christentum eine historische Erscheinung sei wie andere auch.

Es gibt künstliche Absolutheitsdeutungen des Christentums – etwa im dogmatischen und auch apologetischen Sinne, auch in Vorstellungen einer „evolutionistischen Absolutheit" wie bei Herder. Aber sie alle sind überholt: Die künstliche Konstruktion der Absolutheit „zerbricht unter der Hand wirklichen Historie". (vgl. S. 238, E. Troeltsch, Die Absolutheit des Christentums und die Religionsgeschichte, Berlin 1998 S. 238)

Die Absolutheitsansprüche der verschiedenen Religionen sind naiver Natur. „Dabei zeigen sich uns diese naiven Absolutheiten als untereinander bedeutungsvoll verschieden je nach der Klarheit und Kraft, mit der das religiöse Ziel sich der Welt mit positiven befreienden und erlösenden Kräften gegenüberstellt". (ebd.) Auch sie zerbrechen unter der Hand der wissenschaftlichen Erforschung im Historienbereich.

Geschieht das auch bezüglich des Christentums, dann erweist es sich: „Die Sache ist ablösbar von der Form des Absolutheitsanspruches". Wenn „der prophetisch-christliche Personalismus selbst zu Recht besteht, dann ist er seiner Einstellung auf die Richtung des Absoluten und seines Vorzuges vor anderen Einstellungen sicher. Die prinzipielle Christlichkeit ist gewahrt, auch wenn sie von den alten Offenbarungs- und Erlösungs-, Alleinwahrheits- und Erbsündentheorien gelöst wird und vermöge dieser Lösung frei und lebendig in die Perspektiven des modernen Weltbildes eintritt (ebd, S. 240, vgl. von Troeltsch: „Die Zukunftsmöglichkeiten eines freien Christentums", Logos 1910) So entdecken wir „den Unterschied der naiven Absolutheit von der künstlichen apologetischen, der im Wesen der Sache begründet ist und allgemeine Erscheinung des höheren geistigen Lebens ist. „ (ebd.) Dies führt „zu dem Unterschied der Verkündigung Jesu von aller urchristlichen und kirchlichen Apologetik zu der naiven Größe, Weite und Freiheit Jesu' zurück, die das Höchste und Größte bleibt, was wir kennen. Hier ergreift uns die Macht Jesu, der wir mit gutem Gewissen als der höchsten religiösen Kraft uns überlassen dürfen". (ebd, S. 240f)

Gewiss ist das Bild Jesu „unter urchristlicher Apologetik und naiv-legendarischer Dogmatik" bedeckt – dennoch strahlt die Naivität Jesu, in der er das Höchste und Tiefste aufs einfachste sagt und aufs „einfachste an den Glauben an seine Sendung durch den Vater bindet". Dies wird durch alle historische Forschung hindurch und durch alle Relativierung hindurch als „Endergebnis" bleiben und die „in Jesus höchste Offenbarung" des göttlichen Lebens erkennbar sein. (ebd, S. 241f)

Die Lückenhaftigkeit unseres Wissens wird bleiben, die historische Beschränktheit ebenso, aber das Leben aus Gott und vor Gott unter Jesu Vorbild wird auch bleiben. Man wird so neu der Hand Gottes vertrauen dürfen, die uns geschichtlich leitet und „mit Jesus die Offenbarung und Vollendung des Heils der Zukunft anheimstellt. So können wir der religiösen Verödung entgehen, die uns bedroht". (ebd, S. 243)

Dieser Glaube an Gott in Jesus ist in seiner prophetischen Art nicht so geartet, „dass er zwischen ihm und allen anderen eine unübersteigliche Kluft befestigt und das Heil leugnet, das anderen widerfahren ist, aber er wird sich verbunden fühlen, die anderen zu der höheren Klarheit des Heiles zu führen, die er kennt". Das heißt: Es gibt einen offenen Zusammenhang zu anderen Religionen, mit denen man sich verbunden fühlt. (ebd, S. 242) Und: Es ist letztlich „mit keiner strengen Sicherheit zu beweisen, das es (das Christentum) der letzte Höhepunkt bleiben muss, und dass jede Überbietung ausgeschlossen sei. „ (ebd, Tübingen 1929, S. 90. In: „Die Absolutheit des Christentums und die Religionsgeschichte")

Überschauen wir die Ausführungen des Meisters, so fällt auf, dass zwischen dem dogmatisch überfrachteten Christentum der urchristlichen Apologetik und dem schlichten Vertrauensverhältnis zu Jesus mit der Richtung aufs Absolute unterschieden wird. Die eigentliche Christologie ist historisch kritisch zu behandeln und überholt. Der prophetisch-christliche Personalismus aber besteht zu Recht, der Bezug auf Jesus – die „Christlichkeit" – ist gewahrt. Und auf den Vater, an den er glaubt, an Gott selbst.

Diese Art des Glaubens ist aber eine relative – wohl auf das Absolutum des Letzten im Gericht orientiert. Aber beweisbar ist das alles nicht – auch diese Art des Christentums „ist noch u. U. überbietbar". Die Gegenwart kennt nur den seiner selbst gewissen Glauben.

Dieser hat seine kulturelle und geschichtliche Prägung und Bedingung, die wechselhaft sein kann. Denn in der Geschichte ist alles relativ. Diese Erfahrung bei der Kenntnisnahme der östlichen Hochkulturen, anderer Religionen, öffnet den Gedanken der Verflechtung der Religionen in die jeweilige Kultur hinein und ergänzt den jesuanisch-prophetischen Aspekt der eigenen Glaubenserkenntnis. Auch das Christentum ist nur von daher zu verstehen. Es ist die den Europäern zugewandte Seite des Antlitzes Gottes. Die Frage nach der Wahrheit der Religionen wird beim späteren Troeltsch kulturabhängig und so relativiert. Die Vorstellung der Absolutheit des Christentums ist ausgeschlossen.

In unseren Tagen hört man oft ähnliche Gedanken – das Christentum sei europäisch, weshalb Menschen in anderen Kulturkreisen es als fremd empfinden würden. Darum sei christliche Mission überholt und fehl am Platze. Troeltschs Gedanken reichen weit in unsere Zeit hinein.

Wo freilich die jeweiligen Kulturen zum Maßstab werden, muss die Religion jeweils eine dienende Funktion nur entfalten können. Die Wahrheitsfrage ist im Netzwerk bestehender Kulturen verstrickt und relativiert.

Diese Betrachtung Troeltschs konnte noch nicht die multikulturelle Eigenart der christlichen Entfaltung kennen, die wir im 20. Jahrhundert erlebt haben, und das bis heute. Die ökumenische, christliche Kirche ist in aller Welt eine interkulturelle und multikulturelle Wirklichkeit über völkische, politische, gesellschaftliche und rassische Grenzen hinweg. Und sie ist weiterhin zu den Kulturen unterwegs. Die Wahrheit aber ist eine objektiv-absolute und gilt allen Völkern und allen Kulturstufen. Das Christentum zementiert nicht die Grenzen, sondern öffnet sie – der Friede zwischen Völkern und Kulturen ist die Frucht der inneren Freiheit im Glauben, im neuen Sein – wenn auch ein Endgültiges noch nicht erreicht ist. Christliche Gemeinden sind Versöhnungszeichen in oft friedloser Welt.

Da Troeltsch alle Christologie hinter sich lässt und also das Besondere des Kommens Gottes in Christus nur als dogmatische Überfracht deutet, bleibt letztlich alles im Raum der Relativitäten, eine Art des Absolutseins des Jesus Christus ist ausgeschlossen. Man darf dann aber doch fragen: Wie kommt es, dass es eine intensive Missionsarbeit in den Kirchen seit 200 und mehr Jahren gegeben hat? Wie kommt es, dass jene Boten des Evangeliums eine geradezu verwegene Haltung des missionarischen Einsatzes hatten, die auch oft das Leben kosten konnte? Warum die Unbedingtheit des Heiles von Gott her, in Jesus Christus? Darauf muss es eine Antwort geben.

Man könnte auf den cantus firmus im AltenTestament verweisen, auf die Unbedingtheit des geoffenbarten göttlichen Willens, der Israel bis heute geprägt hat. Im Neuen Testament ist er genau so zu finden. Jesus sagt von sich, dass Er Weg, Wahrheit und Leben ist und dass niemand zum Vater kommt denn durch IHN. Oder er betont, dass IHM alle Gewalt im Himmel und auf Erden gegeben ist. Oder ich denke an das Petruswort: „es ist in keinem anderen Heil, ist auch kein anderer Name unter dem Himmel den Menschen gegeben, worin sie selig werden können". Analoge Worte könnten fortgesetzt werden. Der Absolutheitsanspruch Jesu ist im Neuen Testament eindeutig. ER selbst vergibt an Gottes statt Sünden. Er selbst ist die Tora, verschärft Gottes Gebote in der Bergpredigt, ja radikalisiert sie, indem er Liebe um jeden Preis fordert. Denn Gott der Vater sucht in Liebe die Menschen und hat Geduld. (Mt. 5, 43ff) Auch die Charakterisierungen im Johannes-Evangelium weisen auf das Einmalige in Jesus Christus, der von sich sagen kann, dass ER das Licht der Welt ist. (siehe Grundmann, Geschichte Jesu Christi, 1956, S. 261ff)

In diesen Grundkennzeichen des Eigenseins Gottes in Jesus Christus wird das Besondere deutlich – dasjenige, was es mit IHM auf sich hat. Es ist eine Wahrheit, die wir in der Weihnachtzeit bedenken: „Gott wurde Mensch, Dir Mensch zugute". Das Besondere des Christentums ist schlicht darin zu sehen, dass Gott selbst in seinem Sohn in diese Menschenwelt gekommen ist. Keine andere Religion, kein anderer Monotheismus kann das so aussagen – auch nicht der philosophische griechische Monotheismus – so wenig wie es vom Alten Bunde her möglich war oder schien. Juden und Griechen stehen der paulinischen Botschaft fern". (Römerbrief, Kap. 1 bis 3)

In den Religionen vom Polytheismus, vom Animismus bis zu den monotheistischen Hochreligionen des Ostens ist der Mensch in aller Variabilität religiöser Gestaltungen stets letztlich ein solcher, welcher mit rituellen, exerzitienmäßigen Versuchen, auch mit guten Werken, Gott sucht, mit Gott zu handeln sucht, das Mysterium Gottes zu erreichen versucht. In allen Religionen vom Animismus, von den

Stammesreligionen bis zu den kulturträchtigen Lehren vom Tien, Tao, Brahma, Nirvana – auch im Raum der Religion Zarathustras und Mohammeds – und auch in der Logos-Philosophie, ging und geht es um den Gott suchenden Menschen, um den auch mit Gott handelnden Menschen – was aber gewiss nicht pures Menschenwerk ist, sondern als Antwort des Menschen auf den Anruf Gottes in seiner Schöpfung, in einem allgemeinen Sinne zu verstehen ist.

Im Evangelium geht es umgekehrt um den Gott, der uns Menschen sucht. Darum offenbarte ER sich in seinem Sohn Jesus Christus und erwies sich als trinitarischer Gott. Es geht in dieser Menschwerdung Gottes in Christus um eine uns suchende Liebe, die ohne Vorbehalte an die Seite jedes Menschen sich begeben hat und noch begibt – eine Barmherzigkeit, die jedem gilt – ohne Ansehen der Taten, der Person, der Schuld. Sie gilt Christen und Nicht-Christen.

Unter diesem besonderen Blickpunkt ist diese suchende Liebe Gottes das Geheimnis aller Religionen, die auf Christus indirekt verweisen. Die Liebe Gottes, die in Jesus offenbart ist, transzendiert alles Menschenmögliche, des Menschen Vernunft und Erkenntnisse, des Menschen Religionen und Philosophien. Sie setzt eine neue Wirklichkeit in unsere Wirklichkeit hinein.

Kategorien der historischen Erkenntnis können das nicht fassen, weil sie an das natürliche Wirklichkeitsbewusstsein gebunden sind, das uns Menschen eignet. Sie ist an die kategorialen Grenzen ihrer Methodik gebunden und kann das in Christus gegebene Wirklichkeitsverständnis nicht fassen, weshalb es als Mythologie abgestempelt wird, man erstrebt dann theologisch eine Art der Entmythologisierung – so bei Troeltsch und bei Bultmann später. Man nimmt das in Christus Gesagte als eine nur symbolische Aussage und verkennt so das Proprium der Heilsgeschichte Gottes.

Die Grundentscheidungen der Konzilien der Alten Kirche sahen schon diese Gefahr, sie wehrten symbolistische, mythologische Deutungen ab. Dafür ist das Homousios ein Beispiel: Der Sohn ist mit dem Vater eines Wesens. Dies war und ist umstritten, der historischen Vernunft unbegreiflich. Aber es ist wahr, auch ein Wort der Wahrhaftigkeit gegenüber der biblischen Überlieferung, die von Gottes Geist geleitet war und ist.

Von Gottessöhnen sprachen auch andere Religionen; war Jesus nun ein solcher Gottessohn in poetischer Sprache, in mythologischer Überhöhung? Jenes Homousios will sagen: Das Wort Sohn des Vaters ist ganz realistisch zu verstehen. Jesus hat das zum Beispiel in den „Ich bin"-Worten des Evangeliums des Johannes unterstrichen. Wir dürfen diese Aussagen nicht poetisch oder mythologisch oder symbolistisch erweichen, Homousios meint: Nehmt die Bibel ernst, wörtlich, nicht allegorisch. Gott, der Vater, ist auf eine besondere Weise in Jesus Christus gegenwärtig in der Heilsgeschichte, in der Gegenwart wie in der Ewigkeit – und wie ER beim Vater von Anfang an war. (Epheser 1, 4)

Wennschon der Sohnesbegriff eine besondere Bedeutung hat in Relation zum Vater, so darf doch auch gesagt werden, dass alle christologischen Titel und messianischen Bezeichnungen nichts anderes aussagen wollen, als dass „Er das Heil in seiner Person ist". Er verkündigt nicht nur, sondern er „ist und bringt das Heil". Das wird im Johannesevangelium besonders deutlich, wo Jesus Brot des Lebens, Licht der Welt, Weg, Wahrheit, Leben genannt wird. Heilsoffenbarung ist die Geschichte zwischen Vater und Sohn, in welche die Seinen hineingenommen sind. (s. Grundmann a.a.O., S. 292)

6. Polytheistische Toleranz und die christliche Wahrheit

Von ägyptologischer Warte hat man nun den Polytheismus als eine Wegstrecke zu erkennen versucht, welche in sich Toleranz in gewissem Sinne entwickelt habe. Und dies wird nun vom Hintergrund der langen und auch dynamischen polytheistischen Religionsentwicklung her gedeutet.

Blicken wir in jene Götterwelt, so darf festgehalten werden, dass Götter in Zeit, Raum, Macht und Wissen einen gemeinsamen Nenner haben: die Differenziertheit. Wie alles Seiende sind auch die Götter in sich different. Die Differenziertheit der Götter prägt sich bereits in ihrer Vielzahl aus. Ägypter kennen keinen metakosmischen Schöpfer im hebräischen Verständnis, aber denken doch von einem Ur-Einen oder Urgott her, von dem EINEN, der sich in der geschöpflichen Wirklichkeit zu Millionen gemacht hat – in Göttern und allem anderen Seienden.

Der Akzent liegt aber für die alten Ägypter bei der Vielzahl, bei den Göttern, die sich wandeln und wandelbar sind – das ägyptische Pantheon. Versuche, den Polytheismus zu überwinden durch Echnaton wurden wohl strategisch überlegt aufgenommen, aber blieben ohne Erfolg. Später verfiel dieser Versuch einer monotheistischen Revolution der Verfemung. (vgl. Erik Hornung, Der Eine und die Vielen, Altägyptische Götterwelt, 6. Aufl., Basel 2005, S. 180ff, S. 252ff)

Das „EINE" ist der Ursprung, aber letztlich nicht für den Ägypter denkbar; es gibt wohl Hauptgötter, wie Amun, aber sie sind in das Pantheon der Götterwelt eingeordnet. Wir haben einen Henotheismus vor uns, der aber vom Polytheismus überwuchert ist. Und nur dies ist das Wirkliche für den Ägypter. (ebd, S. 258f)

Im dauernden Wandel der Götter, ihrer Erscheinungen und ihres Wesens gleichen sie den Tempeln des Landes, die auch nie abgeschlossen sind, stets „im Bau" bleiben. Immer neue Hallen, Höfe und Pylonen werden angefügt. Im Gegensatz zu der fertig abgeschlossenen Form der Götter Griechenlands darf man die ägyptischen Götter nicht sehen. Sie erscheinen in wechselnden Formen, die einander ausschließen können. Er kennt auch wandelbare synkretistische Götterverbindungen. Wesentlich ist immer das, für das sie stehen, wovon sie zeugen, worauf es ankommt jeweils. Eine Ikonographie ist wenig festgelegt in Ägypten. (ebd, S. 272f)

Echnatons Versuch einen metakosmischen Monotheismus durchzsetzen, aus dem EINEN den EINZIGEN zu machen, die Götter auszugrenzen scheiterte. Die Welt der Götter blieb und lehrte indirekt die Tugend der Toleranz – die immer neu suchende Toleranz gegeneinander.

Die Geschichte der Menschheit ist freilich im jüdisch-christlichen Raum vom Absolutum her geprägt worden: „Eine Kirche, ein Reich, eine Gesellschaftsordnung für alle Menschen, der gleichmachende Zwang eines Systems für alle – ein solches Denken ist ad absurdum in unseren Zeiten geführt worden. Nietzsches Umwertung der Werte vollzieht sich bereits (ebd, S. 268) Als Glaubende und Liebende gehen wir wohl in der Absolutheit des Augenblicks auf, aber „als Betrachter der Geschichte wissen wir, dass dem Seienden keine Endgültigkeit beschieden ist. „(ebd.) „Unerbittlich zerstört, zerschlägt die Geschichte alle „ewigen" und „absoluten" Werte, entlarvt sie jeden absoluten Bezugspunkt, den wir setzen mögen, in seiner Relativität" (ebd, S. 269)

Alle Indizien deuten darauf hin, dass die menschliche Gesellschaft der näheren Zukunft eine pluralistische, undogmatische sein – oder dass sie nicht sein wird. Sie wird in allen Bereichen die Vielheit der Möglichkeiten gelten lassen müssen. „Der absoluten Werte wird sie gründlich überdrüssig sein. Der Gottesglaube bleibt von dieser Wandlung des Bewusstseins nicht unberührt. „Glaube muss sich sagen, dass Gott niemals sein letztes Wort gesprochen hat" – auch nicht als „Einziger". Das 20. Jahrhundert hat einen „bekennenden Polytheismus hervorgebracht, der sich betont der Vielheit zuwendet und sich dabei auf Goethe berufen kann [...] Kein Lebendiges ist Eins, immer ists ein Vieles." (ebd, S. 270)

Die ägyptische Religion ist das Gegenbild einer „absoluten Religion". Die Götter Ägyptens sind wandelbar, unterliegen der Notwendigkeit des Todes – anders als die griechischen Götter; das sogenannte Ewige wäre für Ägypter der Aufbruch in das Nichtsein. Allmacht Gottes, Allgegenwart Gottes und Transzendenz jenes ist ägyptischem Denken fern.

Dies hat nun auch in einer Gegenüberstellung von biblischer und ägyptischer Religion, überhaupt polytheistischer Religion J. Assmann formuliert. (J. Assmann,

Moses der Ägypter. Entzifferung einer Gedächtnisspur, München, Wien 1998) Assmann interessiert nicht die Frage nach dem historischen Moses und deutet Moses als eine Weise der Erinnerung, als Chiffre der Erinnerung eines gschichtlichen Bewusstseins. In diesem Sinne versteht er die „Mosaische Unterscheidung". Mit der Einführung der Vorstellung des einzigen Gottes geschah etwas grundlegend Umstürzendes mit dem Abbruch des Polytheismus.

Wir lesen: „Mit der Mosaischen Unterscheidung meine ich die Einführung der Unterscheidung zwischen wahr und falsch im Bereich der Religionen. Die Religion basierte bis dahin auf der Unterscheidung von rein und unrein oder heilig und profan und hatte überhaupt keinen Platz für die Idee falscher Götter", die man nicht anbeten darf. (vgl. ebd, S. 187) Die Götter des Polytheismus seien gegenseitig übersetzbar gewesen und bestanden in einer gewissen Äquivalenz. „Die Gottheiten waren international, weil sie kosmisch waren". Niemand kam auf den Gedanken, die Wirklichkeit fremder Gottheiten zu bestreiten. Sie waren genau so legitim wie die eigenen Götter. „Dem antiken Polytheismen war der Begriff einer unwahren Religion völlig fremd." (ebd, S. 19) Mit der Einführung des Gottes als des Einzigen geschah eine Revolution, etwas total Umstürzen – eine Art von Kontradiktion, welche alles, was vorher gegeben war, ausschloss. Die Äquivalenz der interkulturellen Übersetzung jeweiliger Gottheiten ging verloren.

Erst jetzt setzte jene Vorstellung von Sünde ein, von Idolatrie, als der Ursünde des Menschseins. „In der Vorstellung vom goldenen Kalb, der biblischen „Ursünde" des monotheistischen Ikonoklasmus ist das Haß- und Gewaltpotential festgeschrieben, das sich in der Geschichte der monotheistischen Religionen immer wieder aktualisiert hat." (ebd, S. 20) Die Exoduserzählung ist damit so etwas als der Ursprung der negativen Wirkungen, die vom Monotheismus ausgegangen sind.

Die Konsequenz bei Assmann ist analog jener bei Hornung, den wir vorher behandelt haben: In der Geschichte ist alles relativ, es gibt kein Absolutum. Der Exodus des Mose ist rückgängig zu machen, es gibt nicht bloß eine Wahrheit monotheistischer Art in den Religionen. Vielmehr müssen wir zurück nach Ägypten, in die Welt der Götter, die den Kosmos in seiner Vielfalt ausdrücken und gegenseitigen Ausschluss nicht mehr kennen, sondern gegenseitiges Verstehen ermöglichen. Die Unterscheidung von wahr und unwahr im Raum der Religionen muss rückgängig gemacht und aufgehoben werden.

Assmann zeigt ausführlich, wie das Interesse an Ägypten in der Zeit der Renaissance, der Religionskriege, der religiösen Kontroversen um Monotheismus, Deismus, Atheismus gewachsen ist. Ägypten ist Ursprung aller wahren Religion, für eine letzte Konvergenz von Vernunft und Offenbarung. (vgl. ebd, S. 40) Es gibt gleichsam eine Ur-Theologie bis in die Vorstellungen der Aufklärung hinein, wie sie in der Zauberflöte Mozarts deutlich ist mit ihrem Bezug auf ägyptische Götter. (ebd.)

Mit dem Wegfall des metakosmischen Gottes wird auch die Unterscheidung von Gott und Welt hinfällig. Welt und das Göttliche werden als ununterschieden und als Einziges gesehen, wie bei B. Spinoza und implizite auch später im „Geist der Goethezeit". (vgl. Korff, Geist der Goethezeit,II. Teil, Leipiz1930)

Mit der Rückkehr nach Ägypten ist eine Rückkehr zu den Göttern verbunden, die symbolische Ausdrucksformen der göttlichen Natur, allen Seins sind. Die für die Vernunft wesentliche Orientierung an dem, was wahr ist, tritt zurück. Wenn alles relativ und nur symbolisch ist, dann gibt es keine schlechthin geltende Wahrheit mehr. Die Wahrheitsfrage ist überholt.

Das wird auch bei Assmann deutlich, denn mit dem Wegfall der Mosaischen Unterscheidung fällt auch „das Bewusstsein der Sünde und der Sehnsucht nach Erlösung" weg. In Ägypten waren Sünde und Erlösung keine Themen. (Ebd, S. 281) Für Ägypten war ein moralischer Optimismus aktuell „Es sieht so aus, als sei mit der Mosaischen Unterscheidung die Sünde in die Welt gekommen. Vielleicht liegt darin das wichtigste Motiv, die Mosaische Unterscheidung in Frage zu stellen. „ (ebd, S. 282)

Fragen wir nun, ob die Felder des Polytheismus Zonen des Friedens und der Verträglichkeit waren und sind, ob die Wahrheitsfrage bei und mit ihnen überholt ist in einem polytheistischen Spektrum und eine Art Toleranz stets zu erwarten ist – dann kann jedenfalls nicht die Kategorie der Wahrheit ausgespart werden. Assmann ist ja Wissenschaftler und die Frage darf dann auch an ihn gerichtet sein, ob sein Bild der polytheistischen Welt wahr ist im Sinne wissenschaftlicher Objektivität, so darf das teilweise verneint werden.

Ein Überblick auf die Geschichte der monotheistischen und auch der polytheistischen Religionen zeigt, dass jedenfalls die polytheitischen Religionen als Stammesreligionen sehr verschieden sind. Hinzu kommt, dass polytheistische Vorstellungen sich auch dann halten können, wenn monotheistische Aspekte gestaltet sind, etwa im Hinduismus, im Buddhismus, wenn auch nicht im Vordergrund der Wesensgehalte jener Religionen, die vom Brahma, Nirvana, auch vom Tao herkommen.

Assmanns Vorstellung der interkulturellen Verständigung der polytheistischen Religionen kann sich auf die Religionspolitik des Imperium Romanum stützen. Auch wenn das Urgebot der pseudoreligiösen Kaiserverehrung zunächst Pflicht war, so konnten doch unter diesem Dach der Ideologie des ganzen Reiches interkulturelle und religiöse Verbindungen reifen, es konnte die Äquivalenz der Götter gepflegt und Toleranz geübt werden.

Aber das gilt nur für jenes Reich der Römer. Nicht aber für die Geschichte des Polytheismus im allgemeinen. Der Papst Benedikt XVI. weist darauf hin: „Es genügt, Homer zu lesen, um sich an die Kriege der Götter zu erinnern und daran, dass die menschlichen Kriege als Spiegelungen und Folgen der Kriege der Götter angesehen worden sind". (Glaube, Wahrheit, Toleranz, Freiburg 2005, S. 176) Er zitiert Athanasius, einen Ägypter, der die Zeit der Götter noch erlebt hat: „Einstens, als man die Anbetung der Götter praktizierte, lieferten sich Griechen und Barbaren den Krieg und erwiesen sich grausam ihren eigenen Blutsgefährten gegenüber. Es war praktisch unmöglich, die Erde oder das Meer zu befahren, ohne seine Hände mit dem Schwert zu bewaffnen angesichts der unendlichen Kämpfe untereinander. Sie brachten ihr ganzes Leben unter Waffen zu; das Schwert stand an Stelle des Stabes und nur so konnten sie sich helfen. Obwohl sie den Göttern opferten, half ihnen ihre Ehrfurcht vor den Göttern nichts, um diese Mentalität zu korrigieren". (Athanasius von Alexandrien, De incarnatione verbi, Sources chrestiennes, Bd. 199, Paris 1973, S. 450) Athanasius sah in der Bekehrung der Völker zum Christentum die Prophetie des Jesaia erfüllt (Jes. 2,4) Mit der Umkehr war Treue in der Arbeit und Gebet gewachsen und hinderte, Kriege zu führen. (ebd, S. 452) Dies mag auch religiöse Stilisierung sein, aber der Wahrheitsgehalt konnte in seiner Zeit, des Athanasius Zeit, durchaus überprüft werden und ist im Kern anzunehmen.

Jedenfalls darf festgehalten werden, dass die Götter auch Grund gegenseitiger Gewalt waren, dass die Götter eines Stammes zu Dämonen des anderen Stammes werden konnten, wie man heute noch in Völker- und Stammeskämpfen in Afrika erleben kann (Tutsi gegen Hutu). Und auch Ägypten war einst ein „Sklavenhaus" der Unterdrückung und Kriege.

Die Relativierung, welche die beiden von mir zitierten Ägyptologen als Begebenheit unserer Epoche darzustellen versuchen, hat Konsequenzen. Wenn es keine absoluten Werte, Normen mehr gibt und alles nur noch relativ, soziologisch oder auch psychologisch gedeutet wird, dann übersieht diese Schau – die von Nietzsche herkommt –, dass es eine Bedingung des personalen und mitmenschlichen Seins gibt, die ethische Allgemeingültigkeit genannt werden darf und die als ethisches lumen naturale teleologisch wirksam ist. (vgl. Philosophie vor der Gottesfrage, 2003, S. 87 ff) Die Verkennung dessen führte unter anderem im 20. Jahrhundert zu jenen monströsen totalitären Staaten und Bewegungen, die die Welt ins Unglück führten, die Menschheit bis heute belasten. Die Theorie einer polytheistischen Relativierung der Werte hat Konsequenzen und sollte so, nach den bitteren Erfahrungen, nicht mehr verfolgt werden. Weder der personale Geist des Menschen noch der objektive oder objektivierte Geist des Menschen sind unabhängig von jener geheimen ethischen Richtweisung zu denken, die die Würde des Menschen bestätigt, die nach unserer Verfassung nicht teilbar ist.

Blicken wir auf die Geschichte zurück: Die Mythologie war einem geschichtlichen Prozess unterworfen in der Spätantike. Die Mythen verloren mehr und mehr an Glaubwürdigkeit und Kraft. Die Frage nach der Wahrheit war gestellt: Ist das Ganze der mythologischen Vorstellungen denn wahr? Diese Frage wirkte wie ein Sprengsatz und führte zu einer Schizophrenie: Für die Nichteingeweihten blieben die Vorstellungen der Mythen noch bestehen aus politischen Gründen, wie man verstehen kann, während die Eingeweihten deren Nichtigkeit durchschauten, wie auch Assmann feststellt. (ebd, a, a. 0. S. 272ff) Es blieb die Frage nach der Wahrheit offen, dabei war sie schon fast 1000 Jahre vorher von Sokrates gestellt worden im Gespräch mit Eutyphron, einem noch ganz im Kult und in den Mythen befangenen Denker. Sokrates: ,'Ist es nicht also so, dass jeder von ihnen das, was er für gut und gerecht hält, auch liebt, das Gegenteil aber haßt?" Dies bestätigt Eutyphron im Blick auf die Götter. Sokrates spricht dann: „Nun halten aber doch das nämliche, wie Du sagest, die einen für gerecht, die anderen für ungerecht; und indem sie sich darin widersprechen, entzweien sie sich und bekriegen sich untereinander. Ist es nicht so?". Eutyphron bestätigt es. Dann sagt Sokrates „Das nämliche scheint also von den Göttern gehasst und geliebt zu werden – danach wäre das nämliche sowohl den Göttern verhasst als auch den Göttern lieb?" Eutyphron bestätigt es. Dann: Sokrates sagt: ,Und so wäre nach dieser Rede das Fromme und das Unfromme das nämliche „. Und Eutyphron antwortet: „So verhält es sich". (3 bis 8 der Oxford-Ausgabe, Bd 1, zitiert nach Der Tod des Sokrates, Hamburg 1956, S. 25)

Mit diesen Worten wird deutlich, dass im Mythos alles göttlich ist, wie Guardini sagt. (Der Tod des Sokrates, 1956, S. 25) „Überall sind Mächte, und jede gehört zum Dasein. Sie werden nicht begrifflich verglichen, sondern gelebt. Alle Mächte gehen in der Einheit der Welt auf, die selbst das Letzt-Göttliche ist und sämtliche Widersprüche umfasst. So haben alle recht, und der Kampf zwischen ihnen auch. Paris sowohl wie Menelaos stehen im Schutz ihrer Noumena. Dass sie kämpfen müssen, bildet die notwendige Tragik, in der jedoch das Dasein nicht zerfällt, sondern als überbegreiflich Ganzes besteht". (ebd, S. 25)

Diese Deutung beweist nun aber doch: Die Rücknahme der mosaischen Unterscheidung impliziert nicht eine Art Allversöhnung in gleichsam polytheistischer Toleranz, es gibt keine Allversöhnung, sondern die Wirklichkeit selbst ist adamitisch und in sich widersprüchlich, der persönliche und der gesellschaftliche, politische Krieg kommt aus der Wirklichkeit selbst. Gut und Böse sind so ununterscheidbar. Diese Aussage ist charakteristisch für die antike Tragödie, die Schuld und schicksalhaftes Scheitern unausweichlich hervorbringt. Wird das Gute und ethisch Richtige nicht mehr von der Offenbarung Gottes in der Schöpfung und in der Heilsgeschichte her gesehen, also nicht mehr als gültig schlechthin angesehen von Gott her, so verdampft es im relativierenden Bewusstsein des Menschen.

Alle Versuche, dies zu übergehen oder zu übersehen und in einem systematischen revolutionären Kraftakt zu überwinden, führten nie zum Ziel. Aber Hekatomben von Menschenopfern wurden gefordert. Menschen waren nur Spielmaterial des Fortschritts, Material für den grausamen „Gott" einer versöhnten Menschheit, die nie in Sicht war.

Die Wahrheitsfrage ist unausweichlich und sie kann beantwortet werden: Gibt es Gott, gibt es die Wahrheit, gibt es das ethisch Richtige? Hier hilft die mosaische Unterscheidung in ihren Maßgaben. Und hier hilft die antike griechische Philosophie mit ihren Vorstellungen von dem hintergründigen Logos und seinen Weisungen. Beide gingen eine Symbiose ein und beide antworten auf die Frage nach der Wahrheit. Diese Begegnung geschah im Alten Testament, in der Weisheitsliteratur, in der Septuaginta. Die neutestamentliche Antwort führte das griechische Denken im Sinne des Logos zum Ziel. Darin gründete der Erfolg christlicher Mission, wie der Papst zu Recht sagt. (ebd, S. 181, a.a.O. Glaube, Wahrheit, Toleranz, S. 181)

Auch hinter dem polytheistischen Toleranz-Vorbild der zitierten Ägyptologen verbirgt sich ein Sinnglaube, das Vertrauen auf die Vollkraft der ethischen Vernunft, die im philosophischen Raum oft angesprochen ist – man denke an Kant, an Habermas, Popper und andere. Mit dieser Perspektive ist immer die Vorstellung verbunden, dass menschliches und ethisches Streben in der Entwicklung des Fortschritts in eine Art der Vollendung schrittweise führt. Der Mensch ist autark, der anthropologische Horizont regiert dieses Denken – fern aller metaphysischen Deutungen. Letztlich bleibt man im polytheistischen Toleranzhorizont im Nur-Menschlichen. Die Dimension des coram Deo fehlt.

Es wird verkannt, dass der Mensch sich in seiner Würde nicht selbst geschaffen hat, und dass er Verantwortung zu tragen hat in einem ethischen und überethischen Sinne coram Deo. Er ist als ebenbildliches Wesen auf Gott hin und von Ihm her geschaffen und so unter die Verantwortung vor Ihm gestellt – zu seinem Schöpfer. Er ist verpflichtet, seinem Schöpfer zu dienen – und davon spricht die „Mosaische Unterscheidung". Sie gibt die Wegweisung im Inhalt dessen, was wir das erste Gebot nennen: Aus dem Vertrauen zu Gott zu leben als der Sinnkonstante unseres Daseins. Dies ist auch die Botschaft Jesu.

Unter dieser Wegweisung darf und soll der gottebenbildliche Mensch vor allem auf Gottes Wort, auf seine Verheißung und sein Versprechen sich verlassen. Dies ist nun allerdings eine Grenzziehung, die dem Verantwortungsbewusstsein des

Menschen entspricht und auch indirekt das definiert, was dann Sünde genannt werden kann...

Diese Grundsituation ist im Denken jener bezeichneten Ägyptologen aufgehoben. Dabei wird verkannt, dass jene ursprüngliche Beziehung Gottes zum Ebenbild immer deutlich ist in der indirekten Aufnahme eines Absolutums, eines Gottes, den man sich selbst macht.

Agnostiker irren sich, denn auch sie haben einen Sinninhalt ihres Daseins, ein Absolutum, dem man ganz vertraut. Es kann die eigene Ideologie sein oder die Wissenschaft als solche, der eigene Gestaltungswille, das eigene Geld, das eigene Kapital überhaupt, ein anderer Mensch, ein eigenes Ding. Es gibt nichts, was der Mensch nicht zu seinem Gott machen kann und wird. Der Agnostiker hat immer einen Gott in sich, bei sich, ein Absolutum, an dem sein Herz hängt. Gott und Glaube sind immer zuhauffe, wie Luther sagt. Worauf sich der Mensch im Vertrauen letztlich verlässt, worin er lebt und handelt – jenes Absolutum kann der lebendige Gott oder ein Götze sein, ein Abgott, der als Zeitliches niemals das halten kann, was er vermeintlich verspricht.

Dem entspricht bei Agnostikern ein künstliches Sichfestsetzen an der Erscheinungsseite der Gegebenheiten. Und die metaphysische Angst vor dem absoluten Nichts steigert noch jenes Sichfestsetzen an der Oberfläche des Lebens. Immer neue Absoluta kann dies gebären; es ist der tragische Zirkel des Menschen, der den lebendigen Gott nicht gefunden hat.

Darin wird deutlich, dass der Mensch niemals angemessen verstanden werden kann ohne jene Grundbeziehung zu seinem Schöpfer und Erhalter. Dies ist in der „Mosaischen Unterscheidung“ gegeben. Ihre Auflösung wäre identisch mit dem Gottesverlust überhaupt. In unseren Zeiten haben wir es doch mannigfach erlebt, dass der Widerspruch zum Schöpfer, die Urversuchung des „Ihr werdet sein wie Gott“ lebendig ist, aber als adamitischer Sog in ein Jenseits vom lebendigen Gott sich nur letztlich negativ auswirkte – und auch immer nur so auswirken wird. Das ist der tragische Zirkel des religiös-indifferenten Bewusstseins, das auch in einem polytheistischen Toleranzbild nicht überwunden ist.

Hinzu kommt, dass eine Rückkehr nach Ägypten doch nur akademischer Natur sein kann, es bleibt im Fiktiven und reicht nicht aus zum wirklichen Lebensgestalten. Von akademischen Konstruktionen kann nicht auf Dauer Kraft ausgehen, Hoffnung wachsen. So wird der einfache „Königsweg“ Gottes in Israel mit Mose und dann in Christus verfehlt. Kierkegaard hatte dies tief erkannt, als er betonte, dass es der Vorzug des Menschen ist, auf Gott angewiesen zu sein, seiner zu bedürfen.

7. Überlegungen zu interreligiösen Gesprächen

Interreligiöse Gespräche, theologische Begegnungen zwischen christlichen Theologen und Theologen der Religionen sind unumgänglich. Denn wir leben in einer veränderten, gemeinsamen Weltsituation. Man kann von einer globalen Vernetzung der Erdteile, Völker sprechen, die Interessen und Ziele jeweils miteinander verbinde. Politische, ökonomische Veränderungen in einem Teil der Erde wirkt sich auf andere Teile bei der allgemeinen Abhängigkeit aus. Annäherung der Völker, Staaten, auch der Religionen, scheint unumgänglich.

Jener Prozess der zunehmenden Integration wird leider oft durch vorgeprägte Konfliktlagen, durch ethnische Unversöhnlichkeit und auch durch überbordendes Eigeninteresse gefährdet. Gefördert wurde das durch Ideologien, Nationalismen, Marxismen. Auch durch unterschiedliche wirtschaftliche, technische Entwicklungen. Auch durch religiösen Fanatismus bis hin zu kriegsähnlichen Situationen, die viel Unmenschlichkeit bewirken. Es gibt auch traditionelle Feindschaften zwischen Völkern, Stämmen, die einst in sogenannten Stammesfehden ausgetragen wurden. Heute aber mit modernen Kampfausrüstungen, die massenvernichtende Kriegszustände hervorrufen können.

Hinzu kommt, dass die Schere ökonomischer industrieller Entwicklungen zwischen den sogenannten Industriestaaten und den mehr agrarisch orientierten Ländern der sogenannten dritten Welt immer weiter auseinanderklafft. Die Entwicklungshilfen der reichen Länder sind mehr als notwendig, aber Korruption und Eigennutz lassen sie vielfach in nicht übersehbaren Kanälen versickern. Die Verschuldungen der sogenannten dritten Welt haben zugenommen, während leider großzügige Regelungen der Schuldnerstaaten nur selten gewagt werden.

Interreligiöse Gespräche werden jene Widersprüche beachten müssen. Themen dieser Art werden nie ganz zu umgehen sein, und man wird selbst sich der dringenden Notwendigkeit der Entwicklungshilfe dabei immer neu bewusst werden. Und man wird sich zu fragen haben, wie man jeweils helfen kann. Der arme Lazarus liegt vor den Türen der Reichen – und das sind wir europäischen Christen; es kommt auf das Tun an. Religiöse Gespräche mit den anderen Gläubigen können fruchtbar sein, bedürfen aber des Dienstes des Samariters. Nur so ist Jesu Wort für jene glaubwürdig.

Will man religiöse Phänomene verstehen in einem tieferen Sinne, so bietet der eigene christliche Glaubens- und Verstehenshorizont den vorgezeichneten Zugang, der den religiösen Charakter wahrt. Das Gebet des Andersgläubigen erschließt sich erst recht vom eigenen Gebetsleben her. Die praxis pietatis ermöglicht ein intuitives Verstehen, das verbinden kann. Die existenzielle Betroffenheit im eigenen Glaubensleben lässt analoge Betroffenheiten in anderen Religionen verständlich erscheinen. Die wirkliche Wahrnehmung des religiösen Phänomens in der praxis pietatis verhindert Vorurteile, die dem Richtegeist entspringen können.

Der rein historische und kritische Zugang zu religiösen Phänomenen dominiert ein Wirklichkeitsverständnis, das zum Verlust der religiösen und mythischen Sprache führen kann, die als unwirklich gilt. Das Verständnis für die religiöse Symbolsprache und auch für metaphysische Bezüge verfällt, sofern der Bezug auf Gott in Christus als Geheimnis nicht geehrt wird.

Die von Theologen gelegentlich empfohlene „nicht religiöse Interpretation", verbunden mit dem Mündigkeitsanspruch des sogenannten modernen Menschen – leider von Bonhoeffer bis zu D. Sölle – verfehlt das Geheimnis des Glaubens und auch der Kirche. Sie entfremdet ihren Erkenntnisgegenstand und hinterlässt ein verzerrtes Phänomen, das beliebigen Fremddeutungen nunmehr ausgeliefert ist im Sinne eines religionslosen, säkularen Zugriffs.

Es ist so wichtig, dass die lebendige Glaubenstradition als Maßgabe aufgenommen wird – der lebendige Strom der anregenden Glaubensüberlieferung. Ohne sie wird Jesus schnell missverstanden im zeitgeistigen Sinne und so deminuiert. Dies führt von ihm fort. Aber wohin?

Die moderne Konsum- und Mediengesellschaft verführt in ihrem Allmachtswahn sehr schnell in ein nur eindimenisonales Denken, das im Vordergründigen verbleibt. Der metaphysische Denk- und Fragehorizont ist aufgehoben. Das nachmetaphysische Denken der Philosophie artikuliert dies auch gelegentlich als Schwäche, aber hat auch teilweise Religionen und deren metaphysischen Zusammenhang bekämpft. Unter diesen Aspekten – die auch in marxistischen Gesellschaften, in maoistischen Ländern zu finden sind – sind Formen der Religionen und des Christentums überflüssig, widersprüchlich, unzeitgemäß. Angemessene Beurteilungen der Religionen sind von dorther nicht zu erwarten.

An diesen Beispielen wird deutlich, wie wichtig die eigene religiöse Ausgangslage ist für das Verständnis der Religionen; es bedarf der Mitsprache des eigenen existenziellen Betroffenseins, des eigenen Glaubens. Dies allein bietet die sachgemäße Kommunikation; es bewahrt religiöse Phämomene vor Verfremdung und Verzerrung und nähert sich ihnen existentiell und emotional.

Dabei wird es darauf ankommen, die Fremdreligionen nicht bloß auf dem Felde der Lehrmeinungen zur Kenntnis zu nehmen, sondern in der ganzen Breite ihrer Gestaltungen und ihrer Ausdrucksvermögen, zu denen auch bestimmte heilige Stätten gehören können, in denen religiöse Hingabe geübt wird, die auch nur ganzheitlich wahrgenommen werden kann, soweit das überhaupt möglich sein kann. Verinnerlichte Wahrnehmung hebt nicht eine verbleibende Distanz auf, die ein ernster Christ empfinden mag, der von der Mitte des heilsgeschichtlichen Offenbarungsglaubens, von der Inkarnation Gottes in Christus herkommt. Jeder echte Dialog mit Menschen einer anderen Religion wird letztlich aus dieser Mitte christlicher Existenz zu führen sein. Dabei können Phänomene des Christentums einigen Erscheinungsformen anderer Religionen vergleichbar sein. Aber der grundlegende Bezugsrahmen wird verschieden sein in der letzten Zielgabe.

Als Beispiel darf die Mystik in ihren verschiedenen Erscheinungen bedacht werden: Die altchinesischen und altindischen Religionen kommen von dem Gedanken einer Ralation her zwischen dem Atman und dem Brahma – zwischen dem Te und dem Tao, vom Selbst zum Nirvana. Auch die suffitische Frömmigkeit des Islam ist von tiefer mystischer Gotteserfahrung geprägt, die durch keine Kategorie der Endlichkeit beschrieben werden kann. Alle diese verschiedenen mystischen Relationen und Erfahrungen sind eigengestaltet und nicht einfach übertragbar auf die andere mystische Erfahrung in anderer Religion.

Aber, so könnte man sagen, die Zielrichtung ist doch analog. Das impliziert doch Identitäten. Könnte es dann nicht doch eine Art Meta-Religion als Mystik überhaupt geben?

Dies sagt der große S. Radhakrishnan, der alle mystischen Erfahrungen in den anderen Religionen der eigenen hinduistischen advaita-Frömmigkeit einordnet und sie unter die Begriffe von Atman und Brahma einfügt. „Alle Religionen gründen sich auf die persönlichen Erfahrungen der Seher, auf deren unmittelbares Bewusstsein von einer unendlichen geistigen Gegenwart jenseits und innerhalb dieser Welt des Wandelns und der Zeit". (Erneuerung des Glaubens aus dem Geist, Frankfurt 1959, S. 95) Er sieht in den Mystikern aller Religionen eine „Gemeinschaft des Geistes". Trotz aller Verschiedenheiten der Religionen. „Die Universalität der großen Tatsachen religiöser Erfahrung, der hohe Grad ihrer Ähnlichkeit unter den verschiedenen Voraussetzungen der Rasse und Zeit, bezeugen die dauernde Einheit des zentralen Geistes. Die Anhänger dieses Glaubens sind die Bürger der ungeborenen Welt, die noch im Mutterschoß der Zeit ruht. Sie gehören einer weltweiten Bewegung an; ihr Tempel ist nicht die Kapelle einer Sekte, sondern ein gewaltiges Pantheon (ebd, S. 310)

In diesen Zusammenhang wird auch das Christentum von ihm eingefügt. (ebd, S. 307, 318) Mit Hilfe einer bestimmten Frömmigkeitserfahrung wird die Einheit der Religionen bestimmt. Die Mystik ordnet alle anderen religiösen Phänomene in sich ein, und das Christentum könnte dann verstanden werden als Frucht des indischen Geistes, wie Radhakrishnan es sagt. (ebd, S. 318)

Eine Theologie der Religionen könnte dem nicht zustimmen, es mag wohl eine Relation des Schöpfers zum ebenbildlichen Geschöpf geben, weil es ein Insein Gottes in seiner Welt gibt. Aber dies ist nicht der Heilsweg, der ohne die Mitte der heilsgeschichtlichen Offenbarung, ohne Inkarnation Gottes in Christus und ohne das trinitarische Gottesgeheimnis nicht denkbar ist. Der Dialog mit anderen Religionen darf dies nicht auslassen und muss der Intention auf eine Religion des Geistes widerstehen. Er wird das proprium des Christianum stets dabei neu zu bedenken haben. Dafür Beispiele:

In den Stammesreligionen, insbesondere im altchinesischen Denken, werden die verstorbenen Ahnen nicht nur pietätvoll in Erinnerung gehalten, sondern der Gläubige weiß sich mit ihnen weiterhin gemeinschaftlich verbunden. Das eigene Leben wie das der Sippe ist von ihnen immer noch mitbestimmt in Gebeten, Opfern, Riten und Verhaltensweisen.

Die Chinesen glauben beispielsweise, dass die Seelen der Verstorbenen sich an drei Orten aufhalten: Ein Teil ist im Himmel, ein anderer im Grab, um Opfer zu empfangen. Und der dritte Teil ist in der Ahnentafel oder im Ahnenschrein. Die Verstorbenen bilden einen integralen Bestandteil der lebenden Geburtsgemeinde. Teilweise herrschen sie noch über die Lebenden. Die Namen auf den Holztafeln repräsentieren die Gegenwart der Seelen im Ahnenschrein.

In diesen stammesreligiösen Gegebenheiten werden die Verstorbenen als teilweise Rückkehrer gedeutet. Sie bleiben im Raum der sie Verehrenden. Die Kulte und Riten entsprechen dem mit ihnen zuvor gepflegten Umgang. Ihre Macht als Geister und Machtträger ist eine Wiederholung des zuvor Gewesenen.

Nun könnte man im missionarischen Denken der Kirche versucht sein, hier Akkomodationspunkte zu finden in Richtung des corpus christianum. Aber das wäre doch nur äußerlich und eigentlich fern der spirituellen Wirklichkeit in Christus. Als Glieder des Auferstehungsleibes des Herrn gehören die Verstorbenen zur österlichen Wirklichkeit unseres Herrn Christus und sind jenseits von Zeit und Raum. Die bleibende Gemeinschaft mit ihnen ist durch Christus vermittelt. Sie sind nicht gleichsam Zurückgekehrte. Als Glieder des Leibes Christi sind sie dem Leben nicht in alle Ewigkeit verbunden. Das Himmelreich bezeichnet ein Leben, das Christus jenseits der Zeit und der Todesgrenze für die Seinen bereit hält. Diese Perspektive transzendiert die Geister-Ahnenreihe, die in natürlicher Blutsbande gründet, und verweist auf ein Neues Sein. Hier liegt Vergleichbares neben Unvergleichbarem, das aber überwiegt und dem Verstehen Grenzen setzt.

Analoges gilt auch im Aspekt der buddhistischen Ethik. Der buddhistische Heilige begegnet allen Menschen mit Wohlwollen, mit Gleichmut, aus Güte und im Verzeihen. Feindschaft wird besiegt. Aber in einer Gesinnungsethik, die das Tathafte weithin überwinden will, das Karma. Diese Art der Ethik weiß etwas von der Allgemeingültigkeit ethischer Normen, auch um die Würde des je anderen Menschen, dem man wahrhaftig und bescheiden begegnet. Den Adel dieser in Anstrengungen vollendeten Ethik kann man nicht deminuieren. Aber der Unterschied zur christlichen Ethik, welche tathaft ist, darf nicht übersehen werden. Buddhistische Ethik ist reine Gesinnungsethik, die nicht sich erfüllt, um anderen zu helfen. Sie ist nicht oder überwiegend nicht karitativer Dienst im Gleichnis des samaritanischen Helfens, welche das Liebesgebot im Sinn Jesu erfüllt. Maßstab bleibt der Fortschritt in der Lehre des Buddha. Mitleid, Liebe, Redlichkeit sind reine Gesinnungswerte und beziehen sich auf die Erfüllung des Heilspfades, auf das Nahekommen zum Nirvana.

Im Mahayana-Buddhismus gibt es die Güte des Bodhisattva, der von der eigenen erreichten Buddha-Qualität, die verwirklicht ist, abgeben kann. Sie teilen mit und helfen, um aus der selbstverschuldeten Abhängigkeit an das Irdische herauszuführen. Auch hier ist Liebe ein Mittelsweg zur Erlösung in Richtung des Nirvana.

Nun macht Bürkle darauf aufmerksam, dass in neueren buddhistischen Interpretationen die Grundhaltungen des Mitleids und der Menschenliebe eine tathafte Deutung erfahren. Im Horizont der Veränderungen gesellschaftlicher Verhältnisse und wohl auch in Anlehnung an die tathaft orientierten christlichen Verhaltensweisen werden die Begriffe des Mitleids und der Liebe mit neuer Bedeutung belegt. Aktiver Gestaltungswille und soziale tatbezogene Verantwortung stehen im Mittelpunkt der Deutungen. (vgl. Bürkle a.a.O.. S. 224)

Dies bedeutet nun aber nicht die Einschränkung oder gar Aufgabe der sog. eschatologischen Perspektive bei ihnen. Der mystische Heilsweg des Heimkehrens oder auch der Flucht ist ungebrochen – unbeschadet eines möglichen Wandelns in sozialethischer Hinsicht.

Hier sind nun die Grenzen gesetzt: Die eschatologisch bestimmte Hoffnung des Christen meint gewiss auch eine Ewigkeit, die der Zeit enthoben ist. Im Einerlei des Ewigen verdampft aber nicht die individuale Gottesebenbildlichkeit des Menschen in ein Einerlei-Nichtiges hinein. Denn der Ernst der Situation vor dem Herrn und Schöpfer und Richter verweist auf sein letztes und persönlich bezogenes Wort. Ebenso bleibt sein letztes Wort der Barmherzigkeit um Christi willen. Diese Verantwortungsgrundsituation des Menschen vor Gott, des Christen, ist in der Ewigkeit nicht aufgehoben. Sie führt in eine letzte Redlichkeit vor DEM, der uns tiefer kennt als wir uns selbst kennen können. Vor IHM sind und bleiben wir Sünder, Schuldner, die seiner Gnade um Christi willen bedürfen. Das personale „in der Verantwortung stehen" als individuale gottesebenbildliche Wesen kann nicht durch mystisches Erleben, durch Flucht in das Einerlei einer impersonalen Wirklichkeit aufgehoben sein. Hier sind die Grenzen gesetzt zur altchinesischen und altbuddhistischen, zur indisch-brahmanischen Denkweise, die so eine Gestalt der Selbsterlösung letztlich versuchen-unbeschadet aller Teilwahrheiten, die in ihnen zu finden sind.

So kann eine Theologie der Religionen Grenzen feststellten und zugleich die Einsicht in das eigene theologische Profil vertiefen. Und das ist gewiss nicht unwesentlich in einer Zeit, in der es leider im allgemeinen Bewusstsein teilweise verloren gegangen ist.

Unbeschadet dieser Abgrenzungen darf man aber nun doch gefragt werden, welche Kontinua es geben mag bei aller Unterschiedlichkeit der religiösen Einordnung zwischen dem christlichen Glauben und seiner Ethik und den sogenannten Weltreligionen. Es läßt sich nachweisen, dass es eine theozentrische Begründung des sittlichen Wertbewusstseins gibt in den großen Philosophien Alt-Chinas, Alt-Indiens und auch der Antike. (vgl. Philosophie vor der Gottesfrage, Hamburg 2003, S. 87 ff von mir) Analog zeigte es sich in den Darstellungen der monotheitischen Religionen, dass sie wertbezogen sind, das Bewusstsein ethischer Allgemeingültigkeit pflegen – man denke an die buddhistische Ethik oder an die brahmanische Ethik – trotz aller Erlösungsorientierung. Der Islam sei beachtet mit seienr Almosenpflicht, wie Israel, die zoroastrische Religion, die die ethische Verantwortung coram Deo intensiv aufnimmt; es gibt so etwas wie ein ethisches Standardkapital in Philosophien, Religionen, im Christentum, ein ethisches Grundkapital quer durch alle Kulturräume.

Darauf verweist Küng: Es gibt Maximen elementarer Menschlichkeit. (Projekt Weltethos, 1999, 6. Aufl., S. 82) Konkret heißt das: Fünf große Gebote der Menschlichkeit, die zahllose Applikationen auch in Wirtschaft und Politik haben, gelten in allen großen Weltreligionen: Nicht töten, nicht lügen, nicht stehlen, nicht Unzucht treiben, die Eltern achten und die Kinder lieben." (ebd.)

Solche unbedingt geltenden Normen wehren einem prinzipiellen Libertinismus, der sich nach dem Zeitgeist richtet. Jene Normen wollen – biblisch gesprochen – die Gottesebenbildlichkeit des Menschen, die schöpfungmäßig gegeben ist, bewahren und Verantwortung prägen; es geht um die Hütung des Ebenbildes, wie es H. Jonas ausdrucksstark sagt: „Aus Ehrfurcht und Schaudern sind wieder zu lernen, dass sie uns vor Irrwegen unserer Macht schützen. Das Paradox der Lage besteht darin, dass wir die verlorene Ehrfurcht vom Schaudern, das Positive vom vorgestellten Naiven zurückgewinnen müssen: Die Ehrfurcht allein, indem sie und uns ein „Heiliges", das heißt unter keinen Umständen Verletzendes enthüllt, wird uns davor schützen, um der Zukunft willen die Gegenwart zu schänden". Die Furcht darf uns nicht verführen, das Gedeihen des Menschen „in unverkümmerter Menschlichkeit auf spätere Zeiten zu verschieben". (Das Prinzip Verantwortung,1985, S. 392f) „Die Hütung des Erbes in seinem ebenbildlichen Ansinnen, also auch die Behütung vor Degration, ist Sache jeden Augenblicks. „Das ist die Vorbedingung der Integrität des Ebenbildes. Das heißt praktisch: Wir sind nie aus der Pflicht entlassen, verantwortungsvoll unter Gottes Augen zu handeln. Freiheit der Eigenselbstbestimmung und Verantwortung gehören zusammen. Wachstum an Freiheit ist immer auch recht verstandenes Wachstum an Verantwortung, und das umfasst auch die Wahrung der sogenannten individuellen Grundrechte des Menschseins, der Menschenrechte.

Unter diesem Aspekt sind interreligiöse Gespräche sinnvoll und notwendig in unseren Zeiten, die die Würde des Menschen bedrohen. Hier können Sinnhorizonte eröffnet werden, die Gewissen stärken und reinigen. Man könnte von hier aus Weltlaster und Welttugenden formulieren. Warum sollten solche Überlegungen nicht in interreligiösen Diskursen sinnvoll sein, und warum sollten sich nicht auf diesem Wege Weltreligionen und Weltphilosophien teilweise zusammenfinden?

Küng berichtet von einem ethischen Consensus aus dem Jahre 1970 in Kyoto, den Vertreter vieler Religionen unterschrieben haben, so den Gedanken der fundamentalen Einheit der menschlichen Familie, den der Gleichheit und Würde aller Menschen, auch Gedanken über die Anerkennung jeden Gewissens. Ebenfalls wurde festgehalten, dass Macht nicht Recht setzt. Besonders wurde anerkannt, dass Liebe, Glaube, Mitleid, innere Wahrhaftigkeit letztlich größere Macht gewinnen sollten als Hass, Feindschaft, Eigeninteresse. Man fand sich zusammen im Gefühl der Verpflichtung, an der Seite der Armen und Unterdrückten zu stehen gegen Unterdrücker. Schließlich wurde die Hoffnung ausgedrückt, dass der ethische Weg siegen möchte in unserer Weltgesellschaft. Dazu ist ein Zusammenfinden der Religionen, Pilosophien im Globalmaßstab notwendig. Weltnöte und Weltgefahren sind übermächtig. Dagegen muss eine Verteidigungsfront im ethischen und menschlichen Maßstab gefunden werden. Consensus sind zu suchen und fördern eine humane Tradition, die unumgänglich ist.

Diese Feststellungen zeigen doch deutlich, dass vom ethischen Lumen naturale her, vom consensus in ethicis her, in interreligiösen Gesprächen Ergebnisse gewonnen werden, die im Angesicht der globalen Bedrohungen in mehrfacher Hinsicht mehr als notwendig sind. Interreligiöse Gebetsgemeinschaften sind gewiss ein anderes Thema, das wegen der grundsätzlich anderen Bezugssysteme in den jeweiligen Religionen nicht gewagt werden sollte. Aber die in den Religionen relevanten Fürbittgebete sollten auch die schwierige Weltsituation bedenken und aufwenden. Das Geheimnis jener ist für uns unfassbar und letztlich groß.

Personenverzeichnis